Elogio da corrupção

Os incorruptíveis e seus corruptos

Marie-Laure Susini

Elogio da corrupção

Os incorruptíveis e seus corruptos

Tradução
Procópio Abreu

Companhia de Freud

Título Original
Éloge de la corruption

Editoração Eletrônica
Núbia Santos

Tradução
Procópio Abreu

Revisão
Darlene Angelo

Editor Responsável
José Nazar

Rio de Janeiro, 2010

FICHA CATALOGRÁFICA

S962e

Susini, Marie-Laure
Elogio da corrupção : os incorruptíveis e seus corruptos / Marie-Laure Susini ; tradução Procópio Abreu ; editor José Nazar. - Rio de Janeiro : Companhia de Freud, 2010.

Tradução de: Éloge de la corruption
Inclui bibliografia
ISBN 978-85-7724-054-8

1. Corrupção na política - Aspectos psicológicos. 2. Corrupção - Aspectos psicológicos. 3. Psicanálise. I. Título.

CDD: 320
CDU: 32

Companhia de Freud
editora

Endereço para Correspondência
Rua Barão de Sertório, 48
Tel/Fax.: (21) 2293-5863 • (21) 2273-9357
Rio Comprido - Rio de Janeiro
e-mail: ciadefreud@gmail.com
www.ciadefreud.com.br

A liberdade de pensamento termina ali onde começa o dogma.

George ORWELL

Índice

Denunciem os corruptos! Levem-nos a julgamento! Expulsem-nos! Exterminem com eles! Para a salvação do povo! A salvação das almas! A pureza dos costumes! A pureza da raça! Erradiquem o mal! Infeliz corrupto... Vilipendiado, caluniado, excomungado, destituído, perseguido, torturado, queimado, para a satisfação das pessoas de bem. Pobre diabo, que traz a túnica da infâmia, a estrela amarela, a estrela rosa, a veste negra das bruxas...

Sim, faço-me advogado do diabo. Afirmo que os incorruptíveis é que são perigosos. Os íntegros inquisidores e rigorosos purificadores, os virtuosos líderes de loucuras coletivas, os apóstolos da salubridade, os organizadores de campanhas de saneamento e massacres, os erradicadores do mal, os assassinos por dever.

Estão denunciando os corruptos à sua volta? Procure antes o incorruptível. Desconfie dele. Em vez de ceder à obsessão de acossar a corrupção oculta, procure reconhecer a ideologia do incorruptível, a nossa, é claro, aquela que partilhamos, cegos que somos ao nosso próprio mundo. Não é a corrupção, mas bem a lógica do incorruptível que deve ser temida, que deixa a lembrança terrível de todos os homens que foram maltratados, injuriados, desprezados, degradados, excluídos e assassinados em nome de uma ideologia da pureza.

Ah! Segurem-me, o tempo do fanatismo e das perseguições passou. Incorruptíveis e orgulhosos de sê-lo, não somos nem inquisidores, nem justiceiros. Há muito não acreditamos mais no diabo. Providos da sabedoria de nossas leis, limitamo-nos a defender nossos princípios democráticos e a proteger da corrupção nossas instituições e nossa juventude. Certo. No século XXI, é evidente que somos (Que milagre! Que progresso!) seres de pura razão. Com o Código Penal numa das mãos, com a outra rechaçamos com desprezo as denúncias caluniosas, as delações, as fantasias de pureza e transparência. Transparência? O que estou dizendo? Não é nem um pouco uma fantasia, mas uma exigência da democracia. Muito bem. Os juízes do século XVI não se tinham persuadido da existência das bruxas?

Não teríamos nossas bruxas? Nossos corruptores imaginários? Nossos corruptos designados de antemão? É muito difícil pensar nisso: abalamos as certezas que nos sustentam, atingimos o cerne de nossas crenças e de nossos ideais.

Orwell, a escolha intelectual da corrupção

Não acredito que exista outro escritor cuja obra possa ser para nós de uso prático mais urgente e mais imediato.

Simon LEYS

Tudo o que deixava entrever uma corrupção sempre o enchia de uma esperança louca...

George ORWELL, *1984*

O incorruptível heróico

O pequeno *gentleman*, redondo e bochechudo feito uma criança, sabe fazer pose diante do fotógrafo. Uma das mãos no bolso, a bengala sob o braço. Terno quadriculado muito elegante. O nó da gravata larga está impecável. Uma suspeita de fatuidade no olhar claro e no sorriso irônico. Um jovem janota seguro de sua superioridade, de sua educação. Acaba de entrar no Eton, o mais elitista dos colégios ingleses. Seu nome é Eric Blair. Nasceu em 1903 e tem 14 anos.

Os dedos no teclado da máquina de escrever, sentado atrás de uma mesa, um homem moreno, descabelado. Alto e magro feito um Dom Quixote. Um rosto de faminto. Uma testa imensa. Será a progressão da morte que cavou as órbitas, talhou as faces? Tem no máximo quarenta anos. Será o fogo da ascese cuja chama brota em seu olhar? Uma paixão mística? A jubilação ilumina todo o seu rosto, com um estranho brilho sardônico. Diabo de santo esse Orwell! Pego pela foto em plena febre de escrita. Há muito tempo que não faz mais pose. Nada resta do garoto bochechudo. Nem o menor indício de familiaridade, é estranho, entre o adolescente e o homem que ele resolveu se tornar, que decidiu seu nome,

George Orwell. Entre as duas fotos, a escolha de uma vida. A escolha do desnudamento, do despojamento. A vontade de separar-se da infância de jovem burguês criado por mulheres, mimado pela mãe, de deixar o mundo da respeitabilidade e do êxito, de mudar a cara, de ser socialista e se tornar escritor. Os dedos no teclado, o cigarro nos lábios, iluminado e concentrado, ele está terminando seu manuscrito. Já doente, roído pela tuberculose, dedica a ele suas últimas forças, batendo na máquina de escrever, num canto de mesa de cozinha, sentado num tamborete, em sua casa isolada no norte da Inglaterra. Está terminando *1984*.

Fred Warburg, seu fiel editor, estava esperando esse manuscrito com impaciência. Leu-o tão logo o recebeu. Sob o efeito do choque, redigiu uma longa nota de leitura. "É um dos livros mais aterrorizantes que jamais li. Meus comentários dão uma fraca ideia do enorme movimento de pensamento que Orwell pôs em ação em *1984*. É um grande livro, mas rogo que me poupem a leitura de um livro semelhante nos próximos anos..." Com efeito, um livro insuportável e que tememos ter de reler. Na França, ousaram apagá-lo com um traço de pena, evacuá-lo, em poucas palavras: "um abominável romance de ficção científica" (*Littérature universelle*, "Bibliothèque de la Pléiade"). Seria mais apropriado recorrer, desta vez pelo menos, à fórmula combinada: um desses livros que nunca mais se pode esquecer. Um desses livros em que o autor confiou para saldo de qualquer conta o total de seu pensamento e de sua vida. Orwell extraiu esse livro de si mesmo, pagou-o com seu corpo. E foi superado, transpassado por seu texto, que, como uma verdade vinda de outro lugar, de outro tempo, leva para outro lugar sua mensagem profética. Sua fala continua a vibrar. Seu grito continua a ressoar em pleno silêncio. Quem era esse Orwell, para deixar-se atravessar pela revelação, deixar-se sublevar pela cólera e manter os olhos abertos em pleno pesadelo? Ele mesmo se apelidava Jeremias. Mesmo assim não foi um profeta inspirado e visionário, mas um escritor laborioso. Um intelectual rigoroso e lúcido, que encontrou para si os meios da razão e da reflexão.

Ele nos joga na cara uma verdade terrível: nem o dinheiro nem o sexo são corruptores. Nem os conflitos de interesses nem as lutas pelo poder são corruptores. O homem não é corrupto, ele não é, como diz toda a tradição cristã, uma criatura destronada. É a ideologia, o ideal de regeneração que corrompe o homem! O que choca os inocentes e os hipócritas e desmente os discursos dos demagogos. Arruinar a ignorância e a preguiça intelectual, as muralhas do pensamento convencional, as confortáveis e ilusórias certezas imaginárias foi o sentido do combate de Orwell ao longo da vida. Encontrar a verdade dissimulada em palavras vazias e mentirosas. *1984* diz o real de um Estado que pretende ser idealmente liberado das condescendências da política. *1984* mostra a verdade do ideal de um homem novo, do homem que queriam perfeito, aliviado das fraquezas humanas, purgado de todo defeito. *1984* é essa verdade e esse real: um pesadelo. Entende-se a análise de seu editor: "Este livro só podia ser escrito por um homem que momentaneamente perdeu toda esperança..."

Aquele que continua a escrever guarda, no entanto, a esperança de ser ouvido. Orwell certamente escreveu para prevenir o desastre, para anunciar, desvelar, revelar. Terá um dia sido lida o bastante essa obra sublime e aterrorizante? Ainda mais assustadora porque seu autor, longe de ser cínico ou desiludido, tinha ao contrário votado a existência inteira a seus ideais e a eles dedicava suas últimas forças, os últimos meses de sua vida. Warburg levantava de qualquer modo uma verdadeira questão: quem fora capaz de escrever aquilo? Só um humano heróico, livre e nu podia escrever *1984*. Um incorruptível, certamente.

Um profeta ateu? É verdade que, do profeta, sua vida seguiu o caótico percurso. Pretendera ser, mais modestamente, escritor político. A mãe o criara no amor aos livros, no culto de Swift e Dickens. O pai, funcionário nas Índias, quis que ele tivesse uma excelente e tradicional educação na Inglaterra. O brilhante aluno, uma vez admitido como bolsista em Eton, decepcionou as ambições paternas. Não se interessava mais pelos estudos. Sequer pelo esporte! Indolente, distante, um pouquinho provocador, ficava no quarto de colégio, deitado na cama, a ler. Arrumaram para ele um lugar na escola dos oficiais de polícia do Império Britânico. Aos 19 anos, ele partia assumir seu posto na Birmânia. Subdelegado de polícia. Funcionário da ordem colonial, durante cinco anos. Tarefa pouco nobre. Maltratar os nativos, jogá-los na prisão, mandar aplicar neles surras de bambu, arrancar os acusados dos filhos e da mulher permanecendo surdo aos gritos, aos prantos, às súplicas. No fim do dia, reencontrar a mediocridade da cantina dos oficiais, as conversas estúpidas, o alcoolismo, as frases racistas. Fingir interessar-se pelo *cricket* e os bailes. Qual foi a luminosa aparição que surgiu, quando ele estava sentado atrás de sua mesa de delegado, para chamá-lo? Para lhe pedir que não participasse mais da coleta do imposto, da opressão dos pobres, da ordem colonial, que se libertasse e seguisse o próprio caminho? Que deixasse tudo, como Mateus? Que não fosse mais o auxiliar da desumana justiça dos homens?

Que escutasse cegamente sua voz, como Paulo de Tarso? Qual foi o acontecimento que o abalou, que fez ressoar, bem no fundo dele mesmo, a certeza da íntima consciência?

Ele assistiu a um enforcamento legal. "Aquilo me pareceu pior que mil assassinatos. Eu nunca tinha imaginado o que significa destruir um homem consciente e em plena saúde. Compreendi o mal inqualificável que consiste em abreviar uma vida em plena força. É uma culpa inexpiável." O resto? Na mesma noite, em seu bangalô, ele rabisca uma carta de demissão. Vão encontrá-lo no convés do barco que se afasta das costas da Birmânia, sentado sobre seu baú, só, sombrio e taciturno. Não! não tão rápido... Orwell não era homem de fugir, de abandonar o posto às pressas, de faltar com o dever, de falhar em suas responsabilidades. Detestava a grandiloqüência, ignorava o gesto teatral e patético. A ideia caminhou lentamente. O ato veio, mais tarde. Após cinco anos de serviço, ele teve direito a uma permissão e voltou à Inglaterra. Ali, decidiu pedir demissão. Abandonou o conforto da tradição familiar, da burguesia e da educação. Sem drama, e do modo mais discreto possível, jogou-se fora de seu mundo, como se pulasse pela janela. Atravessou o espelho. Tinha 25 anos.

Foi para o deserto. Saiu pelas estradas, feito um vagabundo, um mendigo. Errou junto com os pobres miseráveis, mendigos, desempregados e andarilhos, tomando a sopa popular, dormindo em refúgios sujos. Sofreu a impiedosa caridade das instituições de assistência, a disciplina militar e o regulamento infantil dos asilos noturnos. (Isso iria em seguida lhe servir para *1984*.) Como seus companheiros de infortúnio, infelizes dejetos da sociedade, tratados feito gado, desnutridos e doentes, sofreu o desprezo e o descaso, dormiu no chão, no cheiro de desinfetante e de latrinas, alimentou-se de pedaços de pão e margarina. Aceitou trabalhar como escravo, lavar louça nos restaurantes. Cavaleiro da miséria, solitário, alto e magro, desnutrido, varapau, e tão grande que sempre, em todo grupo, era sempre uma cabeça pelo menos acima dos outros. Cavaleiro da triste figura, digno e faminto, e logo tuberculoso, caminhando na estrada de seu ideal. Herói modesto que obedecia sem reclamar à sua voz interior, à sua exigência pessoal: honestidade intelectual, justiça, liberdade. Uma divisa? Muito mais. Um simples dever prático. A vida, o trabalho e a reflexão estiveram inteiramente a serviço da honestidade intelectual, da justiça e da liberdade.

Sair da representação, renunciar às posturas e às funções que mantêm um homem na cena mundana, costuma precipitar um miserável decaído na loucura. Não há decadência para Eric Blair, mas uma vontade, uma escolha, a da prova do real para se tornar, ele assim decidiu, Orwell, o escritor. E o escritor que ele vai se tornar nunca mais obedecerá às conveniências nem aos arranjos. O mais difícil, vejam, não é sacrificar o conforto e a perspectiva de uma vida rica. O mais difícil é renunciar ao conformismo do próprio pensamento. A decisão de Orwell é clara, no cerne de suas dúvidas e contradições. O oficial do Império Colonial Britânico fez-se pária, o aluno de Eton fez-se escravo. O ex-policial tornara-se rebelde. E livre. Denunciou o moralismo ideológico, as associações de caridade, as ligas de virtude, os belos princípios, os futuros que cantam. Libertara-se de toda ortodoxia. Renunciara ao reconhecimento da maioria bem pensante. Assim, pôde buscar uma obra eminentemente moral (e não moralista!), uma das raras obras do real (e não realista!). É por isso que é tão penoso ler *1984*.

Ele havia atravessado sua imagem e nunca mais acreditou em falsos semblantes. Dá o exemplo raro de um humano que se despojou das ilusões sem jamais afundar no cinismo e que zomba das ideologias sem jamais renunciar a seu ideal. Permaneceu um *gentleman*, educado no sentido do dever, para não dizer da honra. Foi socialista, simplesmente porque pensava que só o socialismo podia atenuar a pobreza dos vinte milhões de ingleses que estavam então desempregados, operários miseráveis, vagabundos. Mas ria, com uma causticidade feroz, da ortodoxia socialista de seu tempo, da cegueira doutrinária e da "língua de pau". Pretendeu ser socialista com conhecimento de causa. Escolheu viver a miséria e a exclusão para se fazer o cronista do real, dos escravos e dos excluídos (*Na pior em Paris e Londres*, 1933). Hoje, na França, teria sido explorado junto com os "sem-documentos" numa empresa de construção civil ou num restaurante, teria dormido com os "sem-teto" na rua. Mas atenção! Longe dele a ideia, contemporânea, do "testemunho"! *Na pior em Paris e Londres* é emblemático de sua preocupação de transmitir, como escritor, a verdade. Qualquer passagem escolhida ao acaso mostra isso: o miserável, quase morto de fome, enfim encontra trabalho no restaurante de um grande hotel parisiense. Na entrada, na superfície, a sala de jantar, os garçons rígidos, a prataria e as flores, o luxo calmo, a aparência, o falso semblante, a ilusão. No subsolo, a cozinha, o avesso do cenário, a experiência esgotante do lavador de louça, a agitação, os berros, a corrida dos garçons, a desordem, a sujeira, o suor, as injúrias, o esgotamento. Está tudo dito! Nem uma queixa, no entanto. Um combate corpo a corpo com o real. Orwell, em simpatia profunda com os outros humanos, contém sua extrema sensibilidade e segura firme sua pena. Um pouco de sonho? A bebedeira do sábado à noite. Formidável episódio! No boteco sórdido do bairro, com uma boa quantidade de vinho tinto, os companheiros de miséria partilham durante um breve instante a mesma calorosa solidariedade da embriaguez, o mesmo impulso de entusiasmo: "Por um momento, estávamos todos persuadidos: a terra era um lugar bem bonito e éramos uma assembléia de formidáveis rapagões."

Ele paga com sua libra de carne seu engajamento. Nele deixou um pedaço dos pulmões. Morreu jovem, das conseqüências da desnutrição, da tuberculose. De sua experiência nunca tirou glória. O pudor, o humor, a maneira britânica de considerar a si mesmo com a distância da derrisão o prejudicaram. Poderia ter entrado em grande pompa na lenda, como um Malraux. Para combater o fascismo e Franco, engajou-se em 1936 em Barcelona nas milícias operárias (as do POUM, o Partido Operário de Unificação Marxista) e conduziu-se, naturalmente, como se atendesse a um dever comum, como herói (*Homenagem à Catalunha*, 1938). Nunca pensou ser um herói.

A ideia da covardia, da fraqueza, lhe era perfeitamente estranha, disso estamos bem seguros ao lermos seu surpreendente comentário sobre *Lord Jim*: "No conjunto, um livro absurdo, a despeito das passagens muito bem feitas que descrevem o naufrágio do barco." Ele não se interessava pelo cerne do enigma, que no entanto conduz Conrad em mais de quinhentas páginas: como um bravo e belo rapaz inglês, criado nos valores britânicos do dever, pode ele sonhar com glória e não ter coragem? Como Jim, Orwell fora submetido a uma boa educação tipicamente britânica. Ao contrário de Jim, não acariciava nenhum sonho. Em todo caso, não era homem de se acalentar com quimeras. Agia. É assim que foi descrito por todos seus antigos camaradas da guerra da Espanha. Tranqüilamente, sem gloríola, sem afetação, ensinava o manejo das armas aos jovens recrutas, não reclamava do trabalho duro e apresentava-se como voluntário para as missões perigosas, na primeira linha. Aí ainda, o famoso dever prático. Uma bala lhe atravessou o pescoço. Tentou por todos os meios, em vão e arriscando a liberdade e a vida, arrancar das prisões de Barcelona um de seus camaradas.

Não foi perdoado por ter dito a verdade: sua desilusão quanto ao comunismo stalinista, vivido dramaticamente em Barcelona. A segunda prova de sua vida. Aos 20 anos, confrontara-se com o real da missão civilizadora do colonialismo. Aos 34 anos, teve de renunciar, de modo muito brutal, a seu ideal de unidade do combate contra o fascismo. Viveu como uma experiência crucial um episódio da guerra da Espanha que costumamos ignorar: em Barcelona, em abril de 1937, a tomada de poder pelos comunistas e a eliminação dos anarquistas assim como das milícias operárias, de repente acusados de serem fascistas disfarçados. Que choque! Descobrir um belo dia caricaturas fixadas nos muros da cidade: o soldado do partido operário retira sua máscara e descobre um rosto odioso de louco furioso marcado pela suástica! É denunciado como criptonazista! Que lição! Dever esconder-se, escapar às batidas dormindo na rua; saber os camaradas na prisão, ou fuzilados; fugir, atravessar com muita sorte a fronteira! Que amargura! "As centenas de estrangeiros, recrutados voluntários nas milícias, que sacrificaram família, situação, nacionalidade, para bater-se contra Franco, eram então apenas traidores, espiões, trotskistas, pseudo-revolucionários... A quinta coluna!" Poderia ter retornado à Inglaterra abatido, desiludido, cínico. Voltou mais ferozmente determinado a lutar pela liberdade e a honestidade intelectual. É isso que é admirável. Ele permaneceu socialista. Pôs em marcha sua formidável máquina intelectual. Gostava de compreender. Confrontado igualmente com a irresistível ofensiva do nazismo e do fascismo, pôs-se a refletir, com grande rigor, sobre o totalitarismo, que era então uma palavra bem nova. Desenvolveu uma energia intelectual considerável.

Em 1948, já muito doente, lutando contra a morte, dedicou-se à redação de *1984*. É por isso que não se pode dissociar *1984*, trabalho heróico, de Orwell, o homem de exceção, o intelectual impiedoso. Superou todos os seus predecessores em distopias. *1984*, mesmo imitado, pilhado, copiado, permanecerá único.

1984 é só pesadelo. É percorrido com pavor, dele se sai derrubado. Tudo é verdadeiro. A ficção é real. Ah, nem o menor sonho nisso tudo, nem o menor engodo.

O corrupto heróico

Mesmo sem jamais ter lido *1984*, lembramo-nos de Big Brother: a imagem onipresente do poder, o símbolo do Estado policial, o olhar que vigia sem descanso os cidadãos. O Estado contemporâneo, simplesmente. Será em Ingsoc ou aqui? O inquisidor funcionário triunfa: "No passado, nenhum governo teve o poder de manter todos os seus cidadãos sob vigilância. Hoje, todo cidadão pode ser mantido sob os olhos da polícia vinte e quatro horas por dia. É o fim da vida privada." Será em Ingsoc ou aqui? A "teletela", a televisão, "oferece a possibilidade de impor a todos uma completa uniformidade de opinião sobre todos os assuntos". Uma antecipação? Hoje não mais. 1984 é o passado. No início do século XXI, para vigiar os cidadãos, os dados informáticos, os satélites relegaram a velha "teletela" ao museu dos antigos precursores e a liberdade individual ao âmbito das reivindicações inúteis. Mas por que, em Ingsoc, nessa ficção do passado, em nossa realidade de hoje, essa necessidade de tudo vigiar e controlar, esse ideal de uma conduta e um pensamento conformes?

Como mostrar aonde nos leva o governo perfeito, a organização sem falha do Estado à qual aspiramos? Como mostrar o real da utopia? De modo muito simples. A utopia por tradição é descrita por um estranho que fica maravilhado perante a pureza dos modos, a perfeição transparente da arquitetura, a harmonia da vida coletiva, a eficácia das máquinas, os progressos da ciência, o conforto, a segurança e a higiene, o lazer e a educação. A utopia é vista do exterior, de longe, por um turista que admira a ordem e a moralidade exemplares de uma nação bem civilizada. O viajante conta suas lembranças de férias ao voltar desse mundo maravilhoso. Por que não ficou por lá? Bastará a narração ser feita por um cidadão do Estado virtuoso para que se revele outra realidade. Orwell, é claro, fez essa escolha.

Winston Smith, o narrador, cidadão de Ingsoc, é funcionário no Ministério da Verdade (Ministério da Educação e Cultura). Em seu escritório transparente, ele trabalha traduzindo em novilíngua (em linguagem nova e oficial) os documentos históricos: para falar a verdade, ele reescreve a história, suprime personagens e falsifica os acontecimentos. Como outros empregados do ministério, ele apaga e reconstrói o passado. Joga em alçapões de evacuação os "buracos de memória", os documentos, os livros e os jornais que são precipitados no fogo. Como os outros cidadãos, ele é objeto de uma vigilância contínua, até em casa, pela teletela. O Ingsoc acossa o pensamento herético, os maus pensamentos, a menor suspeita de sofrimento ou desacordo com o ideal coletivo. Qual é esse ideal? Por muito tempo permanece enigmático, e, evidentemente, é tudo o que está em jogo no trabalho do autor e em nossa reflexão. Assim, Smith ostenta em qualquer lugar a expressão de um tranqüilo otimismo. Cidadão anônimo em sua vida cotidiana inteiramente regulamentada, também está perfeitamente adaptado a seu trabalho. Nele, no entanto, um desacordo discreto, quase inconsciente, uma vaga culpa cuja causa ele ignora. Nele, uma falha imperceptível, uma rachadura. O cidadão Smith sente-se culpado. Permanece discretamente exterior a seu mundo, sem querer. Restam-lhe algumas lembranças, alguns pedacinhos do passado, fragmentos rasgados de uma memória proibida aos quais ele mais ou menos se agarra, que o incomodam e que também são sua última ancoragem no humano: algumas lembranças de infância, a irmã pequena, a mãe, o pai. Além disso, alguns rastros de um passado coletivo: ele se lembra de ter visto, em público, no café, antigos dirigentes do Partido, há muito tempo liquidados, "vaporizados". E eis que ele começa a redigir, às escondidas, seu diário íntimo. É o início do romance, e o início dos problemas de Smith. Ele é, portanto, culpado. Culpado de tentativa de pensamento autônomo.

Evidentemente, teremos notado que a ficção, admiravelmente dominada por Orwell, não é a simples narração de um relato (a triste vida de Winston Smith), mas a expressão rigorosa e precisa daquilo que Orwell reconstruiu da lógica totalitária. Os verdadeiros problemas são imediatamente instalados, a começar pela obsessão de domínio do Estado ideal: controlar o passado, as lembranças, a linguagem, e portanto abolir a inconsciente subjetividade do humano!

Smith mesmo assim continua a dissimular. Seus esforços de prudente conformismo são brutalmente arruinados quando surge Eva, a tentadora, a corruptora. Em Ingsoc, país civilizado e moral, a sexualidade é estreitamente regulamentada (aquilo para o que tende todo governo que se respeita). Eva, Júlia, a rebelde, que gosta do amor e age segundo seu desejo, leva-o a desobedecer e lhe restitui um destino individual. Winston Smith escolhe conscientemente estar em culpa e morrer, para permanecer humano. Cada vez mais imprudentes, os dois apaixonados são presos.

Winston Smith evidentemente é torturado. É aqui que Orwell manifesta seu impiedoso heroísmo e que exige de seu leitor um pouco de coragem. É aqui que ele se distingue de seus predecessores e entra no cenáculo dos maiores criadores. Onde encontrou força para escrever isso? Para ir até o fim? Para nunca ceder? Para não se esquivar, para não fechar os olhos um só instante, ainda que o tempo de um piscar de pálpebras, de um segundo de descanso? Ele se bate pela liberdade de pensamento, e atravessar a prova de *1984*, lê-lo até a última linha, toma o sentido desse mesmo combate. Não ser um escravo, continuar a pensar livremente. Pensar objetivamente, materialmente. Não pensar em função da ideologia, da ortodoxia. Não se trata sequer de lutar por uma ideia, um ideal. Não. Simplesmente pela verdade objetiva.

Era preciso um Orwell, isto é, um Eric Blair despojado de toda imagem ideal, de toda ideologia, de toda convenção social... Era preciso um humano desnudado, simplesmente humano (não um homem em sociedade, um homem respeitável, que de manhã verifica o traje no espelho)... um humano que se oferece a seu próprio olhar como despojado de juventude e beleza, não vendo mais no espelho senão a decadência e a miséria de um corpo que já é um despojo... um humano reduzido ao objeto, ao real do objeto torturado pelo Outro... para reconstituir isso, ter a vontade de dizer isso; para fazer o esforço de dizer a resistência à ideologia, a resistência da verdade, sob a forma desse corpo mártir e torturado que persiste em se pensar indivíduo. Dizer não, com toda a força que resta nesse corpo já meio morto.

Dizer não, mas a quê? Por que a resistência à confissão? Dizer não, recusar a imortalidade coletiva da virtude. É o grande achado de Orwell: como o carrasco da Inquisição que afirmava a imortalidade das almas virtuosas, O'Brien, o carrasco do ideal leigo, afirma a eternidade coletiva do Estado virtuoso: "Todo ser humano tem por destino morrer, o que é o maior de todos os fracassos. Mas se pode se submeter completa e inteiramente, se pode escapar à sua identidade, se pode mergulhar no Partido até *ser* o Partido, então ele é todo-poderoso e imortal..."

Por que Smith não quer reduzir-se a ser uma parte da coletividade? Por que se obstina em não se submeter? Por que teima em pensar-se indivíduo? Ele se apega a seus pedacinhos de lembranças de infância. Apega-se a seu erro. Apega-se a seu inconsciente. Inconsciente materializado pela culpa em relação à irmã pequena, a certeza de ser o preferido da mãe, a culpa em relação ao amor materno. Ele se apega a seu amor proibido e à corrupção por Eva. Apega-se ao pecado, diante da ideologia da imortalidade coletiva.

O que tenta preservar, dentro de si, Winston Smith, abatido? Que luzinha, fraca, abafada, esmagada? Seu carrasco quer fazer com que ele se junte a uma coletividade imortal e que seja apenas um elemento da eterna totalidade: "Você não consegue entender que a morte do indivíduo não é a morte? O Partido é imortal." O Estado pretende ser eternamente estável, sem passado, sem início nem fim. O Partido se vive no fora-de-tempo que escapa à morte. Winston Smith luta para continuar a acreditar no passado, na realidade da história, no real dos fatos. Ele continua a crer que é humano, e portanto corruptível, e mortal. Não quer ser lavado de seu erro, de sua imperfeição, de sua corrupção. Obstina-se e faz questão disso: é humano porque não é perfeito. Humano porque não é nem conforme, nem identificado com o que deveria ser. Ele quer permanecer humano: imperfeito, culpado e mortal.

Era preciso um Orwell, o homem perfeito, puro de toda corrupção, para retratar com rigor tão cruel o combate desesperado do humano corrupto e culpado, de um humano miserável e medíocre, cuja única dignidade, a única grandeza é não ceder à fantasia de pureza e imortalidade.

Por que o carrasco quer obter uma confissão? A confissão de quê? Orwell colocava-se essa questão desde que lera Arthur Koestler (*O Zero e o Infinito*) e *1984* foi sua resposta. É a questão essencial, para nós também, hoje e sempre. No fundo pouco importa que Winston Smith e Eva tenham juntos pecado, buscado e encontrado um gozo adúltero proibido socialmente. Pouco importa o que o carrasco vai fazer com que confessem. A mesma fantasia põe em ação todos os inquisidores; extrair do corpo o rastro de um gozo singular para aniquilá-lo. Extrair do corpo a confissão do gozo, em nome da imortalidade das almas e das sociedades. Desprender o imortal do mortal, a alma do corpo, o incorruptível do corrupto. Acossar a parte bruxa, herética, pecadora, extraí-la da identidade coletiva, da moral coletiva, da crença coletiva. Expurgar, extirpar a parte doente e contagiosa da higiene coletiva. Abater para reeducar. Queimar para purificar.

Só a confissão, isto é, o reconhecimento de uma falta, reconhecimento profundo, íntimo, a adesão ao carrasco, sem reticência, sem nada guardar, sem nada esconder, sem preservar no fundo de si a mais fraca luz de oposição, o menor rastro de uma complacência com a falta, de seu delito de gozo, a menor mancha de corrupto... só a confissão apazigua a fantasia de imortalidade do inquisidor. Só a confissão garante que toda parcela corruptora de fato foi eliminada. Limpar o pecador, totalmente. Aderi-lo à totalidade pura e eterna. A perenidade se imagina, ao preço de imaginar sem cessar uma corrupção a ser eliminada sem cessar, e definitivamente. Orwell entendeu isso magnificamente.

Escutem bem O'Brien, o inquisidor leigo: "O herético, o inimigo da sociedade, sempre existirá para ser desfeito e humilhado sempre. Teremos sempre o herético, aqui, à nossa mercê, gritando de sofrimento, abatido, desprezível e, no fim, absolutamente arrependido, salvo de si mesmo, arrastando-se a nossos pés por vontade própria."

Salvo de si mesmo! Está bem dito.

A liberdade de mentir

Qual é o sentido da luta desesperada de Orwell e de Winston Smith? Conservar a liberdade... de mentir. De esconder uma parte íntima de si mesmo. Era preciso ser Orwell, o combatente rigoroso da verdade intelectual, o campeão da liberdade de pensamento contra o dogma, para reconhecer que, com efeito, o essencial é essa liberdade. Tenho algo a esconder e faço questão disso. Uma parte de mim não pertence à sociedade. Lutemos pela liberdade que cada um tem de conservar sua parte herética, sua parte judia, sua parte bruxa – uma parte de nós mesmos, seja ela qual for, que uma sociedade num tempo decida corruptora. Lutemos pela liberdade do segredo, do íntimo, para conservar em si uma parte estranha ao social.

Lutemos contra a ideologia da transparência. "Mas por quê? Não tenho nada a esconder!" Você não é nem herético, nem bruxo, nem sodomita? Azar o seu. De modo mais sério, você me inquieta. Ouça o que você diz: não sou eu, é o Outro que é delinqüente, herético, corrupto. Tome cuidado. De tanto querer fazer a qualquer preço parte das "pessoas de bem", dos "inocentes" que nada têm a esconder, acabamos aprovando decretos que ficham certos cidadãos e os denunciam.

Renunciemos à inocência! Ah, é bem mais árduo. Preservemos nossa culpa! Ah, é impensável. No entanto... A grande superioridade de Orwell, sua singularidade e sua força aí estão: ele consegue isso. Tinha se blindado contra toda tentação de boa consciência. É a grande mensagem de sua obra, a lição de toda a sua vida, que recusamos ler e compreender. Ele consegue escrever o que nos é insuportável pensar: a tensão entre a salvação coletiva (a inocência e a imortalidade coletivas), com a qual se identifica a sociedade, e a culpa subjetiva que constitui o que resta de humano no indivíduo. Mensagem essencial, que seria preciso ainda e sempre retomar.

A esmagadora verdade de *1984* está aí: é essa culpa que atormenta Winston Smith. A cada instante, Big Brother, o anjo protetor tecnológico, o chama à ordem da inocência coletiva. Big Brother, o olhar onipresente, o ouvido às espreitas, vigia sua virtude, sua moralidade e seu pensamento. Big Brother, a voz do dever, lhe dita os gestos e o comportamento. Ele se agarra à sua culpa, à sua falta. A culpa de pensar. A falta de ousar pensar. Foi também o tormento de Eric Blair, jovem oficial de polícia na Birmânia, sem querer estranho a seu mundo e não podendo impedir-se de refletir em segredo. A passividade silenciosa de Eric Blair, cúmplice da boa consciência coletiva britânica, permaneceu a fonte profunda da culpa de George Orwell. Ele nunca se perdoou por ter participado da opressão sob a bandeira do progresso. Por ter agido, em nome de uma justiça de classe e de uma justiça de império, contra a Justiça. A execução capital a que assistiu arrancou-lhe um grito: "Nunca poderei expiar isso." Logo, não vai mais mentir a si mesmo.

O mais admirável, o mais difícil, e o mais raro que um homem de bem possa fazer! Ele havia renunciado à inocência. Fazia questão de sua culpa. Definitivamente. Foi por isso que pôde avançar, sem vacilar, sem hesitar, sobre o fio da ética mais exigente. O menor de seus artigos pode servir de modelo a todos os que pretendem ser trabalhadores intelectuais. Não caiu no jogo das indignações virtuosas, não se identificou com o pensamento correto. Não era um Maria-vai-com-as-outras. Suspeitou do dogma, fosse qual fosse, pouco inclinado a entoar em coro os refrões demagogos. Sua ética? A honestidade intelectual. Simplesmente.

A moral do escritor

A honestidade intelectual é um dever prático. Eis toda a sua moral. Nada de bons sentimentos! Nada de boa consciência! Nada de denúncia dos outros! Mas uma linguagem clara, um pensamento rigoroso; uma análise dos fatos, uma lógica do real. O intelectual, como Sócrates, está à procura da verdade. Tem que dizer, mostrar, encontrar, revelar, fazer partilhar a verdade objetiva. Tem que pensar com toda autonomia. Nada fácil, não é? De fato é preciso coragem para "não emitir o mesmo som de gramofone que os outros". Pensar livremente! A ética mais exigente que seja: "Para manter uma linguagem clara e vigorosa, devemos pensar sem temor, e se pensamos sem temor, não podemos ser politicamente corretos." Seremos acusados, como Sócrates, de imoral, traidor, corruptor. Seremos odiados e caluniados, como Orwell. Pior ainda... Enterrados vivos sob toneladas de desprezo. Em 1938, seu magnífico *Homenagem à Catalunha* foi acolhido pelo silêncio ensurdecedor de toda a crítica. Coragem! A liberdade de pensamento começa ali onde pára a doutrina. A liberdade de expressão não se fornece no centro comercial do pensamento pronto em expressões combinadas e em clichês convenientes.

Orwell, animado de uma cólera generosa, combate não a maldade do Outro, não o mal que roía a sociedade, não pretensos agentes corruptores e corruptos, mas... a impostura, o servilismo e a covardia. Ele persegue, com ferocidade, com jubilação, "as pequenas ideologias nauseabundas que hoje disputam o controle de nossa alma". Não precisa nem um pouco ostentar a pureza de seu coração e sua generosidade conformista. Não se esquiva, não se abriga, não foge. Não desvia um raciocínio porque conduz a uma verdade desagradável. Não fecha os olhos para continuar a sonhar. É sem piedade com a burrice carola e com as próprias quimeras. Renunciar às próprias quimeras! O que é mais difícil?

Ele não se deixa levar no fluxo dos discursos que arrastam, misturados, os ideais imaginários, e as crenças vãs, e o choque das palavras vazias. Não aplaude os bem-pensantes, os devotos nem os doutrinários, que se iludem com palavras enganosas como as aparências, mentirosas como a ilusão e vazias como os slogans. Palavras desprovidas de toda realidade material, de toda referência concreta. Palavras-imagens. Palavras-miragens. O real é ocultado por essas palavras. A verdade é expurgada dessas palavras. As palavras desmaterializadas, vazias de substância e sentido, são a moeda dos falsos intelectuais, dos charlatães, dos vendedores de utopia. São as palavras da novilíngua, a nossa.

A novilíngua, a nossa

Nossa novilíngua! Nossa língua nova utópica? Sim, a mesma. A nossa. Seus princípios? Excelentes: assegurar a comunicação, integral, sem perda, sem risco de mal-entendido. Somos compradores. Palavras sem ambigüidade. Não se embaraçar mais com nuanças. Depurar o léxico de todas as palavras inúteis, e existem muitas. Comunicar instantaneamente, com o mínimo de vocabulário. Eliminar as palavras que têm várias significações. Na hora certa, não estaremos mais à mercê das interpretações infelizes! Reduzir a palavra à sua expressão fonética, a um som, o mais simples possível, que significará um objeto, um conceito único. Demos nomes aos bois [*Appelons un* "cha" *un chat*], e nunca mais esse buraco [*chas*] de agulha pelo qual queriam nos fazer passar. Chamemos "per" um pai [*père*], e nunca mais um número par [*paire*], que poderia nos fazer cometer um ímpar [*impair*], ou olhos glaucos [*pers*], que arriscariam nos deixar vesgos[1*]. Acabar com a ambigüidade e o equívoco. Simplificar, tornar rígido, fixar. A novilíngua será a linguagem da pura informação. O *newspeak*! Proporemos traduções contemporâneas: você domina a *novcom*? Você fala a *fastcom*?

---

1 * Jogo homofônico: "*Appelons un* "cha" *un chat, et plus jamais ce* chas *d'aiguille par lequel on voulait nous faire passer. Appelons «* per *» un* père, *et plus jamais un nombre* pair, *qui pourrait nous faire commettre un* impair, *ou des yeux* pers, *qui risqueraient de nous faire loucher.* (N. T.)

A novilíngua eliminará as palavras indesejáveis. Certamente: as palavras cujo sentido não é ortodoxo. Não está entendendo? Proibimos as crianças de pronunciar certas palavras, que julgamos chocantes em suas bocas, e na presença delas evitamos usá-las. Palavras que se referem ao sexual, por exemplo. A novilíngua suprimirá as palavras grosseiras: liberdade, honra, religião, racionalismo. Já estamos chegando lá. Tente falar em nome de sua honra! A novilíngua ainda não suprimiu a palavra corrupção (essa obscenidade!), mas os funcionários da transparência quase conseguiram jogar no alçapão, nos buracos de memória, suas significações e suas implicações. Corrupção? Hirc! Crime! Que trabalho não será preciso fazer para restituir seu peso a um significante que está no cerne da problemática da salvação?

A novilíngua suprime os mal-entendidos. Proíbe sobretudo que nos percamos em maus pensamentos. Cessamos de pensar mal quando não há mais palavras para pensar nisso. A liberdade de consciência? Essa reivindicação herética não está mais em uso. Consciência não significa mais senão *estado* de consciência, a possibilidade de uma percepção correta e de um comportamento adaptado, que oporíamos, por exemplo, a um estado de embriaguez ou de sono. A palavra consciência foi esvaziada de sua significação de interrogação subjetiva. Deontologia? Velha palavra, assustadoramente imprecisa e complicada. Por que esse arcaísmo quando dispomos agora, para enquadrar nossa conduta, de regulamentos, leis, decretos? Ah, você é médico. Tem escrúpulos? Problemas de consciência, você diz ainda? Em trair a sua deontologia, em entregar à informática os dados confidenciais dos seus pacientes, em denunciar ao procurador aquele que lhe confiou, acreditando no respeito do segredo médico, a vida? A novilíngua, que só conserva o vocabulário da economia, da saúde pública e da segurança coletiva, evita que você se coloque tão angustiantes e difíceis questões. Que progresso! Depurada de toda significação pessoal e de todo equívoco subjetivo, ela formula sem ambigüidade o bom pensamento coletivo. Impõe a atitude mental que deve ser a nossa, a do bom cidadão. Acabamos automaticamente, sem esforço particular, pensando corretamente, sem termos que escolher as palavras, sem termos que refletir. Sem termos que pensar. Que alívio! O homem novo adere ao grupo e regra seu comportamento, sem marginalidade, até sem sofrer com isso, sobre as regras da coletividade. A novilíngua é a perfeita linguagem de uma sociedade consumada que não hesita mais a respeito da definição do bem: o regulamento dos modos, a saúde e a ordem.

Não há mais risco de exprimir a subjetividade! Nem por inadvertência! Não há mais subjuntivo! Ufa! O modo subjuntivo não convém nem ao comunicado, nem ao decreto, nem ao balanço contábil, nem ao balanço da saúde, nem ao slogan, nem ao saber cortado-colado. Nem a ciência nem o pensamento correto usam o subjuntivo. O homem novo está seguro de si, são e inteiro. O subjuntivo enunciava, com sutileza suspeita, uma certa reserva, uma dúvida, uma esperança, uma interrogação. Sob a aparência do subjuntivo, um humano podia introduzir sorrateiramente, com um sorriso irônico, um discreto franzir de sobrancelhas, seu desejo subjetivo.

Utilizem a novilíngua! A linguagem da comunicação virtual e instantânea! As palavras nítidas! Eliminem as significações inconvenientes! Cortem as associações livres e as ligações suspeitas! Você nunca mais terá a surpresa de se ouvir dizer, para sua confusão, para sua hilaridade, algo insólito, incongruente. Não correrá mais o risco de deixar ouvir um pouco de seu desejo inconsciente, terrivelmente incorreto. Em novilíngua comunicamos e, felizmente, não nos falamos. Você não verá mais mar numa bela e terrível nostalgia de sua mãe[2*]. A novilíngua livra a linguagem do equívoco do significante e você mesmo de sua duplicidade secreta. A novilíngua, e a benevolência do Estado, limpa você de seu inconsciente, que era tão perturbador. Que o fazia sofrer.

Por que lembrar o velho sofrimento subjetivo? As errâncias e os impasses do desejo? Os neuróticos, os poetas, os rebeldes? A novilíngua só conhece os delinqüentes e os deficientes físicos. Livramo-nos do sintoma. Ele dizia a dissociação entre o querer e o agir, a divisão subjetiva entre a vontade consciente e o desejo inconsciente. Lembrava a dolorosa inscrição do humano na civilização, a educação, a lei, e persistia em mostrar o compromisso sutil, o equilíbrio difícil, entre o interdito e a satisfação inconsciente. Complicado demais! Individual demais! Subversivo demais! A novilíngua fala de comportamento inadaptado. Categoria deficiência. Iniciais, um carimbo, uma etiqueta, um registro, um fichário. A reeducar!

Tudo isso, a *fastcom*, o *novcom*, o gênio de Orwell havia entendido. Ao inventar a novilíngua de Ingsoc, ele revelou a lógica de todas as novilínguas. O Ministério da Abundância gerencia o

---

2 [*] Jogo homofônico entre *la mer* [o mar] e *la mère* [a mãe]. (N. T.)

racionamento. O Ministério da Paz cuida da guerra. O Ministério da Verdade falsifica os documentos. Orwell, homem concreto, prático, que gostava de construir com as mãos uma estante para seus livros, plantava seus legumes tão logo tinha um horta, sabia manejar um fuzil e ordenhar uma cabra, Orwell, que passou a vida a pôr suas ideias à prova do real, apegava-se à referência concreta da "verdade" da linguagem. Dois mais dois são quatro, a mão tem cinco dedos. Ingênuo? Certamente não. A liberdade, veja, não é uma palavra vazia, não é, como hoje nos repetem, a segurança. É ser realmente livre. A liberdade não é uma fórmula que gravamos sem vergonha na porta de nossas infames prisões na França, uma palavra tendo ao lado fraternidade e igualdade, uma mentira que não podemos ler sem estremecer. A liberdade não é tampouco a saúde. Vejam Orwell, carcaça agasalhada, a cuspir os pulmões, tremendo de frio, febril, correspondente de guerra em 1945 na frente aliada. Mais precisamente, qual é esse objeto, esse objeto da verdade, que com a novilíngua é jogado no esquecimento? Esse objeto que é evacuado quando não se pode mais escolher suas próprias palavras, quando desaparece do discurso toda fala singular, toda enunciação subjetiva? É o objeto do desejo. O objeto da pulsão. A novilíngua, ao proibir enunciar o desejo, constrange ao não desejo. Em Ingsoc, a novilíngua regrou perfeitamente todas as complicações do desejo e da sexualidade. Ela define o crime-sexo (a sexualidade) e o bom-sexo (a castidade).

Compreendemos cada vez melhor a admirável simplicidade à qual tendem todas as novilínguas de todas as inocências: "É uma bela coisa a redução do vocabulário. Em resumo, a noção completa do bem e do mal será coberta por seis palavras apenas, na realidade por uma única palavra." Uma única palavra? "Bem", ou antes "bom", *good*. A sociedade das boas crianças conhece apenas o bom e o não bom. É o que já tínhamos dito a essas grandes crianças inocentes, Adão e Eva. Não comam da árvore da sabedoria, é não bom.

A novilíngua, a nossa, é a língua de todas as utopias. Ela sempre vai esvaziar a experiência humana de toda a sua verdade, e não só da realidade, mas do real. Vai veicular o constrangimento de todas as inocências: "A ignorância é a força. A escravidão é a liberdade." Orwell exagera? Não dizemos atualmente na França: "A liberdade é a segurança!" Siiim. E a liberdade de consciência dos covardes? A "segurança" de consciência, caro senhor. Enfim, disso estamos bem persuadidos, em toda novilíngua e em toda utopia da incorruptível virtude, "o Ministério do Amor sempre vai cuidar do respeito à lei e à ordem". O Ministério do Amor vai assegurar a manutenção de nossa inocência. O ministério mais temível, a organização da vigilância e da extorsão das confissões. Diante da fortaleza da inocência, coberta de arame farpado, vigiada por mirantes, recuemos com prudência.

A inocência coletiva

Não que nossos governantes sejam animados por um vontade de ditadura, por uma intenção deliberada de reprimir e prender. Uma lógica amarra estreitamente a linguagem nova da comunicação instantânea, a *novcom*, a *fastcom*, a dos dados informáticos e da ciência, à incorruptibilidade fantasmática da sociedade. Ao utilizar a estrutura extraída pelo implacável rigor de Orwell, podemos reconstituir o que nos arrasta rumo ao novo totalitarismo do incorruptível, da inocência e da perenidade?

A novilíngua esvazia as palavras – estamos bem de acordo com Orwell – da verdade objetiva, e mais precisamente do objeto da verdade: o objeto que é visado, como um objetivo, como uma causa, pela função significante da linguagem humana, pela enunciação subjetiva, o objeto do desejo. Consideremos uma última vez nossa cara liberdade. Afirmar que "a liberdade é segurança" esvazia a palavra liberdade do próprio objeto do desejo de ser livre, da paixão da liberdade pela qual os homens se erguem e lutam, ao preço da vida. A liberdade é exatamente o contrário da segurança. Escolher morrer livre teve um sentido.

A língua da comunicação integral e instantânea não esvazia apenas as palavras da causa do desejo, ela elimina a função simbólica da linguagem. O desejo de ser livre também está ligado a todo o passado contido na palavra liberdade, nas barricadas e nas insurreições, nos revolucionários e nos resistentes, nos pensadores livres e em todos aqueles que sacrificaram a vida à liberdade; na palavra liberdade ergue-se uma longa série simbólica de gloriosos ancestrais. Bem mais. A liberdade só é efetiva no reconhecimento da alienação do sujeito humano ao simbólico, à estreita margem de livre arbítrio ganha sobre a predestinação. À estreita margem da vontade consciente ganha sobre o constrangimento do destino inconsciente. Tudo o que vem do simbólico em novilíngua desaparece. O que quer dizer? Ora, a novilíngua evacua (simplesmente!) não só o passado mas a culpa. Como assim? Mas é impossível! Ao contrário, já está feito.

Um único exemplo? A novilíngua apagou o significante pai. Pôs em seu lugar a palavra "genitor". Esvaziamos a paternidade de seu sentido simbólico. Antigamente, na antiga língua, a paternidade era uma tomada de responsabilidade, um reconhecimento, uma enunciação, uma fala: escolho reconhecê-lo, meu filho, e dou-lhe meu nome, e assumo a decisão de exercer sobre você a autoridade de um pai. Eu o inscrevo, meu filho, numa genealogia, e não é meu esperma que lhe transmito, mas a história dos homens de nossa família, de geração em geração, de pai em pai; lego a você o passado e todas as minhas esperanças, minhas fraquezas, minhas insuficiências, e todas as minhas dúvidas, e meu amor. Você terá êxito ali onde fracassei, construirá ali onde eu não soube construir. E no dia em que você também se declarar pai, saberá, como eu, hoje, que devemos morrer.

O genitor, este, não fala. Não transmite nem fraqueza, nem finitude, nem fracasso, nem segredo. É um patrimônio genético, imortal e são – breve estaremos em condição de nos assegurar disso. O filho do genitor é novinho: uma carta do genoma sem memória histórica e um número de Previdência Social por única identidade. Um homem novo.

Um filho da reprodução. Reprodução! Bastião da novilíngua, que suprime, de modo eficaz, uma longa série de palavras inúteis: concepção, nascimento, pais, geração, gerar, engendrar, etc., todas palavras vetores de complicações. A reprodução resume tudo isso: uma combinação das células sexuais, que ajudamos ou não com uma manipulação. Uma vez reduzidos os pais à sua função genital, depois a dois gametas, podemos, portanto, é bem prático, dispensar a pessoa deles. Dispensamos sobretudo o passado.

Nossa novilíngua reencontrou a estrutura de todas as utopias da incorruptibilidade, que não param enquanto não arrancarem as crianças de sua história subjetiva, do passado histórico, do passado familiar, dos erros, das errâncias, das faltas, dos defeitos que, desde sempre, se transmitiram os representantes miseráveis da lamentável humanidade.

Ao homem novo transmitimos um passado novo. Um patrimônio anistórico: ADN geneticamente imortal e idealmente perfeito. Uma memória sã, sem mancha. O homem novo não olha para o futuro, pois pretende ser imortal, imutável e imóvel; mas seu passado a cada instante deve ser modificado para estar conforme ao presente. O homem novo tem uma memória cada dia nova, ele é um eterno e amnésico instante. Apagamos os erros e as faltas dos pais. Do genitor só herdamos os cromossomos. Do genitor não tomaremos o luto, pois não experimentamos em relação a um genitor nem dívida, nem remorso, nem culpa. O genitor é um genoma. Como entrar em conflito com um genoma? Como rebelar-se, desejar sua morte? O homem novo é um perpétuo inocente.

A consciência científica

É o que nos diz a ciência, ou antes uma certa ideologia científica, uma dessas repugnantes ideologiazinhas vestidas de blusa branca que querem não só se apossar de nossa alma, mas nos chamar à ordem: o homem é neuronal, breve encontrarão nele o centro cerebral da moral. Ora essa! Já estamos aí? Pois estamos, a moral dele! Que é o produto, o resultado da adequação dele ao social, não é mais complicado que isso. A moral confundida com a moralidade, com a ordem moral. A ética confundida com a disciplina! Por que essa barbárie nova, à qual subscrevem muitas boas consciências intelectuais? A ética, em novilíngua, em *fastcom*, perdeu há muito tempo todo sentido. A *fastcom*, que suprime o objeto da enunciação subjetiva, o objeto do conflito e do mal-entendido, o objeto do desejo e da rivalidade, priva a culpa de todo objeto. Não há ética sem uma reflexão íntima sobre a culpa subjetiva, sem uma interrogação íntima sobre o que são o bem e o mal. O que espera o professor de seu cérebro da moral humana? Poder manipulá-lo? "Você está sofrendo da alma", dirá o bom doutor de blusa branca a todas as espécies de desviantes, "mas, fique tranqüilo, vamos amputá-la". Certamente. Liberados de todos esses velhos problemas da alma humana, bem adaptados à sã moralidade do grupo, os homens novos formam exércitos obedientes que combatem sem fraquejar (sem estado de ânimo!) a corrupção dos homens do passado. A ablação cirúrgica da alma sequer é necessária. A ablação de todo objeto de pensamento pela ideologia e sua novilíngua basta para curá-lo de todo desvio ético. Já vimos os exércitos de monstros comuns e inocentes que haviam depositado sua ética individual, sua moral, como diz o bom professor, nas palavras da ideologia coletiva, seu supereu pessoal na conformidade ao grupo e submetido seus atos à decisão do chefe. Não é, vejam, que os homens comuns sejam todos capazes dos piores crimes, todos capazes de obedecer a ordens de extermínio, é que a ideologia da inocência coletiva, da salvação coletiva, produz monstros.

Não estamos mais aí, me dirão. Com efeito, não estamos mais aí. Já estamos mais longe, mais avançados na ideologia da incorruptibilidade coletiva. Amanhã, para "procriar", precisaremos mostrar um patrimônio genético conforme e são. E quem se recusar, que tome cuidado. Corruptos! Corruptores!

Orwell teve a coragem de considerar com uma crueza impiedosa essa lógica totalitária da inocência coletiva. O que esperava ele do socialismo segundo seu ideal pessoal? Justiça e liberdade. Essa felicidade que prometem os progressos da ciência, essa saúde que ordenam as legislações sanitaristas, essa segurança à qual somos constrangidos, ao preço da liberdade e da dignidade, causavam-lhe revolta. A saúde? Ele não a economizou. A vida tampouco. E o trabalho menos ainda. O resultado? Um homem consciente da felicidade de viver realmente e de pensar realmente. Magro de morrer, o rosto cavado, hirsuto, miserável, batendo na máquina de escrever, ele jubila. Sabe que lhe restam alguns meses a viver. Não perde tempo apiedando-se. Escreve *1984*.

O nojo da corrupção

O real da corrupção

"Tudo o que deixava entrever uma corrupção sempre o enchia de uma esperança louca." Que audácia, caro Orwell! Se há bem uma palavra, uma única, que não pode ser associada à esperança é bem corrupção! Corrupção? Nojo, repulsa, revulsão! Corrupção? Impossível. Para mim é impossível afrontar minha própria corrupção, o real de meu devir de ser mortal: a decomposição, a putrefação de meu próprio cadáver. Corrupção, dissolução de mim mesmo, a que estou fadado, sem remédio, sem esperança. Serei entregue ao formigamento dos vermes. Serei reduzido em nauseabunda liquefação. Insustentável.

Certo, sou capaz de confrontar-me com meu destino e, meditando sobre a morte, com humildade, com resignação, de considerar o esqueleto que sou, o pó ao qual retornarei. Mas... imaginar a putrefação de minha carne... essa carne que é minha beleza, meu orgulho e meu prazer... É bem a minha carne, *corruptível*, que atacarão a corrupção, o apodrecimento, o formigamento dos vermes. O olhar se desvia, a inteligência foge.

A corrupção do corpo é uma constatação – infelizmente! – universal, jamais desmentida, uma inelutável necessidade. A glória da carne é efêmera. O corpo, em sua mais triunfante juventude, traz em si o apodrecimento. Ao nascer, já é cadáver, *corpse*. Todo ser vivo é igualmente efêmero e fadado à destruição final por decomposição. A corrupção é para o ser vivo um fim necessário. A corrupção é uma lei do vivo. A corrupção dos seres que vivem na terra sempre terá existido.

A hipótese do incorruptível

Diante do apodrecimento que o espreita, da desordem agitada e ocasional de sua curta existência, do efêmero de suas realizações, da fragilidade de toda criação terrestre, o homem ergueu os olhos para o céu. Viu ali a eternidade. A imutável presença dos astros e a estabilidade de um movimento perpétuo. Ali admirou uma ordem perfeita, um movimento previsível, um eterno retorno, um tempo sem fim. Confrontado sem remédio com a degradação e a morte, erguendo, acima da miserável necessidade, olhos maravilhados para a abóbada celeste, o homem ali encontrou a ideia do incorruptível. Forjou para si a hipótese da imortalidade. Separou seu mundo em dois. Separou pela linguagem o corruptível do in-corruptível. Aos humanos, aos seres terrestres, a imperfeição, a finitude e a morte. Aos seres celestes, aos astros, a Deus, a eternidade e a perfeição infinita.

Os astros também morrem, hoje sabemos. Que importância? A eternidade não se verifica pela experiência. Nem todos crêem em Deus. Que importa? A essência da Eternidade, e da perfeição, permanece. O homem, com dor, se reconhece imperfeito e se aflige com sua natureza tão má quanto mortal. À constatação implacável da natureza corruptível do vivo o homem opõe a essência, a ideia, o *princípio* abstrato do Incorruptível.

Que inclinação estamos aí seguindo? Dizemos bem simplesmente como o pensamento humano, a linguagem, separa o *real* da corrupção (do corpo) e o *simbólico* do incorruptível (o princípio).

Chegamos num pulo no cume de uma montanha. Nesse ponto, temos a infeliz surpresa de descobrir uma nova perspectiva e uma promissora cadeia de questões.

A corrupção se opõe ao princípio de Eternidade. Em outros termos, todo combate contra a corrupção se fará em nome da Eternidade. Ou de Deus, que é um dos nomes do princípio do Incorruptível e um dos nomes da Eternidade. Isso se verifica? Certamente.

Como confirma o histórico da caça aos "corruptos" e aos "corruptores" que foram, no Ocidente, os heréticos, os judeus, os muçulmanos, as bruxas e os desviantes de toda espécie. Não é difícil encontrar o incorruptível missionário, justiceiro e guerreiro, inquisidor e cruzado, braço armado do Incorruptível, sustentado pela certeza de uma missão divina, perseguindo sem piedade os corruptos. Hoje mesmo, não há integrismo religioso que não denuncie com violência a corrupção! Logo, a hipótese não é nem só teórica, nem fora de data. Entretanto, no pensamento moderno, o princípio de Eternidade não se nomeia mais sempre Deus. Os incorruptíveis contemporâneos são sempre levados pela preocupação de eternidade? É claro. Orwell, como vimos, havia entendido isso antes de nós e construiu sobre essa base, sobre o voto de eternidade coletiva do Estado, sua análise do totalitarismo.

Retomemos nossa reflexão. Uma vez colocada a hipótese do Incorruptível, o homem baixa de novo os olhos para as realidades terrestres. Confronta o princípio simbólico do Incorruptível com a natureza do real: com os homens fadados à destruição e à corrupção, com os homens naturalmente corruptíveis. Ocorre então uma singular operação. Não é notável? A linguagem não opõe os incorruptíveis aos corruptíveis, mas aos corruptos.

Corruptível! Eis uma acusação que não carregamos. Corrupto! Sim, xingamos facilmente os outros de corruptos. Sempre denunciamos a corrupção e jamais a *corruptibilidade*. Louvaremos um homem incorruptível, sem poder felicitá-lo por ser um *incorrupto*. O uso ratifica uma separação, uma oposição: o incorruptível diante dos corruptos.

Não utilizamos a palavra corruptível. Com efeito, armado do princípio simbólico do Incorruptível, o homem reconsidera o corruptível que ele é por natureza e o declara corrupto. A significação negativa da palavra "corrupto" não escapa a ninguém. A hipótese da eternidade (o incorruptível) produziu um juízo de imperfeição (corrupto).

A lei da corrupção universal

O que reconheceríamos se nos disséssemos, simplesmente, naturalmente, corruptíveis? Constataríamos que somos fadados a uma necessária degradação. Mas ainda? A decomposição implica uma modificação, uma mudança ligada ao tempo, um movimento de desagregação dos elementos de um corpo. O término do movimento está aqui programado desde a origem, o fim está contido na própria natureza do corpo. Dizer-se corruptível é fazer uma afirmação sobre seu ser e seu devir. Na palavra corruptível, o ser e o devir coincidem e o futuro está contido no presente.

Logo, definimos a corrupção como um movimento: como um devir, como um processo de mudança que afeta os corpos que lhe são submetidos. Não esqueçamos nunca que o movimento é um estado. A corrupção, o movimento de decomposição do corpo, como todo movimento, é um estado permanente. É evidente que não ignoramos isso! Sabemos que certas forças contrárias mantêm bem sentado numa cadeira um corpo cujo estado é mover-se segundo a lei de gravitação e cair no chão! Da mesma forma, certas forças vitais conservam uma aparência de coesão a elementos cuja lei é decompor-se, dispersar-se. Há uma lei da corrupção dos corpos, como há uma lei da queda dos corpos. Uma lei da atração universal e uma lei da decomposição universal. Da mesma forma que os corpos estão em estado permanente de movimento (embora pareçam em repouso), a decomposição é, no próprio seio do vivo (ainda que no metabolismo da digestão), um estado permanente. Um estado, portanto, e não uma faculdade negativa que afetaria o corpo. Todo corpo vivo nasce no estado de corrupção, até o mais magnífico, o mais novo dos bebês recém-nascidos! Sempre esquecemos isso.

Não só o corpo corruptível está no estado constante de corrupção, mas mais... não há nenhuma causa particular a esse estado! Isso é que é difícil de aceitar. Lembremos que, até Kepler, os mais poderosos pensadores imaginavam uma causa para o movimento dos corpos celestes, uma inteligência, uma alma que fazia os astros girarem fixos sobre suas esferas. É muito difícil, no mesmo modo, não imaginar ordinariamente um agente da decomposição, da desintegração. Não imaginar (trata-se, com efeito, de uma operação do imaginário) uma causa que tornaria corruptível o que, na origem, portanto, não teria sido. É quase impossível dizer-se naturalmente "corruptível", obedecendo à lei universal da corrupção do vivo, e não *imaginar-se corrupto*. Imaginamos ter sofrido a ação de um agente corruptor. O homem é corruptível porque foi corrompido! Logo, não nos espantaremos de poder afirmar com São Paulo que o homem, criado imortal, "foi corrompido pelo pecado original". Do ponto de vista do princípio do Incorruptível, do Eterno, a falta de Adão corrompeu a perfeição originária da criação. Afirmaremos igualmente com Jean-Jacques Rousseau: "O homem foi corrompido pela sociedade." Em todos os casos, incrimina-se uma falta, identifica-se uma responsabilidade.

Em vez de enunciar que "o homem é corruptível", e de reconhecer que é a um só tempo seu ser e um estado constante, o uso ratificou como uma certeza que "o homem é corrupto", o que subentende uma modificação, uma *alteração* de um estado *originário* e uma *causa* ao processo. É o que vamos encontrar em todas as acusações de corrupção. Denunciamos a degradação de um estado originário perfeito, de uma incorruptibilidade de origem e a ação ruim de um agente de decomposição, de dissolução, de degenerescência. Imaginamos categorias que se opõem: o são contra o malsão, a vida contra a morte, o bem contra o mal. Supomos uma causa à morte! Procuramos reparar; encontramos como acusar.

Supor uma causa à morte já é visar a eternidade. Não se resignar ao necessário envelhecimento, à horrível degradação, ao inelutável desaparecimento. Encontrar o que, na natureza do homem, corrompeu o princípio do Incorruptível, abriu uma brecha no Perfeito e no Eterno trouxe a morte.

Interpretar o real da corrupção do vivo, supor uma causa à morte, identificar um agente do mal, isolar uma categoria corruptora, é esta a lógica do Incorruptível. Denunciemos os corruptores! Eliminemos os corruptos! Erradiquemos o mal! Matemos o perecível! Exterminemos a morte!

A corrupção da mulher bruxa

A Inquisição fracassou. Mas a Inquisição não tinha os recursos do Estado moderno.

George ORWELL

Seu nome era Heinrich Krämer, mas quis ser chamado de Henry Institoris. Quem se lembra dele? Alguns especialistas da história da Inquisição e os fantasmas de suas vítimas. Foi o estranho autor de um código de processo para uso com as bruxas que teve em seu tempo grande sucesso.

Nasceu em 1430 em Sélestat e entrou para o convento dominicano de sua cidade onde se formou. Aos 28 anos de idade, assistiu em Estrasburgo à execução de um bispo herético, queimado vivo, como era de lei. Nesse dia, encontrou sua vocação. Inquisidor! Dedicaria toda a sua vida a perseguir o herético, incansavelmente, até a morte, com mais de 70 anos. O herético? Institoris encontrou sua própria definição do mal e soube impô-la. Fez a caça às bruxas. Perseguiu com determinação apaixonada, com obstinação feroz, o gozo obscuro das mulheres. Encontrou a bruxa, prendeu-a, torturou-a, entregou-a à fogueira. Em suas redes de inquisidor, capturava-as às dezenas, jogava-as na cela; a primeira que desabava denunciava as outras. Deus fica feliz de ver subir as chamas de uma fogueira coletiva.

Com o que parecia? Austero, pálido e seco, com certeza, pois não se imagina o inquisidor repleto. Em seus olhos, o brilho inquietante e fixo da paixão secreta. Ele era um desses dominicanos devotados à pobreza e destinados à pregação, um desses ascéticos militantes da fé pura que forneceram a elite da Inquisição. Não era de gênio fácil, disso estamos seguros. Eruditos historiadores exumaram com minúcia documentos que mostram isso: seus colegas e sua hierarquia tiveram a oportunidade de queixar-se oficialmente de sua intransigência e de seus excessos de zelo. Seu fanatismo em perseguir a bruxaria foi diversamente apreciado. Durante muito tempo se discutiu sua legitimidade de perseguir a bruxa por motivo de heresia e sua implacável preocupação com a salvação das populações. O inquisidor apaixonado foi ao Vaticano e, em 1484, obteve do papa uma bula apostólica que reconhecia oficialmente a heresia das bruxas. Que vitória! Que desforra sobre aqueles intelectuais que ridicularizavam a hipótese da bruxaria! Superstições populares, os rumores de sabá? Crenças delirantes, as orgias demoníacas? Na fogueira, os que pensam e os que duvidam! A bula pontifical tem força de lei.

Que triunfo! Torquemada justo acabava de reorganizar a Inquisição espanhola ao determinar um novo crime, a falsa conversão. Os muçulmanos sorrateiros e os judeus hipócritas, mouriscos e marranos falsamente convertidos, corrompiam do interior a fé católica e a salvação das almas e forneciam uma categoria renovada de candidatos à fogueira. Do mesmo modo, Inocêncio VIII e Henry, seu inquisidor, lançaram um combate novo: na Alemanha, certas mulheres, esquecidas da própria salvação e desviando-se da fé católica, entregaram-se sexualmente aos demônios. Chegara – mais uma vez – o momento de se decidir firmemente, com tristeza mas determinação, a "extirpar e arrancar o erro", a "exterminar o inimigo interior". Irresistível programa! Ao qual, aliás, ninguém jamais terá resistido. Para não subscrever a isso, é preciso, para sua infelicidade, ter herdado um espírito geneticamente rebelde, diríamos hoje, de um cérebro manchado congenitalmente por um erro maligno e apegar-se obstinadamente a seu gênero malsão.

Com a perfídia do corrupto, notaremos que certos papas, para demonstrar seu zelo apostólico e manifestar seu "piedoso e santo desejo", de fato precisaram de heréticos e bruxas. Inocêncio VIII, papa do Renascimento, exibiu seus gostos de mecenas e construtor, seus modos dissolutos e seu sentido do comércio. Casou com grande pompa o filho, o pequeno Francisco, com a filha de Laurêncio de Médicis. Seu sucessor, em 1492, não foi outro senão Alexandre VI Bórgia, que se esmerou em consolidar a posição de seus seis filhos, não menos (dentre eles César, o modelo do príncipe de Maquiavel). Corrupção na cristandade? Corrupção do governo pontifical, corrupção da mensagem evangélica, da autoridade pastoral? Nada disso. A corrupção sorrateira que espreita a cristandade é esse diabólico apetite sexual das mulheres, esse delito novo que se propaga. Alexandre VI Bórgia prolongou e estendeu a jurisdição de Institoris.

Outros tempos, outros modos? Nada é menos seguro. As construções mentais dos homens têm sua lógica, que organiza em toda sociedade surpreendentes contradições. Inocêncio VIII, perfeito papa depravado e corrupto, considerou-se naturalmente um autêntico pastor, encarregado de velar pela salvação de suas ovelhas. Para ele, foi simples imaginar a ameaça de corrupção, localizá-la com toda boa fé no Outro, naquelas estranhas mulheres alemãs, robustas bárbaras de sexualidade devoradora e sem limites, de quem Henry se fizera o inquietante e ardente mensageiro.

Logo, o mal era sexual. Os fatos surgiam à medida que se investigava. Horrível surpresa! A depravação secreta, até ali insuspeita, revelava-se cada dia mais profunda e mais extensa. Não havia uma aldeia que não abrigasse um foco oculto de perversidade. Mas como levar a cabo investigações tão delicadas? Como sobretudo convencer os reticentes, que ainda recusavam crer na epidemia de *diablerie* sexual? Vejam em Innsbruck, em 1485. Henry, brandindo sua bula apostólica, desmantelou uma rede de bruxaria: quarenta bruxas encarceradas, boas para o fogo. Numa única cidade, quarenta mulheres, bruxas? Por que não? Vimos na França, no início do século XXI, numa pequena cidade do interior, trinta cidadãos comuns difamados, jogados na prisão, e um deles levado ao suicídio, por motivo de crime sexual. Em Innsbruck, o bispo, convencido da inocência das acusadas, batalhou firme e as libertou. Era bem constrangedor. Para evitar que se renovasse esse gênero de negligência, Institoris redigiu às pressas um código de processo que esclareceria definitivamente os juízes neófitos: *O Martelo das bruxas*. Manual na mão, o investigador hesitante, senão desconcertado diante desse crime novo demais e mal conhecido, saberia colher e dirigir os testemunhos e fazer a verdade aparecer. A verdade! Estávamos bem seguros de obtê-la.

Como talvez não se saiba, é difícil estabelecer a prova de um delito sexual. Os predecessores de Institoris já tinham colidido com esse escolho. Felizmente, a verdade sai da boca das crianças. Crianças de bruxas testemunharam ter participado dos sabás, dançado ritualmente diante do demônio, e provaram isso ao reproduzirem as sarabandas com uma agilidade e uma precisão diabólicas. Institoris, investido de sua missão de instrumento da salvação, enfrentava um problema muito sério: a realidade do crime sexual de bruxaria verificava a pertinência de seu combate do Bem contra o Mal.

Mas como estabelecer a realidade desse crime novo? O "raciocínio" do juiz investigador nos interessa, imaginamos, mais do que tudo. O inquisidor, de início, estabelece uma constatação. O mundo vai mal. Muito mal. Na Alemanha, em particular: crianças morrem, casais ficam estéreis, animais abortam e colheitas são destruídas pela geada ou os granizos. O inquisidor se instala numa cidade. Recolhe as queixas junto à população.

De imediato, notemos que é impossível dissociar a iniciativa intelectual do inquisidor de sua ação no processo. Há fatos até ali dispersos, acontecimentos até ali naturais. Se há bem um real da morte ou da infertilidade (homens, animais ou plantas), a chegada do inquisidor na cidade lhe dá significação. O inquisidor, por reunir os fenômenos, os interpreta. Sobre o real, de repente, faz-se queixa. Fazer queixa, mas contra quem? O inquisidor sabe: ele incrimina as bruxas, lançadoras de feitiços e malefícios, agentes ocultos do mal. Bruxas? Você conhece ao menos uma. Lembre-se. Até aqui, você convivia com ela sem tomar cuidado. Talvez lhe tenha acontecido alguma infelicidade? Boas e corretas pessoas, por acaso foram vítimas de um malefício? Testemunhem sem tardar. É dever. É do interesse de vocês.

Denunciem as bruxas que se escondem entre vocês! O inquisidor pediu isso, domingo, na missa, na hora do sermão, quando substituiu o bispo. Que orador! Que persuasão e que força na voz! Que palidez no rosto! Que chama nos olhos! Um homem de Deus. Venham testemunhar as suas suspeitas junto ao inquisidor, que lhes garante a mais total discrição. A porta dele está aberta para vocês, e ele lhes dá uma semana inteira para que se decidam.

O inquisidor se retira em sua casa, que ele requisitou. Espera. Sem impaciência. Gosta desse momento. Eles vão vir. Sempre aparecem. Vêm preveni-lo de que a primeira testemunha bate à porta. A investigação pode começar.

Senhor inquisidor, há, na esquina da minha rua, uma diabólica vizinha que fica de olho no meu marido. Desde que ela lhe lançou um feitiço, ele não se aproxima mais de mim. E eu, senhor inquisidor, suspeito de uma mulher de vida ruim, todos lhe confirmarão sua reputação duvidosa, ela deita com qualquer um; ela me lançou um feitiço quando eu passava diante de sua porta, desde então comecei a mancar. É a filha do meu vizinho, senhor inquisidor, estou certa disso, eu a vi no ano passado passear à beira de minhas plantações, ela falava sozinha e fazia todas as espécies de gestos na direção do demônio, que eu não podia ver; em agosto, a tempestade caiu sobre a minha vinha, com a dela não aconteceu nada. Foi ela, senhor inquisidor, estou segura, uma velha bruxa, ela nunca teve filho, tem ciúmes, fica o dia inteiro diante do lavadouro e dá risadinhas com sua boca sem dentes, todos têm medo, ela lançou feitiços sobre o meu pequeno que morreu de febre, sobre outros também; eu a vi, uma noite, voar no céu acima das árvores de meu quintal.

O inquisidor sente-se em casa. Imóvel feito um caçador à espreita, envolve com doçura a voz e vela o olhar. Conhece os homens e todas as maneiras de manobrá-los. Soube ser ouvido por um papa nos fastos do Vaticano e, num lugarejo na Alemanha, sabe compreender a linguagem das pessoas pequenas, tranqüilizá-las, encorajá-las a falar, aprisioná-las, sem familiaridade no entanto. Trata os notáveis com a consideração que convém, se necessário com altivez. Nada o surpreende. Ouviu testemunhos! O que pensa dos denunciadores? Nada. O que pensa o caçador daqueles que para ele enxotam a caça? Trata-os com lealdade. Trabalham pela mesma causa. Ele os protege, os avisa: "Não façam acusação. O processo da Inquisição foi redigido há muito tempo. Não está em meu poder mudá-lo. Ele prevê que aquele que faz uma falsa acusação será perseguido. Contentem-se com uma denúncia. Se ela se afigurar sem fundamento, você não corre risco algum. Enquanto simples denunciador, você tem o direito ao erro."

A segunda fase do procedimento? São presas as mulheres denunciadas e, portanto, suspeitas de serem bruxas. Com precauções brutais que evocam as prisões dos oponentes nos países totalitários, são agarradas de surpresa, transportadas em gaiolas ou em cestos, o contato com elas é evitado. Não são presas, são seqüestradas. São levadas até o inquisidor. As pobres não compreendem o que lhes acontece. O inquisidor, este, já conhece o fim.

Ah, não tão rápido! Trata-se agora de interrogá-las. Ora, o diabo é mentiroso e a bruxa maligna. Assim, o Código detalha o procedimento do interrogatório. O Código estabelece as regras de um jogo de bobos em que o inquisidor ganha sempre. O acusado não tem direito algum e o juiz investigador tem o dever de torturar e mentir. No final do corredor, a única saída da masmorra é a fogueira. Assustador? Com certeza. O pavor, infelizmente! não nos levará longe. Notemos que o Código não só prescreve as modalidades do interrogatório, mas sobretudo expõe o que dele é esperado. Como provar o crime, senão pelas confissões? Como obter as confissões sem um processo excepcional? O raciocínio que demonstra o crime é solidário com o processo, que ele mesmo só é justificado pela hipótese do crime.

Se o inquisidor noviço não sabe o que é o crime de bruxaria, a bruxa, ao confessar, lhe ensinará. Assim, Henry Institoris adquiriu sua ciência em bruxaria. Ao redigir o *Martelo*, ele resume vinte anos de ofício. Expõe seus casos, organiza sua experiência. Transmite um saber de especialista: já fez centenas de bruxas confessarem.

Ele descreve por que gradações de sofrimento e pavor, da simples "questão" à franca tortura, obtém-se a confissão da bruxa. Ela sempre acaba confessando. Sempre? Quase. Algumas, espantosamente resistentes, não falam. Inocentes, portanto? Nem pense nisso. Fizeram com o demônio um pacto que as torna mudas. O mutismo é uma prova suplementar da bruxaria. "Malefício de taciturnidade!" Resumo do processo? Ou a bruxa confessa: vai para a fogueira. Ou a bruxa não confessa: vai para a fogueira. O processo é impiedoso.

Comentadores do *Martelo* indignam-se, com uma ingenuidade inquietante: que injustiça, não é? A indignação, por definição virtuosa, também é estéril. O código das bruxas nos interessa pelo que foi: um processo do "extermínio do mal". Que este tenha sido em seu tempo artesanal, nas chamas de simples pedaços de lenha, nada retira de sua visada purificadora, feita em vasta escala já que, na Europa do Norte, várias dezenas de milhares de mulheres foram queimadas como bruxas. Tentemos antes entender a lógica. Ora, é uma angustiante descoberta que fazemos aí, no meio de um processo já bem assustador: as confissões, no fundo, não têm tanta importância. Toda mulher denunciada como bruxa é uma bruxa.

As confissões estão no cerne do processo, mas podemos dispensá-las. Não nos livraremos dessa contradição incriminando o obscurantismo. O obscurantismo também tem a sua lógica. O obscurantismo reúne, numa vasta e vaga categoria depreciativa, as hipóteses dos homens que nos precederam e as nossas, uma vez que serão consideradas por aqueles que nos seguirão. Toda mulher denunciada como bruxa é, portanto, uma bruxa. O processo da instrução, por mais longo que seja – e pode prosseguir durante meses se a bruxa for recalcitrante –, está de certo modo encerrado desde a prisão. Dele se deduzirá que o rumor, a delação, a opinião popular bastam para que uma mulher seja finalmente queimada. Mas mais? É preciso bem supor, acima da denúncia e da prisão, uma construção mental coletiva de uma notável coerência, de uma evidência esmagadora, já que basta para engendrar um processo de eliminação. Como, pois?

Como se consegue criar, enquanto realidade admitida por todos, um crime novo? A partir de um real. De fato há crianças que morrem novas, casais estéreis, homens impotentes e certas gravidezes não chegam ao fim. É em todo caso o real sobre o qual vai a atenção preocupada do inquisidor. Ele a isso acrescenta as colheitas perdidas, o apodrecimento dos frutos, a esterilidade dos animais domésticos. O que isso pode bem significar? Devemos compreendê-lo, e não é tão difícil: o inquisidor ordena sua observação, centra seu estudo, focaliza suas preocupações no real da procriação. Ele diagnostica uma fraqueza na reprodução sexuada, um defeito de reprodução vital. Notemos que a observação assim visada e ordenada na verdade é uma apreciação negativa referente ao real. A observação é orientada por uma ideologia. O inquisidor tem sua ideia do bem e seu ideal de uma criação perfeita. No mundo do bem, os casais se unem na ordem e na harmonia do casamento, engendram crianças sãs e todos os campos semeados produzem belas colheitas. As normas do inquisidor exigem um rendimento reprodutivo de 100%. No mundo imperfeito que ele deplora, ele constata os fracassos da relação sexual e da procriação. Supõe, portanto, uma causa para essa fraqueza, essa imperfeição. Todo seu "raciocino" está ali. Há uma causa para as fraquezas do sexo e os malogros da reprodução. É mais que uma hipótese: um axioma! O axioma do inquisidor! O inquisidor, reconheçamos, não está longe de pensar como a maioria dos humanos. Por isso o papa se deixa facilmente persuadir. O papa, depravado, decerto, mas bom pai de família, deseja, como todos, a segurança das boas pessoas e a perenidade da vida nesta terra, de geração sã em sã geração.

Qual a causa desse fracasso da procriação? Quem introduziu um defeito na perfeição da criação primeira? Qual é o agente da desordem? Quem compromete a reprodução eterna e perfeita do vivo? Não é preciso buscar muito longe. No mundo do bem, a criação perfeita se transmite sem defeito e as pessoas se reproduzem sem perda. A origem do mal é, portanto, sexual. Uma desordem da relação sexual. Uma sexualidade desordenada, rebelde, incontrolável, em suma, fora da lei. A sexualidade feminina, é claro. Um gozo não regulável, imprevisível, estranho à lei dos homens. Oh! Há com o que se assustar! Há com o que ter medo das mulheres. Henry Institoris sabe do que está falando. Conhece as mulheres. Tranca-se com elas, durante dias e semanas, na mesma prisão do interrogatório, debruça-se, avidamente, sobre seus estranhos segredos. Teme as desordens criadas pelo desejo insaciável dessas mulheres, por suas explosões de gozo. Faz disso um catálogo amargo. A mulher é insatisfeita por natureza. Acham que ela se contentaria com o legítimo esposo? Não! Será frígida. Ou então dormirá com qualquer um para saciar seu apetite de torpezas, com o primeiro demônio que aparecer, e esses diabos, pelo que se crê, lhe dão prazer. Num segundo, torna um homem impotente. Também é capaz de deixá-lo louco de amor, de desorientá-lo, e o infeliz negligencia todos os seus deveres, abandona o lar para segui-la. Conhecemos maridos – não estavam enfeitiçados? – que abandonavam uma bela e boa esposa para se ligarem a uma feiosa. Como essa desordem engendraria filhos sãos? Em suma, a mulher que se oferece à depravação, que atiça as paixões, é rebelde à boa ordem sexual, que manda procriar segundo a lei.

Enquanto mãe? Não vale nada: ela devora os filhos. Sim, no sentido próprio, é uma ogra que come no sabá os bebês pequenos. Na melhor das hipóteses – coisa horrível de dizer! –, não sabe educá-los. Corrompe a inocência das crianças, as condena ao pecado. Em suma, só transmite o mal.

O assunto está encerrado. A mulher é bruxa. Arrasta os homens na desordem de suas paixões, no escândalo de seu gozo desenfreado. Terá sempre sido Eva, a tentadora, a corruptora corrompida, que se deixa seduzir pelo diabo e em seguida seduz o homem. A mulher é a corrupção, a bruxa é mulher.

Corruptora! A que ponto! Ela é a corrupção técnica, científica: "Ela impede a função de procriação entre os homens!" Ela se volta contra o poder genital deles, impede a ereção e a ejaculação, contamina e envenena o esperma. "Ela infecta magicamente o ato venéreo e o feto concebido!"

Não é convincente? Essa mulher bruxa é realmente o agente da corrupção, pois se opõe à eternidade com a qual sonham os homens. Ela a ataca duplamente. O homem pode imaginar-se eterno, naturalmente, em sua descendência: ela, por seus sortilégios, mira a fecundidade e a progênie dele. Ele também pode imaginar-se eterno na promessa da ressurreição do corpo: ela o desvia da fé e da esperança e lhe arruína todas as chances.

Não é evidente? Reflitamos sobre o que funda esse "raciocínio", essa construção, sobre o que lhe dá consistência, sobre o que produz um efeito de verdade. A mulher, que transmite a vida, também transmite a morte. A matriz de onde nasce todo homem também transmite a corrupção do corpo; "por sua culpa", o corpo não se reproduzirá eternamente e não viverá eternamente. Talvez não sejamos sensíveis à força dessa lógica, que no entanto é irresistível, e desde sempre, se com ela não tomarmos cuidado, pois ela transforma o real (a morte é transmitida no nascimento do vivo) numa realidade imaginária: uma corrupção da transmissão da vida desde o momento da reprodução sexuada; uma sexualidade corruptora que atenta contra a eternidade.

Tudo isso – é, evidentemente, de minha parte uma síntese elaborada, construída, a partir da análise do texto preciso de seu *Manual* – organiza as certezas do inquisidor e conduz sua ação.

A mulher bruxa é um inimigo perigoso, ele está seguro disso. Trazem-na até ele, o enfrentamento começa. Ela vai usar de todos os seus sortilégios, ele sabe disso, para enternecê-lo, surpreendê-lo, apiedá-lo. Como endurecer-se? Defender-se contra a piedade? Não reagir como humano? Não, ele não vai se deixar enfeitiçar nem seduzir. Não, não vai se deixar contaminar, sujar, corromper por seu desejo. Ele aprendeu como premunir-se. Para o uso dos juízes, o Código oferece um manual prático, pródigo em recomendações e ordens. Em resumo? Não se deixar tocar! Incorruptível, isso sim! Precavido e inflexível. Vamos ficar à distância e lembrar que temos diante de nós não um miserável humano, mas um agente do mal. Livrar-se de sua humanidade é fácil, basta apossar-se novamente de uma ideologia da salvação.

Basta ser o Incorruptível. Mas... não é tão simples. O inquisidor pensou redigir um código impessoal, um tratado doutrinal e sábio. Quis escrever um guia jurídico e técnico. Inconscientemente, ele se desvela. Progressivamente vemos surgir do manual seu estranho autor e seu segredo, que ele esconde de si próprio.

A mulher, sua bruxa, ele pensa nela sem parar. Dedica-lhe a vida. Jogar a rede, capturá-la. Enfim! Agarrou-a. É o grande momento. Todas as mulheres são bruxas, sabemos, mas, para a felicidade daqueles que as amam e para a do inquisidor, nem todas se parecem. Isso torna o ofício difícil e apaixonante. Uma por uma, cada uma é singular, cada uma se trata de modo diferente. Esta, medrosa e sensível, cederá à primeira pressão, à primeira dorzinha. Tanto melhor, mas a vitória é um pouco fácil. Uma outra, que resistia, põe-se de repente a chorar. Ah, as lágrimas de uma mulher! Ele estremece. Como não se dobrar quando uma mulher chora?... Ele se protege: são falsas lágrimas, choros de sortilégio. Uma bruxa, é assim também que a reconhecemos, não chora. Não se arrancará dela nenhuma *verdadeira* lágrima. Nunca se repetirá o bastante: não se apiede, proteja-se contra os encantos da bruxa. Existem as que são de uma beleza muito tocante. Tome cuidado no primeiro encontro, no primeiro olhar trocado com ela, que pode ser fatal: então, você não poderá mais nada contra ela. Nunca baixe a guarda. Certo dia, uma, de surpresa, numa carícia implorante, tocou-o de leve no antebraço, ali onde a pele é tão sensível e terna, na junta do pulso. Ah! Ele ainda sente o arrepio. Perdeu todos os seus meios, ela lhe escapou.

Ele tem por sua bruxa uma espécie de paixão. Sobretudo se ela resiste. Ele não consegue deixar de admirá-la: ela replica com tato, com inteligência. Não se deixa surpreender. Mostra, através das piores provações, uma força incrível. Tem o caráter muito aguerrido. Um caráter viril, e não se pode melhor prestar-lhe homenagem. É preciso então saber usar o tempo. Conquistá-la, pela esperteza, a mentira, alternar as súplicas e a doçura. Despreze as receitas, os truques! É preciso invenção, personalidade, enfim, gênio.

De noite, olhos abertos, imóvel, ele pensa nela. Está pronto. Espera que batam na porta de seu quarto: "Ela decidiu confessar!" Elas às vezes cedem de noite, na solidão da cela. Ele então se levanta num pulo, veste às pressas as insígnias de sua função. Treme de impaciência enquanto acordam o escrivão. Ela foi imediatamente levada à sala de audiência. Ele se retém para não correr até lá. Compõe um rosto solene para fazer sua entrada. Tem nos olhos uma luzinha de triunfo. Enfim! Podemos registrar as confissões.

Os comentadores do *Martelo* são bem silenciosos sobre um ponto e pretendem ser insensíveis a um curioso efeito: desprende-se da leitura desse pesado tratado... uma sensação equívoca. Algo erótico e que teriam escondido, difuso entre as linhas. É perturbador. E até constrangedor. O sucesso do *Martelo*, reeditado durante dois séculos, repousaria sobre as torpezas carnais, a lubricidade, acossadas pelo inquisidor? Ele sente prazer em repertoriar as fofocas de aldeia e os segredos de alcova. Se nisso não visse malícia, saberia que encontra em todas as suas "bruxarias" a força dos contos populares e licenciosos, as intrigas e as situações escabrosas: a jovem, o sedutor e a intermediária, o estabelecimento público de banhos, cômodo para os encontros secretos, as espertezas da mulher infiel, o marido corno. "Maridos viram, sob seus olhos, demônios íncubos – que eles não tomavam por demônios, mas por homens – fazerem essas torpezas com suas esposas. Quando pegavam uma arma para matá-los, os demônios escapavam, as esposas lhes diziam que eles tinham sonhado..." Bagatelas? Depravação demoníaca! O inquisidor não ri, ele revista. Reconstitui a depravação, a vê, sonha com ela! "As bruxas com freqüência foram vistas deitadas de costas nos campos e nas florestas, nuas até acima do umbigo e em posição para essas coisas agitando as pernas e as coxas, os membros preparados; os demônios íncubos estavam em ação..." Ah, os deliciosos delírios do inquisidor! Não é tão engraçado, no entanto. Refletindo nisso, rendemo-nos à evidência. Dois gozos paralelos atravessam em segredo o Código: o do inquisidor, que imagina o gozo da bruxa, da mulher acasalada com o demônio. E o do inquisidor ainda, que tortura a mulher para lhe extorquir a confissão, a verdade sobre seu gozo. Ignorando soberbamente sua implicação subjetiva, o inquisidor ensina ao outro o segredo dos gozos proibidos. O leitor, o juiz, disso vai bem tirar seu pequeno benefício. A enunciação equívoca desse código de um processo da tortura percebe-se melhor ainda quando lemos Orwell (*1984*), que também escreve a tortura inquisitorial totalitária, mas com outra voz: a do corrupto, do herético. Nenhum gozo suspeito em sua construção. Institoris, o inquisidor, fala, com uma inocência perversa, de seu lugar de incorruptível carrasco. Suas ordens, de espantosa duplicidade, são mais assustadoras que uma proclamação sádica: "Uma vez desnudada a bruxa, ordenaremos aos carrascos que a torturem e eles obedecerão, sem manifestar prazer." Ele acredita nisso: ele é apenas o instrumento da lei. Carrasco e torturador legal. Ele faz seu dever. Extrai do corpo das mulheres a confissão de um obscuro gozo. Arranca à mulher, em nome da lei dos homens, a confissão de seu gozo fora da lei. A nitidez desse enunciado de repente clareia, na escuridão da câmara de tortura, o inquisidor, surpreso em plena ação. Revela-se então a verdade de sua paixão cruel: a estrutura de sua perversão. Sob essa luz, sua determinação, seu talento e seus esforços para que seja reconhecida a heresia de bruxaria, para que ele consiga realizar sua vocação, confirmam a estrutura de uma perversão ativa, criminosa. Ele age em total consciência, está seguro de cumprir seu dever. É isso o mais assustador. A ideologia é capaz de integrar como uma prescrição legal a vocação perversa do torturador que trava, com os outros, o grande combate pela salvação, pela vida. Como os outros, ele crê nisso.

Evidentemente, as confissões reforçam sua convicção. A confissão da bruxa confirma o rumor e os testemunhos (sua má reputação) e, portanto, a evidência dos fatos (um vizinho morreu, o granizo caiu numa plantação). A bruxa confessa tudo. Entregou-se a torpezas sexuais e a orgias. Deu o corpo e a alma ao demônio, propaga a infelicidade e a morte ao saciar sua lubricidade. O inquisidor ignora que a evidência dos fatos era apenas uma interpretação dos fatos e que os testemunhos eram orientados e selecionados por ele. O inquisidor não é curioso. Considera terminado o processo quando a bruxa diz enfim o que ele esperava dela: uma validação de sua teoria, que sempre se verifica. As confissões verificam uma irrefutável teoria!

Por que, neste início de século XXI, somos capazes de criticar sua prática e suas certezas? Porque a luz da razão nos ilumina? Porque não acreditamos mais na verdade das confissões extorquidas sob tortura? Ora, vamos! Não acreditamos mais nos demônios íncubos e súcubos. O sistema teórico que dá realidade ao nosso mundo é ligeiramente diferente, não imaginamos o mal que nos ameaça sob a mesma forma, não o dizemos com as mesmas palavras. Ali onde o inquisidor encontra a verdade e a realidade do crime, sabemos imediatamente que ele encontra apenas uma realidade imaginária. Não desprezemos o inquisidor. Seu espírito não é menos científico que o nosso. Como prova de bruxaria, malefícios, feitiços, muitas testemunhas invocam os sintomas de que sofrem: paralisia, cegueira, vertigens e outras enfermidades. O inquisidor não é médico e não pretende ser. Ele solicita a opinião de um perito. Como um juiz hoje. O perito se pronuncia sobre a origem da doença: maléfica ou não. Formidável, não? Há apenas um pequeno, ah! muito pequeno problema, que nos salta aos olhos e que nem o inquisidor nem seu perito suspeitavam: o perito é perito em malefício! Você disse perito? Perito psicólogo? Perito grafólogo? Não despertemos a Inquisição!

Acontece que, hoje, na França, por um feliz acaso, não acreditamos mais nas depravações sexuais das mulheres que se entregam de corpo e alma ao mal. Em outros tempos, em outros lugares, isso terá sido uma *realidade* e ainda vai ser. Com certeza forjamos para nós outras realidades, isto é, outras certezas sobre o sexual e sobre o mal, que as gerações futuras vão desprezar. Nós as ignoramos, pois nós também somos parte integrante da fantasia que dá realidade a nosso mundo e valida nosso julgamento. Mas paremos nessa inclinação escorregadia. Limitemo-nos a levar a sério a lógica do caçador de bruxas e lembremos o quanto – desde sempre – ela terá sempre sido perfeitamente coerente.

Toda sociedade não legislou sobre a sexualidade? Como seria de outro modo, quando o interdito relativo ao sexual estrutura toda sociedade humana? As confissões oriundas da instrução ratificavam a ideia de que uma sexualidade fora da lei, um gozo ilegal, ameaça o pacto social e corrompe a ordem moral. Isso sempre vai ser "verdadeiro". As confissões – milagre da lógica coletiva! – confirmavam o que toda sociedade sempre terá pensado. É claro que pensamos isso hoje. Toda sociedade sempre terá seus "delinqüentes sexuais". Em que ela os reconhece a cada vez?

Toda sociedade sempre terá o cuidado de sua reprodução. As confissões também confirmavam que uma relação sexual fora de norma ameaça não só a ordem estabelecida, mas a reprodução eterna do vivo. É provável que hoje pensemos isso e bem mais ainda. Não estamos conscientes, pois nosso imaginário da relação sexual e da reprodução deslocou-se da imagem da "copulação" dos corpos para a imagem mais científica da copulação dos gametas.

Algumas solidariedades de corruptos

O corrupto blinda-se contra o pavor e a tristeza ao afrontar o Incorruptível. Ele estuda, analisa, constrói e, enquanto reflete, tenta – coisa curiosa, como o Incorruptível – não se emocionar. O *Manual das bruxas*, sua bagunça de teologia simplista, sua compilação de preconceitos, seu legalismo da perseguição e da tortura só lhe arrancam, acredita ele, uma atenção pugnaz. E depois, na virada de uma página, o coração fica apertado. De repente, vemos a pobre mulher. O inquisidor, sem perceber, nos mostra ela. A bruxa não chora, nos diz ele, mas, às vezes, quando deixada só, começa a chorar. Chora, sozinha na cela. Sozinha para sempre, num mundo sem humanos. Há outra passagem em que o coração fica ainda mais apertado. Após as confissões, nos diz o inquisidor, se não as vigiarmos, suicidam-se. Enforcam-se com o primeiro pano que encontram. Poremos guardas, dia e noite, diante da cela. Essa constatação técnica sobre o desespero é uma das coisas mais desesperadoras que se possa ler.

Por que essa fúria contra mulheres isoladas e desguarnecidas, que nos emocionam por sua fraqueza? Como constituir em perigoso inimigo, em ameaça mortal, uma parte da população que não tem nem poder nem autonomia? Já conhecemos, da bruxa, o insaciável apetite de gozo e a incontrolável sexualidade. Da bruxa? Da mulher, na verdade. Encontramos aqui o gozo atribuído à mulher, estranho ao dos homens, que lhes escapa e os ameaça tão logo não é aceita a insuficiência, a impotência estrutural de todo homem quanto a uma demanda infinita. Encontramos aqui o gozo abusivo atribuído ao corrupto, ao corruptor, que é também o Estranho. Fiquemos à distância da corrupção da Estrangeira à lei fálica! Fiquemos afastados! A sociedade dos incorruptíveis machos teme o contágio corruptor das mulheres e dele se protege por uma gradação de medidas, do véu à segregação; chega-se a tratar a mulher como inimigo do interior.

A corrupção sexual da mulher bruxa é ainda mais precisa. É uma vontade deliberada e perversa de corromper a inocência. Arrasta à licença as piedosas jovens, as virgens comportadas. Corrompe as crianças, as mistura a práticas proibidas, faz com que assistam a cenas de luxúria, as inicia em segredos proibidos. O crime da bruxa, de sua depravação, é bem o de uma incitação à dissolução. Corrupção, não é? Somos obrigados a convir, senhor procurador. Corrupção de menores, segundo o Código Penal. O procurador, o inquisidor, não pára aí. Lembra os abortos clandestinos. A bruxa é, em cada aldeia, a parteira fazedora de anjos, quando não sufoca escondida os recém-nascidos. Corrupção não é aquilo que se opõe à geração, ao ciclo do renascimento?

Estamos convencidos disso: culpada, a bruxa! O que, de repente, nos desestabiliza? O que faz vacilar nossa razão? Acreditaremos também que a má sorte é sortilégio, a infelicidade malefício, a má fortuna má fada? Acreditaremos nos sabás das bruxas? De qualquer modo não. Somos convencidos – bem mais que por um feixe de provas – pela lógica da acusação. Por sua verdade inconsciente. Acabamos de ver construir-se a realidade do crime de corrupção. É até fascinante. A bruxaria corruptora da fé e da salvação, aliada do diabo, perfeito crime *imaginário*, condensa sozinha tudo o que faz imaginar a *realidade* da corrupção. O crime é imaginado, criado, inventado, mas na coerência de uma construção mental que lhe dá toda a sua *realidade*.

Essa coerência é irresistível, e até o grande Michelet (*A Bruxa*) a ela não resiste. Ele realmente crê na "verdade" dos relatos dos inquisidores e, portanto, nas confissões arrancadas sob tortura. Crê nas aborteiras e nas orgias sexuais. Crê até na acusação de incesto que não se tardou a fazer contra as mães, essas corruptoras, na Europa do Norte. E eis que Michelet imagina (e desculpa, o digno homem!) essas famílias de camponeses, tão miseráveis que as mães se sacrificavam oferecendo-se aos filhos! Mães incestuosas, às centenas! Haveria com o que se desesperar com a razão dos historiadores, fossem os mais formidáveis. Não suspiremos, e notemos alto e forte que o incesto é a corrupção fundamental, a depravação da inocência da criança por um pai, o gozo intrinsecamente ilícito. Lembremo-nos: toda vez que for construída uma realidade imaginária de corrupção, rondará a acusação de incesto.

Agora compreendemos este paradoxo: a crença na realidade do crime novo levou muito tempo para se impor, e não foi sem resistência da razão; entretanto, uma vez estabelecida a crença... não se cessou mais de a ela aderir durante mais de dois séculos! O crime apresenta tanto mais semelhança, "realidade", e nisso se crê tanto mais que é imaginário! Eis, de qualquer modo, uma surpresa. Por ser imaginário, não se podia inventá-lo melhor! Não se podia criar melhor o paradigma da corrupção que atenta contra a incorruptibilidade ideal do homem, a inocência e a perenidade com a qual ele sonha. Inimigo do gênero humano, a bruxa? Sim. Ela significa, sozinha, a "corrupção". E, portanto, o mal e a morte. Quem teria piedade da morte?

Por ser imaginário, o crime dá ainda mais medo: uma ameaça sem limites. Por ser imaginária, a imagem do criminoso determina o crime. É julgada pela aparência, as roupas, o comportamento, a excentricidade, a diferença. É julgada pelo rumor público. A "difamação", a má reputação, basta à suspeita, e o suspeito é bom para ser queimado. Lembremos: toda vez que for feita uma denúncia de corrupção, julgaremos sua realidade pelo rumor, a opinião, a delação, a intuição, a vilã figura do um, a originalidade ou as más companhias do outro.

Por ser o crime imaginário, o acusado pode persuadir-se de que é culpado. É bem o mais desconcertante, o mais desolador. Algumas das acusadas deixavam-se convencer de bruxaria e iam à fogueira arrependendo-se. Força terrível da ideologia! Certamente, a fantasia da inocência total secreta seus criminosos imaginários, seus "crimes do pensamento". Pobre acusado! O inquisidor, o juiz, o procurador, a pressão da opinião pública lhe revelam sua culpa mais íntima, seus pensamentos proibidos e dele mesmo desconhecidos. O crime imaginário, para ele também, torna-se realidade. Certamente, a bruxa faz a confissão de um gozo que ela ignorava, mas que reconhece como seu. Suas confissões são verdadeiras. O que diz muito sobre a verdade das confissões, na ausência de crime, na ausência de fatos; confissões extorquidas sob a pressão de uma ideologia da inocência que acossa ferozmente a culpa inconsciente. Tomara que nos lembremos.

A corrupção imaginária

O crime de bruxaria, paradigma da corrupção? Porque imaginário? Sim. O incorruptível inquisidor cristão era arrastado, à revelia, e como nós todos, pela linguagem e pelas significações da corrupção. O estado de corrupção no qual nasce, vive e morre todo corpo vivo não é nem um defeito da criação, nem uma falta da criatura. Em razão, nós o concebemos. Mas a linguagem sempre nos leva do corruptível ao corrupto, da corruptibilidade natural à corrupção má.

Na natureza, só há de *real* a morte e o corruptível. Só a linguagem permite negativar a morte. Só há i-mortal, in-corruptível, pelo efeito de uma negação *simbólica*. O que é então o "corrupto"? Corrupto resulta de uma significação *imaginária*. Quando o homem sonha com eternidade – e ele não pára de sonhar com isso –, quando se sonha incorruptível, ele considera corrupto aquilo que resiste à ilusão de imortalidade, aquilo que objeta à perfeição. A significação "corrupto" é uma *interpretação* feita sobre o real, um *juízo* feito sobre o corruptível em nome do Incorruptível. É este precisamente, como vimos, o raciocínio do inquisidor, que interpreta à sua maneira os fenômenos reais de mortalidade infantil e de esterilidade. A marca do simbólico (a ideia de eterno, de incorruptível) sobre o real (o fenômeno da morte e o estado de corrupção da matéria viva) faz surgir uma significação imaginária de corrupção (a falta que altera o princípio de eternidade).

Assim são amarrados, no significante da corrupção, o real da decomposição dos corpos, a falta imaginária e o princípio simbólico da eternidade. No uso do significante corrupção, a significação imaginária se impôs, já que permite aos homens esquecer o real, a putrefação do ser. Toda vez que ouvimos a palavra "corrupção", ouvimos sua significação imaginária: a falta de um agente corruptor.

O Incorruptível? Um princípio. E uma hipótese. "Há incorruptível" é uma suposição, uma presunção. Uma presunção de inocência! Uma presunção de imortalidade! O incorruptível, o cavaleiro que batalha contra a corrupção, se faz o campeão da hipótese. Defende uma criação incorruptível, totalmente sã, eternamente perfeita, e um criador infalível. Crê num homem sem defeitos, eternamente novo e são. A hipótese, tornada fé, lhe permite separar o corrupto do incorruptível e designar o corrupto. A presunção de inocência e eternidade, o homem presunçoso (pretendente à incorruptibilidade, atribuindo a si mesmo a presunção de inocência) a erige como princípio de sua ação. Que ação? Ele rejeita a corrupção sobre o Outro. Ele acusa o Outro e o exclui.

Não nos enganemos. Há, em cada um de nós, um incorruptível cavaleiro, uma parte que acredita no Incorruptível. E sempre o cavaleiro do Incorruptível, que também somos, se oporá a seus corruptos.

O INCORRUPTÍVEL EM AÇÃO OU A REVOLUÇÃO

Um programa de regeneração

Por mais zelo que pretendamos ter pela salvação dos homens, nunca podemos forçá-los a se salvar contra a vontade.

John LOCKE,
Carta sobre a tolerância, 1686

O Incorruptível

O Incorruptível. Um apelido? Um atributo? Um epíteto? Não. É seu ser. É seu nome. É Ele. O incorruptível. A essência faz existência. Ele é o Incorruptível. Nós, miseráveis humanos, dirigimos a ele um olhar fascinado e cheio de pavor. Ele é o Incorruptível e o Terror. Você o acredita morto? Guilhotinado, numa manhã de julho de 1794. Quem teria medo de um espectro? Olhem-no, no entanto. Ele se levanta, avança, ergue-se na tribuna. Estranha assembléia a da Convenção. Setecentos e cinqüenta deputados apertados nos bancos, no hemiciclo da antiga sala de teatro das Tulherias. Sem luz natural, na semipenumbra mal iluminada por tochas, tem-se a sensação de estar trancado, vagamente oprimido. Por trás da tribuna, um imenso cartaz impresso: a Declaração dos Direitos do Homem. De cada lado, os machados dos lictores. Um alvoroço confuso, uma agitação barulhenta fazem levantar a cabeça: no andar de cima, os camarotes estão lotados de espectadores, curiosos, populares. O silêncio se faz. Ele vai falar. A luz cinza que cai de um caixilho faz surgir a palidez e a fixidez de seu rosto. Este não foi feito de argila, mas talhado no mármore. Ele põe os óculos e seus olhos varrem a Assembléia.

Ninguém se mexe. Todos ficam mudos. Você está sentado entre os outros, endurecido pela ansiedade, esperando e temendo esse olhar que o percorre sem parar. Curiosa e desagradável sensação. Esse olhar o transpassa, mas não o vê. Você é fixado por um olho, não é olhado por um homem. "Cidadãos, representantes do povo, mais um esforço! A Revolução não acabou. Renunciemos a nossos egoísmos, a nossas ambições pessoais, a nossos interesses particulares. Continuemos a nos purificar! Imponhamos às nações o modelo de um povo livre e justo! Combatamos a mentira, a cupidez, a corrupção oculta. Que, em nome da verdade, a justiça se faça!" A voz é mecânica, sem *vibrato*. Uma voz virtual. O computador da consciência. A voz do supereu. "Os grandes princípios, os valores morais devem guiar a República. São conhecidos aqueles que os desprezam. São conhecidos os intrigantes, são conhecidos os corruptos, são conhecidos os traidores. Eles estão nesta assembléia. Nós os vemos. Nós não os perdemos de vista. Que olhem acima da cabeça: verão ali o gládio da lei. Que olhem na consciência: verão ali sua infâmia." De repente, você se dá conta de que as fileiras de deputados estão espaçadas: buracos enormes no hemiciclo, ausentes, faltantes. Uma assembléia vazia pela metade. Tomado de angústia, você se vira para o vizinho e, sem que você tenha que lhe falar, ele lhe responde: em fuga! Na prisão! Guilhotinados! Numa careta diabólica, ele ri com escárnio: a purificação em prática! A justiça em marcha! Você se sente cada vez mais mal. Pensa em fugir mas, como nos pesadelos, fica sem movimento. "A inocência não tem medo! Só treme quem se sabe culpado." E eis que o Incorruptível acusa você, pessoalmente! O olho dele parou sobre você. É você que ele visa. Você estremece. Você se conhece bem. Você tem esperança, é claro, na pureza de um mundo de verdade e virtude. Mas você não é uma rocha. Você se acusa... Pensa em seus pequenos interesses, em seus pequenos prazeres, em suas escapadas pessoais. Além disso, a sua família, para a qual você deseja egoisticamente a riqueza e o conforto. Para você seria doloroso renunciar aos pequenos gozos da vida, a seus modestos segredos. Como não se sentir culpado? Você de fato está preso demais a seus privilégios e a seus hábitos. As acusações, as injunções se repetem. "Cidadãos, exterminemos o vício, aniquilemos os celerados e os bandidos. No seio de nossa própria assembléia, sob a máscara do patriota, sob um disfarce hipócrita, escondem-se os privilegiados e os impuros." Você treme. "Acuso este, cuja sinistra figura basta para revelar seu crime." Ele acaba de soltar o nome de Fouché. Fouché? O que lhe censuram? Enfim, a acusação não se refere a você. Que alívio! No fundo, esse Robespierre não tem razão? Sim à moral, à justiça, à verdade... Livremo-nos dos aproveitadores que preferem o egoísmo ao bem público e à pátria. Um sentimento agradável e tranqüilizante o levanta: que conforto, que calor pertencer ao grupo, partilhar a mesma boa causa. Esse Fouché, afinal... Que cara sinistra ele tem, realmente! Uma cara de traidor, é certo. Morte aos traidores! Esse Fouché, no entanto, é um patriota exemplar. Eis que agora Robespierre o acusa de ateísmo! Curiosa acusação. Ninguém diz nada.

Enfim, é apenas de Fouché que se queixam. É Fouché o corrupto, é dele que é preciso se depurar, é ele que é preciso excluir e guilhotinar. Fouché? Ah, você está acordando do pesadelo. Que boa piada! Fouché é conhecido desde sempre! O futuro termidoriano! O futuro ministro da Polícia de Bonaparte, pior, de Napoleão! Fouché, o podre, o lixo! Você se instala novamente para sonhar com o ideal de virtude e verdade e se sente feliz junto com os outros, por ser puro.

O pesadelo, no entanto, lhe deixa uma sensação de mal-estar, uma vaga angústia. Aquela voz, aquele olhar... O Incorruptível sonda o seu coração. Dele extrai a menor censura que você poderia se endereçar. Ele é a sua justiça íntima, a sua má consciência, a sua culpa. Como, na porta dos Infernos, responder a Minos? Diante dele, as almas dos defuntos chegam todas trêmulas e imediatamente confessam, sem que ele precise questioná-las, todos os pecados. Como responder ao Juiz supremo, ao juiz do Juízo Final?

A Revolução Francesa

Todos sabem o que foi a Revolução. A destruição, fulgurante, das estruturas feudais da monarquia francesa. Um vulcão de ideias e uma cascata de acontecimentos. Insurreições populares, uma Assembléia novíssima e a constituição de uma nação de cidadãos iguais em direito. Liberdade! Igualdade! Fraternidade! A violência da revolta e a festa do povo. Os *sans-culottes* e o tratamento por *tu* dos cidadãos. Os imensos oradores da Assembléia, jovens de 30 anos, e seus esforços para redigir uma constituição, para inventar um governo, para dirigir um país sempre à beira da insurreição e breve em guerra. A proclamação da República. A decapitação de um rei. As lutas pelo poder, os extremistas contra os moderados e a guilhotina para os minoritários. A ditadura do governo revolucionário, o Terror, as charretes de condenados indo na direção do cadafalso. A glória dos exércitos vitoriosos nas fronteiras. E depois Termidor, a queda de Robespierre. A grande Revolução, esse entusiasmo que ninguém conseguira dominar, pára. O imenso impulso de fervor, heroísmo e sacrifício cai novamente.

Para nós, franceses, a palavra "revolução" sempre vai ter um sentido de libertação, esperança e festa nacional. O 14 de Julho, com seus fogos de artifício e seus bailes populares em cada aldeia, comemora os fogos onde queimaram os símbolos do arbítrio e da opressão dos tempos antigos. Desde bem jovem, cada francês constituiu para si sua própria lenda da Revolução e escolheu seu herói. Os "indulgentes" e os verdadeiros "patriotas" não vão se reconciliar tão cedo. A lenda esquece Mirabeau ou então o despreza. Adora-se Saint-Just. Os girondinos? Foram jogados no esquecimento. Reconheçamos igualmente que as histórias oficiais da Revolução, aquelas que nos ensinaram no colégio, que foram escritas por humanos, eles também apaixonados e intransigentes, nem sempre se distinguem por sua preocupação de objetividade. Não falemos das biografias! Sim, a Revolução, que também funda nossa identidade nacional, sempre desencadeia, na França, paixões intelectuais fecundas em preconceitos e certas certezas forjadas no ardor da ideologia se construíram sobre omissões, "buracos de memória".

Quanto a Robespierre! Alguns lhe devotam um culto. Garantem que o Incorruptível, o único, o puro, enfrentou uma série de traidores, celerados, abjetos bandidos. Sim, todos os atores da Revolução, todos exceto Robespierre, todos corruptos! Outros lhe devotam um ódio feroz. Um tirano feroz, sedento de sangue! O exame do Incorruptível não começa na serenidade. As dificuldades só estão começando. Tão logo nos interessamos por Robespierre, de imediato se abre um vasto canteiro de obras: pois como compreender o Incorruptível sem a Revolução? E como compreender que a Revolução culmine na tomada do poder pelo Incorruptível?

Formular essa última questão já é interrogar-se sobre o sentido da Revolução, sobre seu movimento. Até há pouco, na França, era inconcebível colocar o problema dessa maneira. O sentido da Revolução? Era evidente. A Revolução havia sido uma encarniçada e impiedosa batalha travada contra a oposição à Revolução. Os verdadeiros revolucionários, os "patriotas", tinham resolutamente eliminado os contra-revolucionários de todo tipo. Tinham triunfado sobre uma dupla e idêntica ameaça: nas fronteiras, o inimigo estrangeiro e a invasão iminente, a guerra contra uma coalizão européia; dentro, o inimigo interior, os recalcitrantes e os traidores da Revolução. Não era preciso procurar mais longe a significação do governo de "salvação pública". A perigo excepcional, medidas de exceção. O objetivo da Revolução? Acabar com a contra-revolução. Nós, franceses, aprendemos tudo isso em nossos livros de história. Armamo-nos de grande determinação intelectual para nos darmos conta, de repente, de que tal análise é tão evidente quanto estéril. Sempre poderemos explicar a Revolução pela contra-revolução. Sempre será verdade: ficaremos pacificamente a girar, tautologicamente, em círculos.

Mas o que queriam os revolucionários? Aí ainda, até há pouco, a audácia e a simplicidade de uma questão como essa teriam sido impensáveis. O que eles queriam em 1789? Era sabido desde 1917. Queriam ser os precursores da revolução de Outubro! Pois bem, agarremo-nos firmemente numa outra certeza: os homens que fazem a história são eles mesmos constituídos pelas ideias, as construções intelectuais, a lógica do tempo que vivem. Não existem bolcheviques sem Marx! É verdade. Mas, para compreender Robespierre, é sem Jean-Jacques Rousseau que não podemos ficar.

Leiamos os jornais da época, veículo e reflexo da opinião. Escutemos o que diziam os homens, na tribuna da Assembléia, no clube dos Jacobinos, com todo o coração, toda a coragem e toda a fé que têm. Leiamos seus discursos, leiamos os decretos que eles promulgavam. Leiamo-los palavra por palavra. Não os interpretemos, não emprestemos ao orador intenções, ocultas ou não. Não rejeitemos nada, não procuremos nem acusar, nem desculpar. Que impulso os levava, que os carregou todos? Por que corrente foram arrastados, como por um rio na cheia, e rejeitados, eliminados? A que se devotaram todos de corpo e alma e a que se sacrificaram?

Escutemo-los. Ouviremos uma palavra, trazida por centenas de vozes, cada vez mais alto, cada vez mais forte, num mesmo sopro, num mesmo grito, uma mesma esperança, uma mesma exigência: regeneração! Regeneração! Palavra imensa! diria Victor Hugo. Palavra gigantesca!

Palavra caída no esquecimento. Em geral, fala-se de reformar. Não se tenta mais regenerar. Quem hoje proporia regenerar as instituições? Regenerar a nação? Regenerar o povo? Regenerar a humanidade? No entanto, foi este o projeto grandioso da Revolução. Desde então, o projeto e a palavra foram recalcados, com força. "Regeneração", intuitivamente entendemos, é pesada de uma significação imaginária que ultrapassa amplamente a reforma. Uma reforma se concebe no quadro de um programa, ela visa um resultado. Ela se define por seus limites e por seu termo. A regeneração se define por um ideal tão vasto quanto vago. Visa não um objetivo preciso, não um resultado prático, mas um futuro, que também é a volta a um estado originário melhor. Mais que uma ideia, mais que uma palavra, regeneração é um significante, cuja significação carrega a fantasia de uma criação perfeita na origem. Afirmemos de imediato o que, parece-me, nunca é dito: a Revolução Francesa verificou o efeito do significante "regeneração" sobre o real da política e o desenrolar da história. Ousemos: a Revolução experimentou a colocação em prática, no presente, de um significante messiânico.

Da regeneração surge o Incorruptível. Robespierre. Não era nem o mais brilhante dos oradores, nem o mais bem equipado em filosofia política, nem o mais capaz de ação, longe disso. Foi o Incorruptível encarnado num homem, a imagem do Salvador da Revolução, o Juiz supremo do Tribunal Revolucionário. O Incorruptível ele foi e permanece.

O juiz de Igreja

No entanto, foi apenas um infeliz e meritório menino. Tinha 6 anos quando a mãe morreu ao dar à luz um bebê morto. O pai, no mesmo dia, fugiu. Abandonava quatro filhos. Maximilien era o mais velho. O que lhe dizem então? O que compreendeu? Que lembrança guardou de uma mãe sempre grávida e sempre com um bebê no colo? Que ideia fez do pai? Nunca se saberá. A avó e as tias se encarregaram dos órfãos. O menino dividiu sua infância entre o triste colégio da cidade – onde provavelmente sofreu por só ter como pai um desgarrado, vergonhosamente desaparecido – e a casa – um círculo de mulheres que admiravam o pequeno chefe de família, o bom aluno de atitude grave, de ar sempre sério. Um menino que nunca foi visto rir, nem brincar, sequer correr nas ruas estreitas ladeadas de casas sombrias que se apoiavam na fortaleza do bispo. Tudo isso se passava no interior, em Arras. A Igreja possuía boa parte da cidade e exercia sobre ela uma poderosa tutela. O bispo tinha ainda seu tribunal. Tomou sob sua proteção os órfãos Robespierre, que eram oriundos de uma família de advogados. Deu uma bolsa de estudos ao meritório Maximilien para enviá-lo a Paris como pensionista no liceu Louis-le-Grand. Triste adolescência. Anos de solidão e pobreza – mais tarde lembraram sua única roupa e seu par de sapatos gastos – entre condiscípulos mais ricos, e mais felizes, aos quais se integrou mal. Foi um desses adolescentes de sensibilidade exacerbada, de amor-próprio sempre ferido, que vivem como uma prova de desprezo, como uma humilhação, o comportamento comum de seus colegas, as tentativas de proteção tanto quanto as más brincadeiras. Sentia-se excluído e diferente. Estudava com afinco. O único amigo foi um velho cônego, seu tutor, que morreu rápido demais. Órfão, de novo. Sua irmã preferida, Hélène, morreu. Sozinho, mais ainda. Restavam-lhe apenas os livros. Então, nas leituras proibidas no liceu, feitas com paixão, às escondidas, ele tem o encontro de sua vida: o grande Jean-Jacques Rousseau.

Apenas imaginamos um desses diálogos que às vezes se estabelecem, para além dos séculos, com um autor de outro tempo. Ele tem 15 anos. Os três monumentos, Rousseau, Diderot e Voltaire, são homens que envelhecem, por certo, mas ainda bem vivos, perseguidos tanto quanto procurados, autores de *best-sellers* e ardentes obras provocadoras, sempre ameaçados pelos raios da censura real e já garantidos de um reconhecimento universal. Rousseau é cada vez mais solitário, desconfiado e perseguido. Odeia Voltaire, o destruidor da religião que não acredita nem na bondade fundamental do homem, nem na Providência. Detesta de toda a sua alma o ceticismo sorridente, a leviandade, a insolência... e o sucesso! Também se separa, com violência, de Diderot, o "Filósofo" horrivelmente ateu. O jovem Robespierre inflama-se por Rousseau. Com o coração batendo, lê o *Contrato social*. Nele descobre que o homem nasceu bom e que foi corrompido pela sociedade. Ali encontra a verdade que doravante vai guiá-lo até o fim. Em 1778, quando morre Rousseau, Robespierre tem 20 anos. Ele vai até Ermenonville e se recolhe diante do mestre em seu leito de morte. Admira a nobre e digna figura, marcada pelas vicissitudes e as perseguições. Vai se lembrar disso a vida inteira: "Contemplei teus traços augustos, neles vi a marca das negras tristezas às quais te haviam condenado as injustiças de todos." Ele encontrou o pai. Quando forem publicadas as *Confissões*, em 1782, depois em 1789, ele ali vai ouvir a voz de um alter ego, de um duplo dele mesmo, habitado pela certeza de seu gênio, desgostoso das mundanidades, senão inapto à cortesia de uso, passando dos auges de exaltação generosa às baixezas da inveja e do narcisismo mais mesquinhos, comprazendo-se no louvor de sua própria virtude, de seu "coração de cristal", e denunciando sem cessar complôs e maquinações tão imprecisos quanto tenebrosos. Quem escreverá um dia o extraordinário destino que foi a transcrição de Jean-Jacques Rousseau em Maximilien Robespierre, uma filosofia vigorosa, traduzida e aplicada sem nuanças, e um imaginário de desconfiança aderindo a um imaginário de perseguição? Desse acaso surge o *fatum* da Revolução.

Após estudos de direito, Robespierre, de volta a Arras, seguiu a tradição familiar instalando-se como advogado. O bispo não renegou sua proteção e o nomeou, apesar de sua juventude, juiz junto a seu tribunal. Juiz de Igreja. Já! Suas proezas e seus crimes até 1788? Detratores e hagiógrafos se disputam. Não há realmente por quê. Ele foi o típico pequeno notável provinciano de seu tempo, um pouco pretensioso, sociável e promissor, cercado de amigos, membro da academia regional. Como tantos outros, sonhava fazer uma carreira literária, redigia para as senhoras banais madrigais e respondia sem genialidade, mas não sem talento, aos concursos literários. Encomendou a um pintor de passagem seu retrato, o primeiro de uma longa série. Robespierre teve a paixão de cercar-se de sua imagem. Feroz, crispado, severo? Nada disso. O rosto amável, aberto, sensual de todos aqueles homens otimistas do século XVIII. Uma boca bem desenhada e bordada, uma testa larga, um simpático nariz arrebitado. Robespierre, feliz? Nessa época, com certeza. Dividia modestamente sua morada com a irmã Charlotte e acalentava grandes ambições que seus amigos concordavam em confortar.

Por contraste, sua vida profissional foi, com os anos, ficando sombria. Os princípios de Rousseau aplicam-se mal ao cotidiano de um tribunal do interior: "Há no estado civil uma igualdade de direito quimérica e inútil. Esse nome enganador de justiça vai sempre servir de instrumento à violência e de arma à iniqüidade." Jean-Jacques não media as palavras! Robespierre advogado seria, por sua vez, o representante e o instrumento da justa justiça. O defensor do oprimido. Seus pares – infelizmente! – censuraram essa admirável vocação, que autorizava o jovem justiceiro a infringir as regras de confraternidade, a se mostrar ingrato com seus protetores e a denunciar publicamente a perfídia de seus adversários. Em seu gabinete, as causas se fizeram raras.

Não nos perguntaremos inutilmente o que se teria tornado se... se, em 1788, o rei Luís XVI não tivesse convocado os Estados Gerais. Momento crucial. Robespierre logo tomou a iniciativa de ser eleito representante do Terceiro Estado.

O que pensar desses primeiros anos? Semente de ditador, como pretendem alguns? Juventude de um santo, como afirmam outros? Vejamos apenas seus primeiros escritos, sua interessante resposta ao concurso proposto, em 1785, pela academia de Metz sobre as penas infamantes (ele obteve o segundo prêmio): só a autoridade do Estado e da religião, já diz ele, garante a moralidade que funda a felicidade do cidadão na virtude. Também podemos meditar sobre seu primeiro discurso, endereçado aos eleitores de Arras, em abril de 1789: "Não ignoro os propósitos nem as tramas de que sou objeto... Vi a injustiça que levantava uma fronte audaciosa, a humanidade ultrajada, o povo abandonado e oprimido. Ó cidadãos! Inimigos domésticos, mais temíveis que exércitos estrangeiros, tramam em segredo a ruína da pátria..." Todo Robespierre terá sempre estado ali. Antes mesmo da Revolução. Sempre um inimigo interior a ser denunciado. A moralidade no princípio do governo. A aliança virtuosa da religião e do Estado. Já ditador e santo.

Em 28 de abril de 1789, após ter gasto todas as energias, é eleito. Fica intensamente exaltado. Representa pessoas humildes: a confraria dos sapateiros de Arras. O que lhe convém perfeitamente. Tem 31 anos. Vai viver mais cinco.

A volta à origem

Talvez tenhamos esquecido em que jugo, em que torno ainda estava presa, em 1789, a sociedade francesa. Denunciava-se uma sociedade desigual e injusta, hierarquizada e compartimentada, que recusava ao mérito qualquer promoção. Os cargos e as honras se compravam; um plebeu não podia esperar tornar-se oficial. A nobreza, isenta do imposto que esmagava o Terceiro Estado, vivia de seus privilégios feudais. A França, congelada no arcaísmo, parecia anacrônica comparada ao modelo inglês, à jovem democracia americana e à filosofia política elaborada ao longo do século. Por contraste, o vocabulário político dizia a insurreição das ideias. A monarquia absoluta de direito divino chamava-se despotismo; a vontade real, arbítrio.

Regeneremos! A esperança, imensa, enunciou-se nos cadernos de queixas, nas publicações, nos libelos, nas memórias. Cada um fez a sua proposta. A regeneração estava no cerne das ideias novas. Opunham-na à corrupção. Desde quando? Uma coisa é certa: quarenta anos antes, em

1749, num belo dia de verão – quem, então, soube? –, foi o momento primordial, originário da Revolução. Bem entendido, no instante, ninguém ficou emocionado com isso. Hoje ainda, não nos emocionamos o bastante. Acontece que, naquele ano, a Academia de Dijon propôs um concurso, segundo o uso da época. Acontece, também, que o jovem Jean-Jacques Rousseau, por acaso, leu o jornal ao caminhar (estava indo ver Diderot, então amigo próximo, vítima da censura real e encarcerado em Vincennes). Seus olhos caíram sobre o tema do concurso: "O progresso das artes e das ciências contribuiu para corromper ou para depurar os modos?" Força das palavras! Efeito da corrupção! Fulminado pelo raio, derrubado pela revelação, ele se deixou cair sob uma árvore, inerte. A verdade o atravessou numa fascinante visão: a sociedade tinha corrompido os homens. Tinha corrompido a perfeição originária e natural. Havia com o que ser derrubado. "Todas as minhas pequenas paixões foram sufocadas pelo entusiasmo da verdade, da liberdade, da virtude... Eu estava num estado de agitação que beirava o delírio."

Havia com o que estar agitado. A revelação de Jean-Jacques sob o carvalho era a voz de São Paulo diante de Damasco. Perfeitamente. Rousseau acabava de entrever sua própria versão do pecado original.

O homem originário, segundo São Paulo (elaborando o dogma cristão após Damasco), criado inocente e imortal, fora corrompido pelo pecado de Adão. O homem originário, segundo Jean-Jacques nascido livre e bom, fora corrompido pela sociedade. Rousseau (que aliás se insurgia contra o pecado original em sua lógica derradeira da danação) colocara o demônio corruptor, o diabo e a serpente, o culpado desejo de saber, no lugar da civilização corruptora. Paulo não percebera que Adão, por não ser mortal, também não era humano. Vertiginosa verdade. Os cristãos podem, no entanto, desprezar a lógica enquanto o ideal cristão tender apenas para o reino messiânico. Rousseau não percebia que não existe homem sem sociedade humana. Verdade bem mais perturbadora. É logicamente impossível, em conseqüência, aplicar o axioma de Rousseau no campo político! Terrível reflexão. Eis colocadas, de modo bem abrupto, questões fundamentais em que se revela, numa clareza brutal demais, o escolho em que irão, inexoravelmente, se quebrar os ideais políticos de todos os incorruptíveis apaixonados; em que se perfila o fracasso daqueles que pretendem realizar o reino messiânico aqui e agora e de todos os Robespierre que desejarem restituir ao povo a liberdade originária.

O postulado de uma origem perfeita sempre vai se opor à constatação desiludida e serena de que o homem é um ser a um só tempo sociável e diabólico. A sociedade não é exterior ao homem, ela o constitui. O demônio tampouco lhe é estranho, está nele. Mas os humanos experimentam a necessidade de identificar o mal. O "demônio", ou a "sociedade", lhes fornece entidades imaginárias, cômodas de acusar. E com certeza sempre vão se opor aqueles que designam o mal, estrangeiro e exterior, e aqueles que se resignam à própria maldade. Aqui se separam dois temperamentos de homem e também duas concepções da política. Duas maneiras de apreender a realidade dos humanos e de encarar a direção dos homens. Escutem a voz pacificada de um Mirabeau: "O bem e o mal no campo fecundo da vida germinam um ao lado do outro e entrelaçam seus galhos de maneira inextricável." Escutem a voz apaixonada de um Saint-Just: "Haveria injustiça em não distinguir os bons dos maus. Purguem a pátria de seus inimigos e de todos os vícios com eles." Provavelmente essa oposição existe em cada um de nós e o divide nele mesmo.

Em todo caso, todos os homens de 1789 estavam bem convictos de que o homem originário, o povo virtuoso tinham sido corrompidos pela monarquia absoluta. A constatação de paralisia e falência do Estado, a frustração das boas vontades impotentes e das energias não empregadas, a exasperação dos ardores reprimidos, tudo conduzia à evidência: os crimes do despotismo confirmavam o postulado de Rousseau. Era preciso, em conseqüência, regenerar. Refundar, dar novamente nascimento, parir uma nova sociedade. O rei levantava então o fervor popular: "Luís, o Regenerador!" Que entusiasmo! Que unanimidade! Quem poderia ter adivinhado que os aprendizes regeneradores não concordariam nem com o sentido do projeto, nem com seus meios? Regenerar – ninguém se dava muita conta – não implica nenhuma ação precisa. Não há nem princípios de governo, nem ciência política da regeneração.

Quem então se teria inquietado com os efeitos inconscientes do significante (hoje ainda, com isso nos preocupamos tão pouco...)? Com a promessa de volta a uma perfeição originária? Com a necessidade de abolir o passado para apagar as marcas da decadência? Com a ameaça de uma corrida desenfreada, enlouquecida, em direção a um futuro impossível, a uma origem mais antiga que o passado, rumo ao tempo mítico de antes de toda corrupção? Com a busca de uma criação nova, perfeita tanto quanto incorruptível? O voto inconsciente levantado pela força formidável do significante da regeneração arrastou os atores revolucionários na corrente de uma fantasia que eles ignoravam e que, em conseqüência, não conseguiram nem conter, nem dominar e, menos ainda, parar.

Foi também um magnífico impulso. Eles não tinham nem a alma seca, nem o espírito estreito. Impregnados da história antiga, tinham tomado por modelos os homens ilustres, os heróis cidadãos que, em Esparta e em Roma, se sacrificaram à república e à pátria. Não era admirável a exaltação desses homens generosos que se viam destinados a criar, pela primeira vez na história, uma sociedade justa e igualitária, uma sociedade livre da qual o cidadão seria a testemunha da perfeição natural do homem? Não é um sonho universal? Livrar-se de toda a corrupção do passado, partir novamente do zero, recomeçar? Ir ao fim do impossível?

O INCORRUPTÍVEL EM AÇÃO OU A REVOLUÇÃO

A corrupção da desigualdade: Sieyès

A Revolução de 89 começou já na abertura dos Estados Gerais, e antes de mais nada sem Robespierre. Ele só pôde seguir aqueles que, na urgência, num turbilhão, batalhando e agitando, assumiram a história. Eles precederam, e sem querer prepararam, o triunfo paroxístico da lógica do Incorruptível. Foi esquecido o abade Sieyès, que se voltou contra o abusivo gozo da desigualdade?

O irascível abade Sieyès! Deputado do Terceiro Estado. Produto muito puro, e muito brilhante, de seu século. Entrado nas ordens sem vocação, sentia raiva por sua inteligência não ser utilizada nem reconhecida. Sofria com a arrogância dos imbecis e com o desprezo dos ignorantes. Desesperava por "não ser nada". Aguçado por anos de rancor e amargura, armado de toda a filosofia política de seu século, chegara a Versalhes já pronto para a Revolução. Para falar a verdade, começara antes de todos. Acabava de publicar, em 1788, na idade de 40 anos, dois textos de grande repercussão, tão fundamentais quanto revolucionários: o *Ensaio sobre os privilégios* e *O que é o Terceiro Estado?* As brochuras fizeram grande sucesso desde a publicação. Uma clareza lógica jubilante! "Uma lei comum e uma representação comum, é isso que faz uma nação." Um choque! Sieyès, ferozmente apaixonado pela reflexão política, lera tudo, estudara tudo. Construíra há muito tempo sua teoria do governo representativo. Mas se foi o teórico da Revolução, foi porque pensou, de antemão, que uma teoria logicamente estabelecida verificava-se na prática. De sua verdade, construída em razão, ele esperava efeitos reais. Saudemos bem baixo um verdadeiro intelectual num mundo de sonhadores. Ora, o rigor de sua lógica era implacável: um escapelo. De uma nação de cidadãos iguais em direito, ele excluía aqueles que não subscrevem nem à igualdade, nem ao direito comum: a aristocracia e seus privilégios. De uma nação de cidadãos que concorrem todos por seu trabalho para o bem geral, ele excluía aqueles que vivem como parasitas e visam apenas seu interesse particular: a aristocracia ainda. Em suma, a aristocracia estava excluída da nação! "A ordem nobre não entra de modo algum na organização social. Ela pode bem ser um carga para a nação, não pode dela fazer parte." Enquanto escrito revolucionário, isso se colocava em outros termos que em considerações sobre a moral! Com o escapelo de sua lógica, Sieyès havia recortado, definitivamente, uma nova topologia política. A nação, sua população, sua força viva, sua vontade geral, era o Terceiro Estado.

Efeitos existiram. Na primavera de 89, nas situações perigosas, os deputados encontraram em Sieyès princípios sólidos para se oporem ao rei, para derrubar o feudalismo, e o próprio Sieyès, presidente da Assembléia, foi buscar em sua própria teoria sua determinação. Ele prescrevera tudo, com um ano de antecedência. Não se separar antes de ter estabelecido uma constituição (o Juramento do Jogo de Péla)! Proclamar a Assembléia Nacional! Para isso era preciso lógica, mas também coragem. Tropas e canhões haviam sido reunidos na frente de Versalhes. O rei ordenou ao Terceiro Estado que se separasse. Então, Sieyès: "Somos apenas mandarins, oficiais do rei? Obedeçamos. Somos, ao contrário, os enviados do povo? Cumpramos nossa missão, livre e corajosamente. Existe ao menos um dentre nós que queira voltar e dizer a seus comitentes: Tive medo?" Admirável Sieyès! Não havia ele também previsto a Noite de 4 de agosto? "Vamos nos ter persuadido da necessidade de suprimir a partir de agora todos os privilégios."

Pode-se ver como impôs sua autoridade! Sieyès estava seguro de si, de seus meios e do objetivo que se fixara. Seu projeto? Regenerar, é claro, como todo mundo. Mas regenerar *com razão*. A regeneração pela qual era mandatário, a missão singular de Sieyès, o lógico e o erudito em filosofia política, sua grande obra... era, evidentemente, a "regeneração da Constituição do Estado". Seus meios? Uma ciência racional da política. Sieyès a vida inteira sonhou redigir para a França, enfim, *a* Constituição ideal. A constituição de Sieyès! Projetada, acalentada com paixão ciumenta. O abade Sieyès, resolutamente ateu, quis ser profeta da razão política, levando ao povo a liberdade e a igualdade pelo dogma constitucional. Somos seus herdeiros e deveríamos reconhecê-lo melhor.

Mirabeau, não sem fineza, deu-ele um estranho apelido: Maomé! Estranho, para um apóstolo da pura razão? Era, no entanto, relativamente bem sentido. A regeneração sempre vai levar mais longe e ir mais rápido que a razão. Decerto, Sieyès, ao refundar o Estado a partir de sua topologia política (que excluía os privilégios da nação), sabia o que queria: uma sociedade de igualdade em direito, logo, sem privilégios. Abolidos os privilégios da nobreza! Abolidos os direitos senhoriais, as corvéias, as taxas feudais. Foi a Noite de 4 de agosto. Todos os franceses conhecem essa data, tão simbólica quanto a tomada da Bastilha, esse momento magnífico, fundador de uma sociedade definitivamente outra, de uma nação de cidadãos franceses. Como regeneração, colocava-se ali!

Estiveram longe de parar por aí. Foram abolidos os privilégios, e logo veio a suspeita contra os antigos privilegiados, os aristocratas, os senhores. Por quê? – Porque eram contra-revolucionários! – Mas por que eram contra-revolucionários? – Porque eram aristocratas! (Tautologia, quando você nos pega...) – Todos? – Quase todos, enfim, a maioria, enfim, a maioria...

Pois nada disso! Eram todos, digo bem todos, tão aristocratas quanto contra-revolucionários. Tão aristocratas quanto corruptores. Logicamente. Nem por escolha, nem por interesse, nem singular, nem individualmente. Eram uma categoria, formavam um conjunto lógico. Caro Sieyès! O senhor conhece minha admiração a seu respeito. Espero que aprove o fato de que, abusando sem vergonha do recuo da história, logo da experiência, e usando de outras ferramentas, tiro todas as conseqüências de sua lógica. Se o Estado deve ser regenerado, é que foi corrompido. O senhor concorda: "O preconceito que sustenta os privilégios *corrompe* profundamente a organização social..." O senhor estigmatiza o gozo abusivo do privilegiado: "Em sua linguagem, senão em seu coração, o povo não passa de uma mistura de gente de nada, uma classe de homens criados todos de propósito para servir, ao passo que o privilegiado, este, é feito para comandar e para *gozar*."

Veja (creia-me, precisei de muito tempo para entender isso), se a *nação de indivíduos iguais em direito* constitui-se apenas pela abolição dos privilégios (é uma realidade constitucional), a *nação regenerada* (é uma realidade imaginária) exige ficar livre, purgada, separada dos privilégios. A nação regenerada exige ficar separada da corrupção, do gozo dos privilégios, daqueles que podem conservar um "preconceito" corruptor. Os privilégios são abolidos num traço de pena, mas não os preconceitos. A corrupção dos antigos privilegiados sobrevive aos privilégios destes.

Na nação definida e constituída segundo a sua razão, caro Sieyès, não há mais aristocracia. A ordem da nobreza fundiu-se no conjunto de cidadãos. O cidadão (da nação) é indiferentemente antigo nobre *ou* antigo plebeu. Inversamente, em razão, em lógica e em direito, todo antigo nobre *ou* todo antigo plebeu é cidadão da nação. Em outras palavras, *o antigo nobre é cidadão de direito.*

O voto de regeneração originária é outro. Ele visa a igualdade absoluta. Imagina-se, então, um conjunto de homens perfeitamente iguais, segundo o princípio da Igualdade absoluta. Um conjunto de homens definidos segundo a igualdade originária. O povo de iguais. Nenhuma sociedade oferece a seus membros a igualdade absoluta. Nenhuma sociedade pode produzir a igualdade total dos homens. Na interseção da igualdade perfeita *imaginada* e da desigualdade que mesmo assim permanece *realmente* entre os homens está o conjunto dos aristocratas: *e* iguais, *e* privilegiados. A aristocracia é o conjunto daqueles que, ainda que pertençam à sociedade dos iguais, guardam um rastro ou um resto de gozo privilegiado. Aqueles que continuam marcados pela corrupção do Antigo Regime, pelo gozo da desigualdade. Os privilégios hereditários da nobreza, abolidos em direito, ainda são, no que se refere a uma igualdade mítica, uma mancha de nascimento. Os nobres, portadores para sempre dessa tara hereditária, devem ser excluídos de um povo de iguais. Assim, após a abolição dos privilégios, tornado como os outros um cidadão igual aos outros, todo aristocrata ainda é, em relação ao povo, corrupto e corruptor!

O mais interessante, e o mais delicado de entender de imediato, é bem que o conjunto dos "aristocratas" é um conjunto imaginário, que só se define pela desigualdade imaginária que subsiste em relação ao conjunto imaginário do povo dos iguais. A resistência à razão talvez seja ainda maior para nós, franceses, pois não só a igualdade dos cidadãos é, evidentemente, um princípio da República, mas ainda ela é uma conquista histórica da revolução, ganha sobre a desigualdade de fato, a desigualdade feudal que estruturava a monarquia. Para nós é ainda mais difícil não ceder à inclinação imaginária, não confundir igualdade em direito e corrupção da desigualdade!

No imaginário, um resto de desigualdade abusiva sempre vai subsistir. Como o senhor dizia, caro Sieyès, desde 1788? "A aristocracia é uma doença incurável!" Embora sejam suprimidos em agosto de 89 os privilégios, depois os títulos de nobreza em agosto de 90, isso não vai bastar. A malignidade dos privilégios sobrevive ao desaparecimento. Em 20 de agosto de 93, em Paris, durante a Grande Festa da Federação, organizada como uma imensa procissão ritual e solene diante da branca estátua da Regeneração – uma colossal efígie de gesso –, queimam-se os documentos! Um auto-de-fé dos títulos, das prerrogativas da nobreza, do gozo corruptor! Em fumaça! Fica decretado que, no frontão das moradas, as armas e os brasões serão raspados, quebrados, arrancados, sob pena de confisco. Não há jeito. Por mais que se raspe, que se queime, que se jogue fora, a sorrateira corrupção da desigualdade, do privilégio, persiste.

O antigo aristocrata, despojado de seus títulos, de suas armas, de toda marca e de toda realidade de privilégios, vai permanecer sempre corruptor. É o que ratifica, em 17 de setembro de 93, a Lei dos Suspeitos e o que sela, em 20 de junho de 94, a Lei de Pradial. Aquele que tiver usufruído de antigas prerrogativas é "suspeito" de atentar contra a liberdade e a igualdade do povo e pode, portanto, ser denunciado e preso. Suscetível de "corromper o povo francês", julgado pelo Tribunal Revolucionário, pode ser expedido sem apelação ao cadafalso. O antigo nobre não é mais um cidadão de direito como os outros.

O que nos ensina Sieyès? Pela primeira vez, vê-se surgir de um discurso leigo a identificação de uma corrupção imaginária e a exclusão lógica do corruptor. O "aristocrata" é o conjunto imaginário que contém toda a "corrupção" do passado, do Antigo Regime, toda a corrupção da sociedade segundo Rousseau. Da corrupção imaginária ninguém pode se lavar nem se livrar. Assim, mesmo relaxado, mesmo inocentado, aquele que tiver sido difamado, caluniado, manchado e contaminado por esse crime tão singular não encontrará nunca mais sua inocência. Por isso, o antigo nobre, tornado cidadão, permanece, em 93, um aristocrata. Uma caça para a guilhotina. Como o senhor dizia, caro Sieyès? "Um aristocrata convertido"! Sim, falsamente convertido, como os infelizes *conversos* que conservavam o rastro lógico do judaísmo numa cristandade que queria se separar de suas raízes judaicas. A nação que se imagina nova, cortada de seu passado, também se corta da contribuição da nobreza à sua história e à Revolução. Assim, em 93, os oficiais nobres serão enviados à guilhotina.

Assim, os antigos privilegiados foram excluídos da igualdade em direito. Sem saber, caro Sieyès, o senhor havia construído uma topologia nova da corrupção: o gozo da desigualdade. Como teria tomado cuidado com isso? O seu século era tão resolutamente otimista e tão maravilhosamente inocente. O senhor ignorava que essa topologia continha, em potencial, a lógica totalitária do Incorruptível, sobre a base da igualdade totalitária.

Maomé, então, nosso grande Sieyès? Sim. Sua constituição em razão não deixava de ser construída sobre a *crença* na corrupção da aristocracia. Dirigindo-se ao conjunto constitucional dos cidadãos, ele o confundiu com o conjunto imaginário do povo corrompido pelos aristocratas. Dirigindo-se à nação, também se dirigia a um povo entre o qual nunca teria havido desigualdade.

A nação assim constituída por Sieyès se superpôs ainda mais facilmente ao povo francês segundo Robespierre. Assim, Robespierre, que dava caça à corrupção do ateísmo, pôde afirmar, numa maravilhosa síntese: "O ateísmo é aristocrático!"

Como Robespierre, em 89, considerou Sieyès? Ele deu de ombros: "A Constituição? Uma ilusão!" A autoridade de Sieyès declinou por outro lado rapidamente. Por maior que fosse sua influência, era um orador muito fraco. Não galvanizava as massas. Não dominava a opinião. Sieyès, ateu demais para querer se encarregar das almas e dos homens, não seria nunca nem Juiz nem Salvador. Por enquanto, no entanto, a autoridade ainda não pertencia a Robespierre, longe disso, mas a Mirabeau. O tribuno! O chefe da Assembléia! Ele atraía para si a popularidade, o amor. Robespierre, primeiramente seduzido, rápido invejoso, mas impotente, não perdia de vista seu esmagador adversário.

O regenerado: Mirabeau

A glória de Mirabeau, condenado definitivamente pelo pensamento correto jacobino, permanece na França manchada por sua reputação de corrupto. Isso nos bastaria para torná-lo simpático, mas não é perturbador que, das duas grandes figuras da Revolução, as mais populares de seu tempo, dos dois grandes atores desse vasto movimento de regeneração, um passe por corrupto e o outro por Incorruptível?

Não se pode imaginar dois homens mais opostos. Duas vidas, dois temperamentos mais contrastados. Um romancista genial, um roteirista sistemático não teriam inventado melhor um e outro.

Um foi, desde a juventude, comportado e sério; o outro, um traquinas feliz e batalhador, brigava com os garotos da aldeia e tornou-se rápido um adolescente vulcânico, precocemente desperto para a sexualidade.

Se Robespierre sofreu a falta de pai, Mirabeau padeceu até o fim de um excesso de pai. Economista, filósofo e escritor de sucesso, tirano doméstico, o pai de Mirabeau conquistara seu apelido, segundo a moda do tempo: o Amigo dos homens! O Amigo dos homens foi o inimigo do filho. Rejeitou-o tanto quanto o admirou e invejou, não quis nada lhe ceder de sua celebridade. A tempestuosa juventude de Mirabeau foi uma alternância de aventuras, rebeliões (o seqüestro de uma mulher casada, uma fuga para o exterior, dívidas) e buscas emocionantes do reconhecimento paterno. Responderam-lhe que ele era um ser excepcional e um celerado, retiraram-lhe todo recurso, puseram-no sob tutela, prenderam-no mediante Carta Régia.

Robespierre, nascido plebeu, órfão, crescia pelo esforço e o estudo para uma glória laboriosamente conquistada. O agitado conde Mirabeau, trazendo em si o ardor guerreiro de seus ancestrais, condenado ao ócio, abandonado à agitação, forçado a reprimir-se, estragou as perspectivas que o nascimento e suas facilidades lhe prometiam. Lágrimas nos olhos, raiva no coração, suplicava que lhe dessem serviço, que empregassem seus méritos. Em vão. Abraçando enfim a carreira literária, vendeu sua pena e seu talento de polemista e entregou-se a publicações contrabandeadas. Seus sucessos nunca foram sem escândalo. Em maio de 89, aos 40 anos, estava banido de sua sociedade. A nobreza da Provença o excluíra de sua delegação. Na corte, nos ministérios, onde não era desprovido de relações, recusavam recebê-lo oficialmente. Até seu amigo Talleyrand lhe fechava a porta. Que personagem espaçoso, reconheçamos!

Entra num salão? Os olhares voltam-se para ele. Uma poderosa feiúra. Uma cabeça monstruosa, um olho maior que o outro, a pele picada pela varíola, a cabeleira desgrenhada. Com toda sua estatura larga, ele avança, tromba. Vai sempre rápido demais. É excessivo em tudo. Pretende seguir a moda? Usa enfeites vistosos. O mais chocante? Precipita-se sobre as mulheres com uma audácia, um ardor, uma impudência... Não resiste a elas: "Nunca pude controlar os excessos dessa sensibilidade ardente, que fez minha felicidade mas também meu infortúnio." E elas não resistem muito a ele. Um ser de carne, isso é seguro. Uma impetuosidade e livre pulsão. Tão logo começa a falar, a vivacidade e a força de sua expressão fascinam. Ele seduz todo seu mundo. Ah, não os incorruptíveis, que reconhecem nele, na primeira olhada, todos os indícios da corrupção. Concordamos. Se Deus criou o homem à sua imagem, Mirabeau, ao exibir a sua feiúra e, até na pele, as marcas da doença, oferece uma imagem degradada da criação originária. Se o homem eterno é apenas espírito, Mirabeau revela uma matéria bruta, entregue às paixões. Não é acusado de adultério? Louco por luxo, mulheres, boa mesa, música, flores? Crivado de dívidas e vivendo sempre feito um nababo? Sem fé nem lei? Venal? Renegado por seus pares? Filho de família pródiga, aristocrata depravado, nobre desclassificado, decaído, Mirabeau representa sozinho toda a corrupção do Antigo Regime, do qual é o produto tanto quanto a vítima.

Que diferença com o impecável, o imaculado Robespierre, liso e sempre vestido com apuro, dignamente pálido e gelado! Robespierre em toda consciência traz uma peruca empoada e uma roupa modesta. Anda com ar circunspecto. Pretende ser impassível. Emocionado, congela-se ainda mais, crispa-se. Robespierre gosta da austeridade e tem repugnância pelo contato com o dinheiro. É a economia, a humildade, o mérito, a virtude, o simples e digno cidadão. Não são conhecidas ligações suas. Mora num quarto simples, no qual ele mesmo escreve e lustra com cuidado seus discursos. Incansavelmente, como sempre fez, trabalha.

A fúria no trabalho! É bem o único ponto comum ao dois homens. Mirabeau o gozador, o excessivo, o inesgotável, é um trabalhador apaixonado, um bulímico de leitura e estudo. Ao contrário de Robespierre, não tem a paciência de escrever tudo o que publica. Dirige colaboradores. Com eficiência: publicou, sucessivamente, em 87 uma obra econômica contra a agiotagem e, em 88, uma enorme compilação sobre o governo prussiano. É o primeiro homem público moderno: chega à Assembléia com sua equipe pessoal de especialistas, que redigem para ele de antemão os discursos, que lhe passam notas. Trabalham para ele noite e dia. "Preciso desse relatório para amanhã. – Para amanhã? Mas é impossível! – Impossível? Não quero ouvir essa palavra idiota!" Admiram o patrão, lhe são devotados, gostam dele.

Robespierre, que chega sem reputação e sem experiência política à Assembléia, tenta corajosamente intervir. Lê com seriedade o que escreveu com aplicação. Por enquanto, não encontra realmente sucesso.

Mirabeau? A improvisação, a réplica fulgurante, a audácia do insubmisso! É conhecida a apóstrofe histórica, em 23 de junho, no momento em que o Terceiro Estado recusa separar-se e opõe-se ao rei e que as tropas são reunidas diante de Versalhes: "Estamos aqui pela vontade do povo, só nos arrancarão daqui pela força das baionetas!"Ele é a voz da Revolução. Que voz! Um trovão! Impõe-se no vasto teatro agitado, barulhento, da Assembléia. Os espectadores vêm em massa, gritam, aplaudem, rugem, protestam, vaiam, e os deputados também têm o seu quinhão em matéria de vociferações e gritos. Mirabeau se levanta na tribuna. *Quos ego!* A onda está domada. Aquela voz poderosa, ele sabe inflecti-la em tons graves, com uma doçura que nos toca na alma, com um vibrato que nos faz estremecer. Um músico, um mágico, um encantador. Não só sabe ser escutado, mas persuade, convence, subjuga.

Até 1789, seu gênio permanecera imerso na inação forçada, atolado numa reputação de venalidade, prisioneiro do imobilismo do Antigo Regime. A Revolução o transforma, como que por milagre, em homem de razão e em chefe responsável. Ele imediatamente se impõe. É o primeiro a enfrentar e quebrar a censura real, edita um jornal. É relator para a redação da Declaração dos Direitos do Homem. Está no comitê de finanças. Logo está, sozinho, no gabinete da Assembléia, congrega boas vontades, as reúne à sua equipe, distribui o trabalho, organiza a recepção e o arquivamento de toda a imprensa.

Ele é, sozinho, o Antigo Regime regenerado. Um Mirabeau puxado da decadência que pode, pela energia que dele se desprende, dar toda a sua medida. Ele é a Revolução de 89: uma vitalidade gigantesca que brota bem nova. Encarna, sozinho, a erupção de uma força por muito tempo sufocada, de um pensamento por muito tempo censurado, a irresistível vontade de reforma da sociedade e das instituições. Não é ele mesmo o protótipo do homem naturalmente bom e pervertido pela sociedade ruim? De talentos subjugados e desviados por instituições imbecis? A Revolução o libera e o educa. Regeneração! E mais ainda do que se teria pensado. A vítima do arbítrio e da injustiça, o embastilhado, tornou-se representante da soberania nacional! O filho pródigo que afunda sob as dívidas faz com razão o balanço das contas nacionais! O aristocrata passou a ser um tribuno do povo! Daí se entende sua imensa popularidade. Do significante regeneração, do símbolo do renascimento, da abolição do passado surgiu primeiro uma poderosa figura e um homem bem real, pronto para a batalha: Mirabeau, o regenerado! Um renascimento! Melhor, uma redenção.

Continuamos sem saber a que ponto ele foi o ícone de seu tempo. Vemos ainda no Museu Carnavalet os pratos de louça pintados com sua efígie, que era colocada sobre a lareira, em todas as casas, com suas tocantes marcas de amor e esperança: "pai da pátria", "pai do povo".

Que atividade ele desenvolve então! Sempre em combate, sempre na tribuna. Sabe ele mesmo o que o arrasta nesse entusiasmo, nesse lirismo redentor? Escutem-nos enquanto felicita a Assembléia: "Vocês sopraram sobre os restos que pareciam inanimados. De repente, uma constituição se organiza, suas forças já manifestam uma força ativa. O cadáver que a liberdade tocou se levanta e ganha vida nova." Milagre da regeneração! Os restos inanimados! O cadáver se levanta! Não é Lázaro que renasce do túmulo? O evangelho da Revolução! A metáfora da boa nova da ressurreição confunde, num equívoco cheio de conseqüências, a libertação salvadora do homem e a liberdade nova do cidadão.

Todos crêem. Num piscar de olhos, em poucas semanas, o Antigo Regime desaba feito um castelo de cartas soprado pela tempestade, como que só pela força do significante de regeneração trazida pelo coro dos representantes da nação. Apenas pela vontade geral que o decretou, o passado está abolido. É este o sentido da famosa Noite de 4 de agosto, dita da *abolição* dos privilégios, data para sempre simbólica da destruição do feudalismo: a nobreza e o clero, as províncias e as corporações, em memorável sessão, num gigantesco *potlatch*, no entusiasmo geral, renunciam a seus direitos feudais. Aí ainda, tomemos emprestada a pena de Mirabeau: "A Assembléia estava num turbilhão elétrico, as comoções se sucediam sem intervalo. Por que deliberar quando se está de acordo? O *bem comum* não se mostrava com evidência? Não bastava *enunciar* todas essas propostas patrióticas para prová-las? Parecia que estavam leiloando todas as coisas velhas, todos os títulos empoeirados do feudalismo, da fiscalidade, e que o preço pedido para a destruição de um fosse a destruição do outro."

Sim, como que por milagre, pelo efeito da fala, pela voz da vontade geral, pela autoridade dos representantes eleitos da nação, a regeneração estava em ação: o passado se abolia! A nação se regenerava!

Um pai ou então um Deus

Mirabeau, o regenerado pôs sua ambição e seu ardor a serviço da regeneração, que também era *a dele*. Quis, escreve, "mais que outro *mortal* talvez, operar, melhorar e estender uma Revolução que, mais que outra, avançará *a espécie humana*".

É muito emocionante. Muito interessante, também. O ideal de Mirabeau estava, em junho de 89, no diapasão do imaginário regenerador de seu tempo: "Temos esperança de estar começando a história dos homens." Assim, será decretado em 93 um novo início para a história e um novo calendário. Mirabeau, no entanto, sobressaiu-se na Assembléia. Ali foi olhado como um guia. Era homem de ação e realista: "Há uma diferença enorme entre viajar no mapa-múndi ou, na realidade, na terra." Ele havia circunscrito de uma vez por todas o campo real de sua ação. Seu ideal era político; ele sabia em que aplicá-lo: na revolução do velho reino de França. "Regenerar a monarquia"! Mirabeau nunca mentira sobre seu programa. Lera Rousseau, do qual era como os outros impregnado, mas... "Não somos de modo algum selvagens que chegam das bordas do Orenoco para fazer uma sociedade. Somos uma nação velha, talvez velha demais para nossa época. Temos um governo preexistente, um rei preexistente, preconceitos preexistentes. É preciso, tanto quanto é possível, harmonizar todas essas coisas com a Revolução e salvar a repentinidade da passagem."

Está tudo dito: não há volta a uma mítica sociedade originária! Não há destruição total! Ele sabe disso, os "preconceitos" não se deixam abater pelos sonhos. Revolucionar a monarquia. "Salvar a repentinidade da passagem": observação a ser meditada. Esse programa político de pretensões realistas deve ser tão ambicioso quanto a esperança imaginária de redenção. Não haveria impossível a ser revolucionado conservando, a ser conservado revolucionando? Sobre esse programa, em todo caso, Mirabeau perdeu suas forças, no entanto colossais.

Político, ele era. Foi o primeiro a ter uma visão lúcida do verdadeiro problema: como a estrutura feudal estava destruída, restava construir uma nação. Não seja por isso! Bastaria escrever uma constituição. Assim pensava, com Sieyès, a maioria da Assembléia, que se reconhecera constituinte e em trabalho. Mirabeau enunciou solenemente uma verdade bem diferente: comecemos assegurando um executivo forte. O rei e os ministros para isso se revelavam incapazes. Em plena tempestade, não havia ninguém no comando do Estado. Certamente, a Assembléia não o compreendeu: "Ou os senhores não farão nunca a Constituição Francesa ou terão encontrado o meio de dar alguma força ao poder executivo e à opinião antes que sua constituição seja fixada." Ele tinha visto bem. Nenhuma constituição assegurou a estabilidade de um governo até o 18 Brumário, dez anos mais tarde, quando Bonaparte resolveu o problema da carência do executivo dele se apoderando.

Ele foi o único a prever, a predizer sombriamente, que a Assembléia não resistiria à pressão da opinião, à ameaça da insurreição popular, que ela seria superada. Já observaram, diz ele *desde* 8 de julho de 89, "como as revoluções começaram, como aconteceram? Por qual encadeamento de circunstâncias os espíritos mais sábios se lançaram fora de todos os limites da moderação? Somos apenas homens. Seremos assaltados por conselhos violentos, desmedidos. A razão, a sabedoria não emitem seus oráculos no meio do tumulto, da desordem e das cenas insurgentes". Sem governo, a Revolução irá à anarquia ou à ditadura de alguns. Ele tinha visto bem: o que será o governo revolucionário de 93, senão a ditadura de alguns que reagem à anarquia? A consolidação do executivo, martelava ele sem ser ouvido, é o fiador da liberdade pública. Assim, ele enunciou com toda clareza, sem ali ouvir contradição, e duplicidade menos ainda, sua ação revolucionária: regenerar a autoridade real. Seu objetivo e seu programa estavam fixados: uma nação de cidadãos iguais perante a lei e um rei fiador do executivo, de poder renovado. Uma monarquia representativa, olhando na direção da Inglaterra e da jovem democracia americana, mas a ser inventada, especificamente para a França.

A revolução regeneradora, segundo Mirabeau, daria vida a uma monarquia constitucional, e Mirabeau regenerado de seu passado seria o ministro, dirigindo com mão firme a grande energia reforçada da nação francesa.

É assim, sem surpresa, que assustado pela indecisão patológica do rei, a incapacidade dos ministros, os conselhos aberrantes da corte, Mirabeau se torna o conselheiro secreto do rei. Conselheiro por correspondência.

A grande fraqueza de Mirabeau? Não é ter sido corrupto ou traidor do ponto de vista de uma Revolução infinita. Nem ter aconselhado o rei. Sequer ter-se tornado, em 1790, um conselheiro pensionista. Pois o rei pagou suas dívidas! Pensam que ele ficou envergonhado? Ao ficar sabendo que o rei o aliviava de seus grilhões, de sua tara da juventude, ficou louco de alegria! Tomado de verdadeira exaltação! O ódio, a avareza e a rejeição de um pai enfim resgatados pelo gesto, o reconhecimento de um pai!

Sua fraqueza, do ponto de vista da grande Revolução, sua fraqueza, que também foi sua força, do ponto de vista dos homens de Estado? Ele agia no interior de um quadro simbólico, nos limites de um reconhecimento dos pais. Não tinha ele, à força de proezas, arrancado ao seu, logo antes de sua morte, um pouco de consideração? Tinha conseguido transformar em pai o intratável ancião! Acreditou-se talhado – e foi seu erro – para transformar Luís XVI em rei da Revolução! Em monarca constitucional! Prodigalizou suas recomendações, suas vastas vistas políticas e seu programa de governo representativo. Um tesouro esbanjado em vão. O incapaz Luís XVI não era mesmo talhado para fazer um rei. "Parece, quando lhe falam dos negócios do reino, que lhe falam da China." Um imbecil. Os sucessores de Mirabeau, que após a sua morte tentaram inutilmente escorar a função simbólica do rei e injetar em Luís XVI um pouco de consistência, fracassaram. A corrente reformadora da Revolução, a regeneração constitucional, chocou-se com um real difícil de conceber de início: não havia rei.

O ideal regenerador engolfou-se então na via imaginária. O fracasso do projeto de um governo novo liberava a fantasia de criar um novo povo. Romper com o passado histórico para o advento do homem novo. Mirabeau, este, permaneceu o homem do passado. Sustentava com todas as suas forças o pai ausente, colmatava as brechas, reparava os erros.

Sua atividade de legislador inscrevia-se na universal lei dos homens, a da insuficiência de estrutura de todo pai e da imperfeição de todo homem. A fantasia coletiva de engendrar um homem novo, ao contrário, levaria ao poder um homem que pretendia ser sem passado, um homem que, de início, havia rejeitado não só o pai como sua ausência: Robespierre. Um homem que, este, proferiria a lei nova.

O abismo que, na Revolução, separava Mirabeau de Robespierre sempre estivera aberto. Ah, Robespierre em 89 era monarquista, tanto quanto qualquer outro. Ninguém, então, teria imaginado a República. "Viva o rei!" gritava toda a Assembléia, como hoje se diria: "Viva a França!" Qual era, já, o enorme mal-entendido?

Robespierre esforçava-se para aparecer. Estava sempre disposto a intervir na Assembléia, tinha sempre o que acrescentar, o que contestar, mesmo após o encerramento do debate. Sua insistência irritava, seu ar sério entediava. Faltava-lhe humor, distância, jogo de ator. Ele fazia a lição. Uns suspiravam, outros zombavam. "Uma catequese!" "Um xarope de água morna!" As assembléias costumam ser ruidosas. Sob os risos e as vaias, ele protestava: "Estão procurando sufocar a minha voz! Querem me calar! Me degolar!" Sem descanso, ele voltava à carga. O segredo dessa obstinação, dessa coragem? Mirabeau, que tinha o olho penetrante e a orelha fina, havia logo notado: "Aquele homem acredita em tudo o que diz." Com efeito, e mais ainda do que Mirabeau, materialista ateu, teria imaginado.

O segredo de Robespierre, escondido num invólucro então ainda sem graça, ninguém, estranhamente, resolveu descobri-lo de verdade. Nem os historiadores, que giram em volta do "enigma" chegando bem perto. Nem, e menos que qualquer um, seus amigos jacobinos, que, de modo firme, doutrinário, sempre recusaram ouvi-lo. Taparam os ouvidos na noite em que Robespierre se descobriu, no clube, em 27 de abril de 92. Tinha então se tornado chefe inconteste e até reverenciado. Com toda confiança, com toda sinceridade, diante da multidão de torcedores, fiéis, ele se explicou. Provocou um clamor. O segredo de Robespierre no entanto nada tem de vergonhoso. É apenas surpreendente. Enfim, não tanto assim. Surpreendente para ouvidos jacobinos. Robespierre era a voz e o instrumento de Deus. "Como acham, lhes diz, que agüentei quando era vítima de chacotas, da hostilidade de toda a Assembléia? A Providência Divina me guiava, pois, desde o início, ela vela pelo desenrolar da Revolução." Foi difícil para ele prosseguir: "Não queremos ouvir o catecismo!" Ele insistiu: a Providência (Deus) elegera o povo francês para cumprir a grande Revolução. "A eterna Providência nos chamou, sós desde a origem do mundo, para restabelecer na terra o império da justiça e da liberdade, no meio das circunstâncias quase miraculosas que ela com prazer reuniu, para lhes assegurar o poder de devolver ao homem sua felicidade, suas virtudes e sua dignidade primárias... Sentem bem o peso dessa santa missão?" Robespierre, por sua vez, assumia salvar o povo francês segundo a vontade divina. Entusiasmo de uma noite, exaltação de um momento? Não. Ele pediu que seu discurso, que como sempre era cuidadosamente redigido, fosse enviado à impressão e difundido para a edificação das sociedades do interior. Pela primeira vez, os jacobinos recusaram a impressão da fala do mestre. Não pensem que ele engoliu! Voltou à carga três dias mais tarde. Parecia-lhe essencial. Recusaram-lhe de novo a impressão.

As virtudes primárias

O mal-entendido sobre o sentido da Revolução continha potencialmente os conflitos mais violentos. A regeneração revolucionária não restituíra a Mirabeau nem a dignidade nem a virtude primárias. Por mais regenerado que parecesse, continuava sendo o mesmo homem; guardava seqüelas de sua "corrupção aristocrática": sua mansão, a biblioteca, a prataria, os jantares finos, as amantes, as recepções luxuosas. Tudo isso fazia parte, naturalmente, de sua enorme energia, de sua vida pública, de sua intensa atividade. Uma maneira de outro tempo, com certeza, de tecer as relações. No mesmo modo, Talleyrand, mais tarde, para fazer a delicada diplomacia do congresso de Viena funcionar, exigiria apenas um excelente cozinheiro e um orçamento de festa! De modo mais sério, Mirabeau, homem de moderação e união, e sobretudo de grandes ambições, buscava unir à volta de sua pessoa, de sua equipe. Tinha suas ideias sobre o governo e a direção dos homens: dêem-lhes responsabilidades, afaguem-lhes o amor-próprio, e até os idealistas mais febris, os mais vingativos, vão se deixar engabelar. Esse cinismo e esse otimismo fracassaram com Robespierre. "Mirabeau? Aquele depravado? Aquele ser imoral!" Estava tudo dito. Mas o quê, exatamente?

Robespierre, o puro, estigmatizava o cínico pragmatismo? O jogo político? O transbordamento pulsional? É claro! Sempre paramos aí. A imagem tão contrastada que guardamos dos dois homens, dos dois protagonistas, nos cega. Pouco importa, no fundo, o contraste tão extraordinário entre os dois temperamentos. Duas concepções da política, ou antes da direção dos homens, se enfrentam.

Mirabeau professa que dirigir é agir sobre a realidade, adaptar-se às circunstâncias e aos homens.

Robespierre está seguro de que dirigir é aplicar princípios, isto é, erigir a justiça em princípio do governo.

Mirabeau trabalha no presente, com homens reais, para uma nação que se define por sua herança ancestral e se identifica simbolicamente com sua história.

Robespierre olha na direção de uma humanidade regenerada e quer apagar a mancha do passado.

No homem, constata Mirabeau, o bem e o mal são indissociáveis. Não sonhemos com uma desumana perfeição. Mirabeau é o filho do pensamento filosófico ateu de seu século, cuja razão faz uma constatação pacífica da realidade, e ele não está nem aí para o pecado original. Ele é discípulo de um Diderot que ironizava: "O bom Deus é um mau pai, prefere as maçãs aos filhos." A piada não é muito boa, mas não é má, muito pelo contrário: ela se esforça para rejeitar toda fantasia de uma criação perfeita, toda ideia de uma corrupção segunda.

Robespierre, por sua vez, terá sempre pensado que dirigir os homens é devolver-lhes a "virtude primária". Salvá-los da corrupção.

Mirabeau jamais se considerou "corrupto"! Jamais, em tempo algum, Mirabeau teria pensado em se corrigir, se reformar, renunciar à ostentação de seu luxo, a seus prazeres! Mirabeau regenerado imagina-se ministro, e certamente não virtuoso!

Da teoria de Robespierre, ao contrário, surge logicamente uma categoria de corruptos, conjunto do qual Mirabeau oferece admiravelmente o protótipo. Examinado sob o ângulo da lógica de Robespierre, Mirabeau o regenerado torna-se novamente o corrupto que sempre terá sido. Cuidado! Não caiamos novamente na evidência imaginária! Corrupto não por ter sempre levado uma vida dissoluta. Corrupto por resistir à regeneração moral. Por objetar à inocência originária.

Mirabeau terá sempre temido o fracasso da Assembléia, incapaz de estabelecer os princípios de um governo estável. Ele mesmo fracassa em navegar entre dois escolhos reais: a indecisão patológica do rei e a fraqueza da Assembléia em face da pressão popular.

Robespierre só se terá interessado pelo fracasso da

Constituinte, mas sua avaliação baseia-se em outros princípios: "A Assembléia Constituinte teve nas mãos o destino da França *e do universo*, escreverá ele pouco mais tarde. Ela podia de repente [!] elevar o povo francês ao mais alto grau de felicidade, glória e liberdade; ela permaneceu abaixo de sua *missão sublime*..." Ele acusa: "Vi aqueles que sempre haviam ficado abaixo de nossa Revolução nos apresentar o engodo de um governo mais livre e mais perfeito!" O engodo, a armadilha de um governo! Quem são esses miseráveis homens que pretendem governar quando se trata do destino do universo, de regenerar a humanidade? Do ponto de vista dessa "missão sublime", só se pode fracassar.

Mirabeau limita sua ação – política – ao conjunto da nação de cidadãos em direito. Robespierre age em nome da libertação e da salvação do povo.

Como teriam sabido? A nação... o povo... soa da mesma maneira. Sobretudo em 89. E hoje? Liberdade dos cidadãos ou liberdade do povo? Justiça em nome do povo soberano ou justiça do povo?

Os princípios de Robespierre e os de Mirabeau não se encontram nem se compartilham. Se por infelicidade se cruzam, é num fatal engano, numa confusão cheia de conseqüências, pois um fala realidade e o outro imaginário.

O primeiro incorruptível: Marat

O passado não se abole por decreto. Do passado abolido sempre vai permanecer um resto.

A abolição dos privilégios? A Noite de 4 de agosto? Desde o verão de 89, não basta mais. A regeneração segue seu ritmo. Ela regenera os homens, pelo menos um, Mirabeau, o regenerado pela Revolução. Ela regenera a nação ao livrá-la da corrupção do passado, da corrupção que era o gozo abusivo dos privilégios da nobreza. Mas sempre resta um pouco de corrupto em todo regenerado, algo do passado permanece incluído no presente. Do significante da regeneração surgem então os profissionais da denúncia. Não descansam. Há tanto o que denunciar! Tudo o que ainda não foi limpo! Saneado! Purificado! Tudo o que a regeneração deixou de obscuro, de impuro, de ameaça oculta. Tão logicamente quanto fracassa em se realizar o ideal de regeneração erguem-se os incorruptíveis. Robespierre, já? Não, ainda não; estamos só no verão de 89. Robespierre ainda não encontrou sua via. É precedido, de longe, por aquele que com ele vai disputar por muito tempo o título de Incorruptível e a adulação popular, e que, quando chegar o seu tempo, também vai se tornar um ícone da Revolução: Marat. A sentinela do povo!

Inspirado pela grande sessão da Noite de 4 de agosto, Marat lançou o primeiro número de seu jornal, *O amigo do povo*. Entusiasta, o amigo do povo? Feliz com a abolição dos privilégios? Seria conhecer mal Marat: "Somos levados a temer, escreve ele, que a confiante lealdade dos deputados do Terceiro Estado tenha sido exposta aos empreendimentos da política coberta pela *máscara* do patriotismo... Procuram nos adormecer, procuram nos *enganar*... A odiosa facção dos aristocratas busca *nos passar para trás*, pela inútil exposição de alguns sacrifícios *ilusórios*..." Dias mais tarde:

"É evidente demais que uma poderosa facção, oculta no próprio seio dos Estados Gerais, trabalha apenas para fazer com que fracasse a grande obra da regeneração do império." O império? Não fiquem surpresos: Marat fala como romano e nomeia a Assembléia "senado". Ele volta ao assunto, em 18 de setembro: "Ó francês! Povo livre e frívolo, então não pressentirás nunca as infelicidades que te ameaçam? Adormecerás como sempre à beira do abismo?... Em vez de prosseguires sem descanso o castigo dos *inimigos públicos*, tu te entregaste ao jogo dos homens fracos e *corruptos*... Se pelo menos o senado nacional pusesse fim às tuas infelicidades pela regeneração do reino... Mas os deputados que só têm para te oferecer uma fidelidade *incorruptível* ficam em silêncio... Que pena! Não nos enganemos mais: uma nação sem luzes, *sem modos, sem virtudes*, não é feita para a liberdade. O único meio de acabar com a fonte de nossos males é *purgar* a municipalidade e a Assembléia Nacional..."

O Amigo do povo dele é antes o severo regenerador, um censor que impõe aos franceses, "ainda corrompidos pelos maus princípios do feudalismo", a um povo decadente, a lei da virtude. Sieyès regenera apenas a Constituição. Mirabeau regenera apenas a monarquia. Marat é o grande Regenerador. Quer tudo regenerar, totalmente: o governo *e* o povo. Seus princípios? "A verdade e a justiça, minhas únicas divindades na terra." Sua ação? "Combater os inimigos do Estado, atacar os bandidos, desmascarar os hipócritas, denunciar os traidores." Os meios que ele propõe? Depurar, purgar.

"Expulsem da Assembléia Nacional os nobres e os prelados!" Em dezembro de 89, daria quase uma boa metade da Assembléia. "Purguem-na em seguida de todos os plebeus corruptos!" Já que a categoria dos excluídos desta vez é tão imprecisa quanto ilimitada, não ousamos nos perguntar o que restará. A corrupção? Ela é invasora, sempre contamina mais, o contágio ganha; é preciso sempre depurar mais: "Vocês estão sendo traídos por seus mandatários, estão cercados de agitadores, conjurados, conspiradores! Passem pelo fio da espada todo o estado-maior parisiense, os ministeriais da Assembléia, todos os partidários conhecidos do despotismo! Há seis meses, entre quinhentas e seiscentas cabeças teriam bastado... Hoje, talvez seja preciso abater cinco a seis mil! Mas se fosse preciso abater vinte mil? Não há o que discutir um instante!" (18 de dezembro de 90). Sim, a corrupção progride a toda velocidade, como a gangrena; primeiro pensamos na amputação e acabamos pelo apocalipse! Todos terão sempre sido corrompidos. "Arquigangrenados!"

Marat, o energúmeno! No sentido próprio: possesso. Vale dizer que ele tinha os modos de um louco. Inspirou vários retratos literários que acusam isso. Victor Hugo: "Um homem amarelo que, sentado, parecia disforme; os olhos injetados de sangue, placas lívidas sobre o rosto, um lenço amarrado nos cabelos gordurosos e amassados, uma boca enorme e terrível..." Charles Nodier: "Um homem bruto com máscara de sátiro, atitudes convulsivas, interjeições obscenas, improvisação confusa e selvagem..." Nodier lhe acrescenta ainda "uivos de hiena", mas associa a mesma palavra, senão o animal, a Robespierre, a quem atribui "uma espécie de guincho bem semelhante ao das hienas". A retórica romântica sublinha a selvageria necrófaga de certa eloqüência revolucionária. Estamos seguros, em todo caso, de que Marat, sábio fantasista, senão inventor delirante (uma refutação das teses óticas de Newton, nada menos!), nascido exilado, sentindo-se para sempre pária e ameaçado, fugindo de um porão a outro, vivia trancado num subsolo escuro, onde escrevia sem descanso. Dali saía piscando os olhos, de chinelos e vestido com uma blusa grossa de pastor. Disfarce? Construção premeditada de um personagem e domínio perfeito de uma imagem? Nada disso. Era simplesmente Marat.

Desde setembro de 89, Marat prefigura Robespierre; mais precisamente, a verdade do Robespierre de 93 já está em Marat: é uma verdade assubjetiva, o produto de uma lógica intemporal, a lógica do Incorruptível. A corrupção? O inimigo interno, íntimo, o verme na bela fruta, o mal sob uma aparência sã, o traidor sob uma máscara. Denunciem! Desvelem! Revelem! Marat, muitas vezes, vai redigir tratados de denúncia. Denunciar não é uma atividade vergonhosa, é uma missão. Uma missão sacrifical.

Marat, o grande Denunciador, o grande Depurador, foi o primeiro, portanto, a ser nomeado o Incorruptível por uma opinião que pelo menos sabia reconhecer o motor de toda lógica regeneradora e que apreciava – como julgaríamos um belo e forte sermão – suas diatribes. "Povo covarde, estúpido, cego, bobão!" Ele fulminava. "O que esperar do povo enquanto nossos modos não tiverem mudado?" A reeducação do povo segundo Marat seria depuradora.

Por enquanto, do fundo de seu porão onde escrevia com frenesi, ele assumia seu papel de sentinela do povo. Velava. Vigiava a obscura confusão, a angustiante precipitação. Penetrava a realidade dos acontecimentos: uma ilusão! Interpretava-lhe o sentido oculto: um complô, um complô ainda, sempre complôs.

Um mundo estava desabando. Um mundo devia ser reconstruído. A verdade paranóica de Marat encontrava o eco da inquietude diante de um sismo sem precedente e das decepções levantadas por expectativas imensas, por esperanças sem limites. Quem impede que o mundo surja, regenerado, novinho, em sua beleza originária? Quem se opõe ao efeito da fala libertadora? À vontade geral? Quem resiste à promessa de libertação? Recusa a redenção? Quem impede o milagre?

Já se formava a Sociedade dos Jacobinos, dando-se por objeto vigiar, e denunciar, os inimigos da pátria e da Revolução. Concidadãos! Redobrem a vigilância! Estejam atentos! Quem está sabotando a realização magnífica da regeneração? Quem são os corruptos?

Ignorava-se então que não são os homens que resistem à regeneração, mas o real. Como se poderia saber? Cada regeneração ignora soberbamente seu passado e recomeça num passo novo rumo a uma origem sempre nova. Uma esperança intacta a cada vez. A lógica revolucionária regeneradora, a lógica do incorruptível, não pode de modo algum tirar as lições das experiências precedentes. Por quê? Ela vai sempre imaginar uma causa para os fracassos na pessoa desses corruptos empedernidos, esses traidores da Revolução, esses contra-revolucionários mascarados, esses egoístas que defendem o interesse particular, os interesses de classe, etc. O conjunto dos corruptos imaginários é ainda mais povoado porquanto o conjunto dos incorruptíveis, do ponto de vista do real, é vazio.

O INCORRUPTÍVEL EM AÇÃO OU A REVOLUÇÃO

O corrupto diante do incorruptível

Mirabeau morreu de repente, em 2 de abril de 1791. Tinha 41 anos. Do que se morre nessa idade? Michelet dá sua versão do crime: os jacobinos o mataram. O médico contemporâneo relê os documentos e estabelece seu diagnóstico: Mirabeau morreu de um infarto do miocárdio e de insuficiência cardíaca aguda. Esgotamento e excessos. Sem cessar à tribuna, cansava-se para manter, de cabeça erguida, o domínio da Assembléia. Continuava sendo temível. Ninguém mexia com ele sem risco. Esgotava-se defendendo a autoridade real enquanto, na corte, procurava fazer com que o rei se aliasse à Revolução. Fazia das tripas coração para sustentar, feito um titã, um mundo que se partia em dois e reconstituía suas forças extenuadas num frenesi de prazer. Superando a dor e o esgotamento, sustentou, até a véspera da morte, um ritmo infernal de trabalho e orgias. Um suicídio à sua maneira.

Estava em plena batalha diante dos jacobinos. O combate não datava de ontem. Desde o início opunham-se os defensores da "salvação do povo" e os da "Constituição". O debate envenenou-se em torno do direito dos cidadãos de circular livremente, logo, de emigrar. Robespierre já não era mais um iniciante. Sua reputação crescia: um homem de princípios, um defensor do povo. Muitas de suas intervenções tinham sido notadas, aplaudidas pelas tribunas e retransmitidas pelos jornais. Mirabeau, defendendo a liberdade em direito, conheceu um meio-fracasso.

Na mesma noite, no Clube dos Jacobinos, onde se fazia a opinião pública, Mirabeau encontrou diante de si uma multidão ameaçadora. Os amigos de Robespierre. Enfrentou. Defendeu com raiva o direito, a liberdade de emigrar. – Corrupto! Corrupto de sempre! Réplica mortal. Os jacobinos não aceitavam o direito constitucional. Limitavam-se a ver claramente, com o olho implacável, a odiosa e manifesta corrupção. Esse Mirabeau que dava lições! Que invocava os princípios! Pois falemos de seus princípios! Ele era conhecido. Todos conheciam sua juventude, suas pândegas, sua venalidade, sua luxúria! Todos sabiam reconhecer a corrupção aristocrática. Mirabeau suava abundantemente.

Naquela noite, salvou a honra. Domou-os. Três semanas mais tarde, estava morto.

Daí a interpretação, genial, de Michelet. Quando os homens se enfrentam sobre o princípio da fé e da ação, a violência do combate é mortífera. Liberdade em direito de todos os cidadãos da nação! Não, libertação, salvação do povo! E o comportamento suicida de Mirabeau? Arriscando enojar profundamente os incorruptíveis, não resisto à inconveniência, à indecência, de narrar suas derradeiras façanhas. Durante a última semana de sua vida, ele fez uma orgia com duas atrizes e, no dia seguinte, sentindo-se cansado, tomou dois copos de um excelente vinho de Tokay para ir à Assembléia, onde prometera falar. Saiu de lá semimorto. Foi, naquela mesma noite, escutar música na ópera e não resistiu ao prazer de um magnífico jantar. Acabou acamado, vítima de uma dor que lhe triturava o peito. A insuficiência cardíaca levou-o em três dias.

A notícia de sua morte merg-ulhou no luto e nas lágrimas a nação inteira. Foram decretadas obséquias nacionais. Para ele, inaugurou-se o Panteão. Todos os deputados, sem exceção, e o povo de Paris acompanharam seu caixão. A cidade se cobrira de luto. Durante o percurso, no mais profundo silêncio, os tambores tocavam uma marcha fúnebre. O cortejo da multidão que lhe prestava homenagem era tão denso, tão longo, que durou parte da noite.

Perdeu-se o uso das máscaras mortuárias. A de Mirabeau, segundo o desenho que nos foi transmitido, prende por muito tempo o olhar tanto surpreendem a força do perfil e a sabedoria serena, feliz, do sorriso. Como não tomar emprestado a Jaurès seu epitáfio? A Jaurès, que se afirmou resolutamente robespierrista: "Hoje, se tiver que escolher, vou me sentar no meio dos jacobinos, ao lado de Robespierre." Ele conseguirá, melhor que qualquer um, ser ouvido pelos incorruptíveis. A Jaurès ainda, porque seu pensamento é profundo e sua expressão admirável:

"Mirabeau viu aproximar-se a morte e olhou-a na cara, sem fraqueza e sem jactância, recolhendo-se em sua glória. Materialista e ateu, não se deixava levar por nenhum sonho místico; é na luz brilhante do século XVIII que seu pensamento adormeceu. Ele sentia bem que a combinação de democracia e monarquia que ele quisera tinha algo de paradoxal e que só seu gênio poderia tê-la fundado... Recomendou que publicassem um dia sua correspondência com a corte: "Será ali, diz ele, minha defesa e minha glória." E como se poderia acusar de traição e baixeza o homem que, antes de morrer, lega à posteridade todo o seu segredo?... O grande tribuno se unira de modo tão profundo à Revolução que, mesmo morto, estará presente nela, sucessivamente exaltado e maldito, e nunca esquecido."

Não conseguiram te corromper, te assassinaram

Os despojos de Mirabeau, nimbados da imortalidade que a pátria reconhecida concede a seus grandes homens, foram portanto repousar sob a abóbada do Panteão. Não ficaram ali por muito tempo. Fracasso da regeneração total! Um resto de velha corrupção ligava-se ao morto. Após a prisão do rei em 92, foi descoberto no castelo das Tulherias o armário de ferro onde Luís XVI escondia seus segredos e a correspondência com Mirabeau. O momento era mal escolhido para admirar o testamento político. Seu busto foi retirado da Convenção. Seu caixão foi expulso do Panteão. O corrupto foi apodrecer como todos os humanos comuns. Seus restos se confundiram com os outros cadáveres da humanidade corrupta, aqueles que se obstinaram no ateísmo, no vício, no imoral gozo: os rebotalhos da regeneração! Os rebeldes para a eternidade! Expulso do mausoléu dos eleitos, aquele que saía cruzou com aquele que entrava: Marat.

Marat, o incorruptível exterminador, fora eleito, em triunfo, deputado da Convenção em setembro de 92. Seus colegas tinham bem pensado em livrarem-se daquele pouco digno representante do povo: um espantalho maltrapilho a brandir, à guisa de vassoura, a foice da morte; um histrião que obtinha os aplausos furiosos das tribunas. Um perigo público! Não havia ele insuflado os massacres de Setembro, quando o furor popular, o desregramento coletivo haviam forçado as portas das prisões e matado centenas de detentos? Ele havia aprovado essa loucura sinistra, de que todos tinham vergonha. Em vez de enviar Marat para o hospício (alguns de seus colegas pensavam nisso), a Assembléia vai acusá-lo. Perda de tempo. Marat saiu do tribunal sob as ovações, absolvido e içado sobre os ombros de seus torcedores, aclamado: um verdadeiro patriota, mais popular que nunca. Seu assassinato, em 13 de julho de 93, num momento paroxístico da luta entre a Gironda e a Montanha, inaugurou sua apoteose. Havia com o que impressionar os espíritos. Uma sábia e jovem moça do interior, Charlotte Corday, o havia apunhalado de um só golpe no coração quando, sem desconfiar, ele tomava seu banho. Desde sempre, ele havia previsto e predito: morreria assassinado. Tinha se sacrificado à "verdade". Tinha vivido não no medo, mas na certeza do martírio. Entrou assim na glória, para sempre. O êxito paradoxal de sua morte programada, de seu sacrifício consentido, lhe confere, no último momento, sua grandeza.

Também teve direito a funerais nacionais. Foi posto no Panteão. Seu busto erigido em todos os locais públicos, nas ruas, nas praças; tornou-se objeto da devoção popular. Foi levado, feito a estátua de um santo, nas procissões rituais das festas revolucionárias. Marat, o Incorruptível, Marat, o mártir da Revolução, substituía nas salas oficiais os crucifixos e nas encruzilhadas os calvários. David pintou seu impressionante quadro, *A morte de Marat*. Didático na alma, traçou sua intenção: "Não conseguiram te corromper, te assassinaram." Ele sublimou o cadáver do mártir, deitado na banheira, num enterro de Cristo, tomando por modelo os grandes clássicos. O Cristo da Revolução! Marat, o Sacrificado, o Juiz dos corruptos e o Salvador do povo, surgido da lógica regeneradora. Encarnação do significante, do princípio do Incorruptível, ele precedia de pouco Robespierre. O denunciador mártir. O santo depurador. Formidável efeito de uma lógica coletiva! Pois o Juiz e o Salvador, necessariamente, brotam num mesmo personagem da lógica do Incorruptível. De modo igualmente implacável, na medíocre realidade dos homens, sua função messiânica se rebaixa à denúncia e à depuração. Sim, Marat foi bem o duplo sebento e agitado, a caricatura panfletária, a sombra grotesca do digno Robespierre.

As relíquias de Marat foram disputadas. Seu coração, embalsamado, foi suspenso na abóbada do Clube dos Cordeliers. Era assim a época, carregada por uma febre mística.

O juiz e o salvador: Robespierre

Em 7 de maio de 1794, a Convenção decretou: "O povo francês acredita na imortalidade da alma e reconhece a existência do Ser Supremo."

Os deputados – enfim, aqueles que restavam, que não tinham fugido nem sido guilhotinados – tinham escutado, sem abrir a boca, Robespierre lhes expor longamente a "relação das ideias religiosas e morais com os princípios republicanos". Cinco anos tinham se passado desde o início da Revolução. Que anos! Três legislaturas! A declaração de guerra à Europa, a pátria em perigo, as insurreições dos *sans-culottes*, o rei guilhotinado, a eliminação dos girondinos, a descristianização, a insurreição da Vendéia, a ditadura do governo revolucionário, os processos e a morte dos hebertistas, dos dantonistas, dos extremistas, dos *raivosos*, dos indulgentes e de tantos outros. Entre os deputados históricos que haviam aberto os Estados Gerais cinco anos antes, pouquíssimos ainda se sentavam na Convenção. Nunca se voltavam para aquele longínquo passado, para a lembrança de uma outra vida e de um mundo desaparecido. Mudara-se de era. Abolira-se a memória. A história, que se escrevia furiosamente no presente, só tinha origem revolucionária e começava com a era republicana. Estávamos no ano II da República, no 18 Floreal.

Robespierre, como de hábito, leu seu longo texto, que estava muito bem escrito e bem bonito. Tinham ficado para trás seus inícios tateantes no teatro hostil da primeira Assembléia! Escutado num silêncio absoluto, seu discurso foi acolhido com o mais profundo respeito. Não havia mais protestos, não havia mais interpelações nas fileiras. Não havia mais turbulências nem aplausos nas tribunas. Os agitados e os descontentes estavam mortos. A Comuna, as seções populares e a Assembléia tinham sido depuradas. Robespierre permanecia só. Era o senhor da Convenção, dos jacobinos, do Tribunal Revolucionário. Depuração! Do Tribunal Revolucionário dependiam a absolvição ou a morte. A Assembléia sentava-se à sombra do cadafalso. O que mostra como Robespierre foi escutado religiosamente.

Em cinco anos, ele não havia mudado absolutamente nada. Era até impressionante. Vinha de um outro tempo, com a peruca empoada, a gravata amarrada e as meias brancas, que em outro teriam feito suspeitar uma provocação aristocrática. Expôs que o ateísmo, que "confunde o destino dos bons e dos maus" e "corrompe o instinto moral do povo", estava "ligado a uma conspiração contra a República". Demonstrou que os inimigos do povo eram os ateus. Bem entendido, ninguém emitiu a menor contestação.

Assim foi imposta ao *povo francês* a crença na imortalidade da alma, por decreto.

Um pouco estranho, não? Os deputados da Convenção – enfim, os que restavam – não eram coroinhas. Haviam mostrado isso, e mostrariam ainda. Resolutamente ateus na maioria e apaixonadamente leigos, eram numerosos a ter aprovado a campanha de descristianização. Se acreditavam em algo, era bem no triunfo da razão sobre o obscurantismo religioso e a "superstição". Nem por isso deixaram de decretar, no mesmo impulso, a oficialização do culto nacional do Ser Supremo. A homenagem nacional a seu poder e a sua bondade.

A festa nacional do Ser Supremo foi em 8 de junho, um mês mais tarde. Foi um dia magnífico. O céu estava de uma pureza, de uma limpidez raras em Paris. O povo via naquilo um milagre. A alegria era geral. A cidade estava engalanada, cada casa tinha sua guirlanda ou sua bandeira, as ruas estavam semeadas de flores. As mulheres traziam flores na cabeleira, os homens, folhas de carvalho nos chapéus. Todos conversavam, beijavam-se sem se conhecer. Todos guardaram a lembrança de um momento excepcional de felicidade e fraternidade. David havia previsto, para aquela festa tão cara a seu amigo Robespierre, uma encenação grandiosa. Um anfiteatro ao ar livre diante das Tulherias para os deputados, em uniforme azul com um cinto tricolor, um buquê de flores na mão. Para Robespierre, presidente da Convenção, um uniforme mais pálido, um enorme feixe de trigo nos braços e uma tribuna bem no alto. Robespierre enviou uma prece ao Eterno, depois dirigiu-se resolutamente na direção de uma escultura monumental de papelão e palha, o Ateísmo. Passaram-lhe uma tocha, ele mesmo pôs fogo. Progresso da humanidade revolucionária: não se queimavam mais os agentes do mal, eram guilhotinados, e queimava-se o mal em efígie. Ninguém naquele dia, nem mais tarde, aliás, se lembrou dos autos-de-fé. O cortejo dos deputados atravessou em seguida o Sena, conduzido por Robespierre. Um sorriso iluminava seu rosto. "Robespierre devolvia a França a Deus' – disse Charles Nodier, que, adolescente, estava presente. – 'Lembro-me de que ele mantinha erguidas com orgulho a cabeça lívida e a testa lisa, e que o olho exprimia alguma ternura e algum entusiasmo." Michelet, por sua vez, debruçou-se longamente sobre o croqui feito por David de Robespierre na hora: "Em nenhum lugar ele está mais terrível. Aquele sorriso faz mal. A paixão, que visivelmente bebeu seu sangue e secou seus ossos, deixa subsistir sua vida nervosa... Como que ressuscitado pelo galvanismo, ele endurece e se ergue, com um olhar indizível, assustadoramente gracioso. Ao vê-lo, experimentamos uma piedade dolorosa, misturada de terror: esse homem é aquele que mais sofreu." Há bem com o que meditar sobre essas abordagens do enigma Robespierre tentadas, o mais próximo da verdade, por dois escritores que apreciam a complexidade de um homem.

David não economizou meios. Da outra margem do Sena, no Campo-de-Marte, ele mandara construir uma colina arborizada sobre a qual se instalaram os deputados, os músicos e dois mil e quinhentos representantes das seções. Em coro, eles cantaram o hino ao Ser Supremo. As mães brandiam seus bebês, as jovens lançavam flores ao céu, os jovens puxavam o sabre e recebiam a benção dos anciãos. A artilharia trovejava. Era tudo muito bonito. Chegara o dia da reconciliação de Deus com a França e da paz civil. A Revolução estava terminada.

Não estava? Nas fronteiras, o exército dos soldados do ano II ganhava vitória após vitória. A Vendéia estava esmagada. Toulon fora retomada aos ingleses. Lyon estava dominada. O furor das facções, as rivalidades, as lutas internas, os gritos de ódio e morte, o alvoroço da tempestade, tudo se afastava. A Revolução havia vencido todos os perigos, a França podia gozar, em paz, do fruto das provas de sua regeneração e de seu heroísmo.

Dois dias depois, a Revolução recomeçou ainda mais forte. Robespierre propôs um "aperfeiçoamento do Tribunal Revolucionário". Não, a Revolução não estava terminada! O Terror, instaurado no início do governo revolucionário, continuava. Bem mais terrível ainda.

O que era o Tribunal Revolucionário? Um tribunal criminal de exceção. A Convenção o instituíra em 10 de março de 1793, mais de um ano antes. Ele tinha que julgar "todo empreendimento contra-revolucionário, todo atentado contra a República e todos os complôs que tendessem a restabelecer qualquer autoridade atentatória à liberdade, à igualdade e à soberania do povo". A definição do delito era vaga. Os cinco juízes, o acusador público, os doze jurados eram escolhidos pela Convenção. Davam nominalmente, e em público, seu veredicto: a absolvição ou a morte. A sentença era executada imediatamente, sem apelação. Tribunal de exceção, certamente. A que necessidade respondia? O Tribunal Revolucionário está tão intimamente ligado à história de nossa Revolução e às poderosas imagens da memória coletiva que nos interrogamos pouco sobre a causa de sua instituição. Pensa-se justiça arbitrária e expeditiva. Pensa-se também grande sobressalto nacional, severamente depurador, que salvou a República. Salvar a República, mas de quê? A Revolução, em março de 93, enfrenta dois perigos que ela amplamente contribuiu para criar. Por um lado, ela acaba de estender sua declaração de guerra a toda a Europa, na véspera mesmo à Espanha! Por outro lado, não tem governo! O Conselho Executivo, os generais e a Assembléia, dividida pela rivalidade entre Gironda e Montanha e submetida à pressão insurrecional dos *sans-culottes* parisienses, disputam, aos trancos e barrancos, as decisões entre eles. Cria-se então um tribunal! Confusão surpreendente do executivo e do judiciário.

O princípio do governo? A "justiça"! Seus meios? A repressão! Em 17 de setembro de 1793, tornaram-se réus do Tribunal Revolucionário os "suspeitos". Vasta categoria. Qualquer um podia ser suspeito de ser contra-revolucionário baseado em seu comportamento, suas declarações ou seus escritos, em seu passado, nos amigos, na família, nas antigas prerrogativas. Foram decretados suspeitos, é claro, os antigos privilegiados, aristocratas e membros do clero. Comitês de vigilância (constituídos por verdadeiros patriotas jacobinos) faziam a lista. Uma comissão da Assembléia, o Comitê de Segurança Geral, recebia e triava milhares de denúncias! Notem o léxico: suspeitos, comitês de vigilância, comitê de segurança, denúncias; vigiar, suspeitar, denunciar. Glossário securitário, pensa-se, e portanto não se reflete mais nele. No entanto... O que era perseguido? – Mas, é evidente! Os contra-revolucionários! – Ora vamos, de novo a famosa tautologia. Leiamos novamente os decretos: os que atentam contra "a liberdade, a igualdade e a soberania do povo". Seria de qualquer modo preciso interrogar-se sobre o sentido dessa fórmula.

No topo dessa monstruosa pirâmide de vigilância e delação, senhor do Comitê de Segurança, examinando os dossiês, levando para casa para estudar melhor: Robespierre. Quem protestou? Camille Desmoulins, com heroísmo, em seu jornal *Le Vieux Cordelier*: "A liberdade seria apenas um nome inútil? Será uma atriz que passeia com um boné vermelho? Será uma estátua de David? A liberdade é a felicidade, a declaração dos direitos é a justiça, é a sua constituição. Pois na Declaração dos Direitos, não existem cadeias para suspeitos: só existem prisões. Não existe gente suspeita: só existem acusados de delitos fixados pela lei. Estão querendo exterminar todos os inimigos pela guilhotina? Mas houve jamais loucura maior?" Camille Desmoulins colocava os verdadeiros problemas. Há a liberdade, o direito constitucional dos cidadãos livres, liberdade que só é limitada pela lei, isto é, pelo respeito pelos direitos dos outros cidadãos. Além disso, há a famosa "liberdade do povo". Em nome desta última, aprisionam-se arbitrariamente os cidadãos. A "liberdade do povo" é apenas imaginária: logo, somos obrigados a imaginá-la, a fazer dela uma imagem, uma atriz usando um boné vermelho para a liberdade, um colosso armado de uma clava para o povo.

Camille Desmoulins foi acusado publicamente e guilhotinado com Danton três meses mais tarde. O Tribunal Revolucionário era bem cômodo: enviava à guilhotina todos os oponentes. O tribunal de exceção, o "gládio da lei", o instrumento do Terror, foi também o instrumento da depuração que deixou o poder a Robespierre.

Assim, em junho de 1794, nada mais resistia à autoridade de Robespierre. E eis que, no dia seguinte à grande festa do Ser Supremo, ao sublime dia da reconciliação nacional, Robespierre impôs à Convenção a "lei de Pradial".

Representantes do povo, chegou o momento de "aperfeiçoar a justiça" revolucionária! Aperfeiçoar, certo, mas num sentido muito singular: "A lei não concede defensor aos conspiradores." Não há mais advogado! Na verdade, nada resta daquilo que constitui um processo: não há mais interrogatório nem investigação prévia, não há mais depoimentos escritos, não há mais testemunhas, a não ser de acusação. A "prova moral" basta. O processo se reduz à audiência pública. O delito? Ser um "inimigo do povo". A pena? A morte. A regra dos julgamentos? "A consciência dos jurados esclarecidos pelo amor da pátria."

Robespierre, como sempre, diz a verdade. A lei de Pradial de fato "aperfeiçoa" a lei dos suspeitos. Ela a torna mais precisa. Define claramente o que a prudência de uma redação que queria salvar as aparências racionais e securitárias deixava ainda impreciso. Opõe precisamente, desta vez, dois conjuntos: o povo e os inimigos do povo. Não se trata de punir, mas de aniquilar, diz Robespierre.

Podem ser enviados ao tribunal (*inimigos do povo*) aqueles que tiverem enganado o povo ou seus representantes, aqueles que buscam inspirar o desânimo, desviar a atenção da opinião, depravar os modos, corromper a consciência pública, impedir a instrução do povo. Em suma, são inimigos do povo aqueles que buscam corromper o povo: corromper sua razão, sua coragem, sua moral.

Todo cidadão é obrigado a denunciar. Você conhece bem um suspeito? Denuncie-o aos magistrados. Não haveria um suspeito em sua vizinhança? Justamente, senhor inquisidor, justamente... Ato de acusação fundado numa simples denúncia, na reputação, na moralidade, condenação sem prova, sem testemunha, sem advogado... Era um processo perfeitamente inquisitorial.

Em seis semanas, a lei de Pradial, promulgada em 10 de junho de 94, enviou em charretes lotadas 1.380 condenados ao cadafalso e encheu as prisões com 8.000 suspeitos.

Muito se interrogou sobre esse fim de reinado de Robespierre. Por que o Ser Supremo? Por que Pradial? É um verdadeiro enigma. Por que Robespierre, que não tem mais oponentes, lança o Grande Terror? Por que a Assembléia e os comitês o seguem? Ao que se coloca como um problema lógico, nenhuma solução rigorosa, isto é, coerente com a evolução da Convenção e da Revolução até Termidor, foi até aqui trazida. E com razão... Enquanto a reflexão se trancar em categorias compartimentadas; enquanto os historiadores políticos se proibirem de refletir no sentido dos ideais messiânicos e no efeito real que exercem na história; enquanto a filosofia das religiões deixar de estudar as revoluções e os totalitarismos; enquanto quisermos crer que o homem está cortado em dois, como a praça da aldeia: o racional do lado da prefeitura, aquele que acredita do lado da igreja...

Então, por que Pradial? Jaurès pensou muito seriamente nisso: "Robespierre tem diante dele a praça limpa; mas o que vai fazer? O que vai fazer a Revolução? Teria sido preciso que a Revolução preparasse a volta a uma vida normal... A hora havia chegado de pôr um termo no governo revolucionário e de aplicar a Constituição. Robespierre, que permanecera o único senhor da política, responsável pelos acontecimentos, devia dizer nitidamente aonde queria conduzir a Revolução; e ele não disse."

Não disse! Ao contrário! Permito-me, sobre este ponto, não seguir Jaurès: Robespierre diz nitidamente, naquele momento, o que espera da Revolução. Talvez Jaurès não o leia, pois o que ele entende por política *em nada* recobre a política de Robespierre.

Robespierre, diz Jaurès, cometeu então um erro político decisivo ao instaurar o culto do Ser Supremo. Jaurès desenvolve amplamente seu pensamento: Robespierre, acredita ele, "queria acalmar a febre revolucionária por uma espécie de derivação religiosa e moral. Eram caminhos escuros e profundos". Decepcionado com a frieza, senão os sarcasmos, de certos deputados insensíveis ao fervor coletivo, "ele promulga essa lei atroz para acabar com o assunto o mais rápido possível: o excesso do Terror devia conduzir à abolição do Terror. Concentrar o terror em algumas semanas assustadoras e inesquecíveis, para ter o direito de acabar com o terror".

Jaurès, portanto, faz questão de considerar que "o reconhecimento oficial de Deus pela França", desejado por Robespierre, inaugurava a reconciliação e a anistia revolucionárias, e que não se sabe por que, na verdade, Robespierre escolheu acabar com o terror pelo terror. Que o grande e tão generoso Jean Jaurès queira me perdoar: ele cessa então de ser fiel aos fatos, assim como ao discurso de Robespierre. Como poderia ser de outro modo? Nós, franceses, estamos, sobre esse assunto, a respeito desse período histórico, sob o domínio de um recalque maciço e coletivo. Estamos identificados com nossa república leiga. Seria para nós doloroso comprometer a história da Revolução, e nossos grandes revolucionários, com Deus. No entanto é preciso, se quisermos ter a menor possibilidade de compreender a história e não de nos contarmos histórias. A festa nacional do Ser Supremo? Naquele dia, a França reconheceu seu Deus, e Deus reconheceu seu povo. Não se assustem! Não pensem que, de repente, tal Santo Agostinho abraçando o destino de Roma à vista da cidade de Deus, desenvolvo um panorama teológico da Revolução. Digo simplesmente que, como a razão historiadora não está formada para reconhecer os delírios místicos... ela os desconhece. Robespierre esteve, desde 1789, desde a noite de sua *eleição* (para deputado do Terceiro Estado), seguro de sua missão. E sua missão de *eleito* do povo e de Deus era ser nada menos que o profeta que libertaria o povo francês e o traria à sua inocência originária. À sua inocência de antes da corrupção dos homens.

Escutem-no, na primavera de 94 (dois discursos na Convenção, um sobre os princípios de moral política, o outro sobre os princípios republicanos e as ideias religiosas e morais). O mundo vai mal. Muito mal. "Os séculos e a terra são a partilha do crime e da tirania." "O gênero humano está num estado violento que não pode ser durável." O mundo deve mudar. (Já encontramos essa interpretação pessimista do real e essa necessidade de intervir, mas em outros tempos, e, portanto, com outro imaginário.) Quem cumprirá essa grande mudança? O povo francês: "O povo francês parece ter avançado dois mil anos em relação ao resto da espécie humana... Seríamos tentados a olhá-lo como uma espécie diferente." O povo francês é aquele que retornará ao Éden, do qual a França sempre terá sido o jardim: "Essa terra deliciosa que habitamos, e que a natureza acaricia com predileção, é feita para ser o domínio da liberdade e da felicidade."

Que "liberdade"? Enfim podemos saber! Não é, evidentemente, a liberdade de uma nação de direito. Robespierre espera da lei não que ela garanta os direitos do cidadão, mas que acorrente as paixões do homem. "Conforme a direção que é dada às suas paixões, o homem se eleva aos céus ou afunda em abismos lodosos." A liberdade de Robespierre é uma libertação da escravidão dos vícios e dos crimes. O francês livre será enfim libertado do mal. Livre como o homem originário. Livre como o cristão, redimido por Jesus. Robespierre pode assim se apresentar estranhamente, como São Paulo (eu, Paulo, escravo de Jesus): "Eu, o escravo da liberdade!" Ele pode assim preconizar "o despotismo da liberdade"! Pode dizer: "A lei de Pradial garante a liberdade!" Pode apostrofar Danton: "Como, depravado, pode você defender a liberdade?" Você que se compraz na escravidão da carne, você que é servo da falta, como pode defender a libertação do mal?

O mundo ainda está subjugado pelo crime, mas chegou a hora do combate, da luta final entre as duas forças contrárias do bem e do mal. Sim, o vício e a virtude, os dois gênios opostos, disputam a terra. (Só faço acompanhar o texto, palavra por palavra.) É na França, terra eleita da Revolução, que eles travam combate, nessa grande época da história humana que fixará sem volta os destinos do mundo. Sim, a França é o teatro dessa luta temível. (O que está em jogo, notamos, é imenso. É escatológico.) A fundação da República não é um brinquedo de crianças; sua criação, no sentido próprio, exige a sabedoria, tanto quanto a força, que presidiu à criação do universo. Logo, é uma luta em escala cósmica, na qual o destino de toda a humanidade está comprometido, que opõe a Revolução a seus inimigos. A Revolução é o tempo e o lugar da passagem do reinado do crime ao reinado da justiça na terra. É uma época crucial da história humana já imortalizada por prodígios. A Revolução é o milagre desse povo que na França renasce, ressuscita, liberta-se da servidão e faz advir o reino dos justos. Sua conclusão será o triunfo da virtude que vai libertar definitivamente o gênero humano. Da Revolução, ao sair do caos, do rebuliço do universo ainda inacabado, sairá uma criação perfeita.

E vocês queriam saber das facções que lutam apenas pelo poder, dos conflitos, das rivalidades, das ambições? Não, a Revolução não depende dos homens, pequenos e inúteis, ela vai se cumprir sem eles e apesar deles: vejam os prodígios já realizados! Vejam o concurso da Providência! Vocês, intelectuais, pensavam que a Revolução seria o triunfo das suas ideias, o fruto da sua pretensa sabedoria? A Revolução está pouco se importando com os intelectuais e suas rapsódias mercenárias. A Revolução é o prodigioso combate do povo naturalmente bom, aliado das forças do bem e da verdade, contra os inimigos do povo, que combatem, estes, ao lado do espírito do mal, da mentira e da morte.

Quem teria imaginado? Vocês olham, perplexos, aquele homem todo engomado, duro e gelado... Escutam, forçando a atenção, a voz dele terrivelmente monocórdia... Reconhecem, sob aquela peruca empoada, o profeta dos tempos novos que, acima da tempestade, acima da erupção do vulcão, dirige com seu dedo levantado os exércitos do bem? Vejo que estão refletindo. Consideram, suspirando, a vida dele tão apagada. O que afinal ele realizou nestes cinco anos que mudaram o mundo? Nessa época, qual foi sua ação, qual foi seu papel de herói? Nesse sismo, qual foi seu drama? Ele continuou a redigir, com o mesmo cuidado, seus discursos, a lê-los na Assembléia de dia e de noite nos Jacobinos. Continua vivendo num quarto modesto, tomou pensão na casa de um marceneiro. Trabalha o dia inteiro. Dedica diariamente duas horas para caminhar, num passo rápido, no Campo de Marte. Vocês só vêem, na melhor das hipóteses, sua humildade, sua regularidade, sua imobilidade na tormenta... e, ousemos dizer, sua inação. Cheguem perto dele. Compreenderão que as convulsões da Verdade que o atravessam são forçadas nessa rigidez de mármore. Compreenderão que, quando se levantam os furacões do combate cósmico, aquele que mantém a ordem do mundo não pode ser agitado.

Quem teria imaginado? Vocês o escutam e não evitam um pensamento sacrílego: Robespierre não passa de um interminável discurso.

O mesmo. Um único tema e poucas variações. As mesmas palavras durante cinco anos, de sua eleição em 1789 até seu último discurso no 8 Termidor. Sempre o mesmo pensamento dualista e o combate, sem cessar repetido, do bem contra o mal. A virtude contra os vícios, a justiça contra o crime, o povo contra os inimigos do povo, os patriotas contra os estrangeiros, a verdade contra a intriga. A regeneração e a eternidade contra a corrupção e a morte; o Ser Supremo contra o ateísmo. E Robespierre, é claro, contra os bandidos, os celerados, os traidores, os conspiradores. Robespierre opondo-se a La Fayette, a Dumouriez, ao rei, a Barnave, a Brissot, aos girondinos, aos hebertistas, a Chaumette, a Jacques Roux, a Bailly, a Manuel, aos dantonistas, a Camille Desmoulins, a Carnot, a Cambon, etc.

Ah, vocês me dizem, enfim chegamos! O seu pretenso profeta é, na realidade, um esperto político, um ditador em potencial. Não nos enganam! Já vimos outros! Ele elimina os rivais, um após o outro, os familiares e os camaradas de luta mais próximos, e disfarça sua voracidade sob virtuosos discursos. Pois nada disso. Robespierre não disfarça nada, não faz virtuosos discursos. Ele é a Virtude que fala, a Verdade que guia, a Justiça que revela. Ele elimina os rivais? Não. Ele combate os inimigos do povo. Combate as forças do mal, já que o povo é bom por natureza. Ele é o povo bom às voltas com seus inimigos, numa luta mortal cujo desfecho, o da Revolução, da mudança definitiva, da passagem a outro tempo, decidirá o futuro de toda a humanidade. Luta de titãs! O bem progride. O mal, a corrupção, resiste ainda mais: "Os tempos que deviam dar vida aos maiores dos prodígios também deviam ser manchados pelos últimos excessos da corrupção humana. Houve entre o povo e seus inimigos uma reação contínua cuja violência progressiva operou em poucos anos a obra de vários séculos." Ele, Robespierre, rebaixando-se a rivalidades mesquinhas? Seu olhar, como Deus sobrevoando o dilúvio, abraça não só o tempo como o espaço: "Que a liberdade pereça na França e a natureza inteira se cubra com um véu fúnebre. O despotismo como um mar sem praias transbordaria sobre a superfície do globo. Logo cobriria as alturas do mundo onde está depositada a arca que guarda as cartas da humanidade." Ele, a ambição pequena de tomar o poder? "Não é por um povo que combatemos, mas pelo universo, sequer para os homens que vivem hoje, mas para todos aqueles que existirão. Queiram os céus que essas verdades salutares possam ressoar! No mesmo momento, as correntes do universo seriam rompidas." Felizmente, após terríveis desordens, após o fogo, o sangue e o caos, o desfecho está previsto: "Exterminaremos todos os nossos inimigos. Os destinos da república e os da terra foram pesados nas balanças eternas."

Não se pode pretender nem que ele se esconda, nem que se cale. Basta lê-lo, escutá-lo com atenção. Depois de reunir e unificar as forças do bem (os historiadores diriam em outros termos que ele conquistou todos os poderes), Robespierre abre o jogo. Os deputados e o mundo devem doravante saber qual é o objetivo da Revolução: um novo povo e uma nova religião. Não zombem, céticos. Olhem o homem pálido e severo que, da tribuna da Convenção, se dirige, em 7 de maio de 94, aos representantes do povo imóveis num silêncio de chumbo. Profeta trazendo as Tábuas da Lei, ele vem com os "princípios de moral política" e os "princípios republicanos" que vão guiar a Convenção. Ordena a homenagem nacional prestada à bondade e ao poder de Deus. Traz a Lei à Assembléia, que com ele divide a tarefa de guiar o povo, de levar o povo eleito naquela perigosa volta à terra prometida da liberdade originária. É Moisés que guia seu povo rumo à liberdade, é Paulo que liberta o homem da escravidão das paixões do corpo e da corrupção. Não sorriam, e menos ainda se não acreditarem. A lei que ele traz nos braços é a lei de Pradial.

Acreditavam-no morto, sacrificado em Termidor? Escutem-no na tribuna da Assembléia, com metade dos bancos vazios, escutem-no, pois o Incorruptível é imortal e, quando volta, é para fazer o julgamento da verdade. "Então, não entenderam nada? Acreditam honrar a minha memória xingando-me de hábil político? Descrentes! Cretinos! Confundem-me com esses ambiciosos sem inteligência nem bom senso, esses corruptos medíocres que pretendem agir e governar? Eu por acaso governei? Jamais. Eu, agitar-me, cuidar da guerra, do abastecimento, das finanças, da educação? Nunca me meti nessa indecência. Tudo o que participa do governo é corruptor. Tudo o que se refere ao governo é corrupto. Só o povo é bom. Que pena! Sempre o temi. Sempre temi que a minha memória fosse sujada pela política impura com a qual fui obrigado a conviver, mantendo-a à distância de meu desprezo. Eu não era representante do povo! Eu era o povo! Não foi tão fácil, sabem; até um homem como eu, no início, pôde ser tentado pelo diabo. Agüentei firme. Renunciei a tudo, a qualquer vida, a qualquer ambição, dediquei-me à minha missão. Libertar o povo da corrupção. Devotei-me ao reinado do povo soberano, do povo justo e bom. Ao advento do reino dos justos.

"Em que mãos caíram minhas biografias! Filisteus! Dizem que propus aos *sans-culottes* o abandono da luta de classes em troca da virtude!

Céus! O que se é obrigado a ler! Eu quis que o povo francês herdasse esse reinado que está previsto para ele desde a fundação do mundo. Descrentes incultos! Escribas imbecis! Reconhecem aqui o Evangelho? Leram ao menos Mateus? Sabem o que é a regeneração? "Quando o mundo se *regenerar*, diz Jesus, o Filho do Homem julgará sobre o trono de luz, e aquele que, em meu nome, tiver tudo deixado herdará a vida *eterna*."

"Na noite de minha eleição... toda a cidade de Arras estava nas ruas, na praça principal, e nos aclamava, nós, os doze deputados. O sol ia se pondo, filtrou por debaixo das nuvens um daqueles magníficos raios de luz que às vezes iluminam um céu de tempestade. No mesmo momento ouvi a voz majestosa do grande Jean-Jacques Rousseau: o povo nasceu livre, dizia ele, e por toda parte está subjugado. O homem nasceu bom, e por toda parte o corromperam. Ó voz de meu mestre adorado! Tu me falavas, e eu era atravessado, transportado. Não tocava mais no chão. Compreendi que tu me transmitias, desde a imortalidade em que enfim tinhas encontrado teu lugar, a tarefa que o Eterno me confiava. Eu tinha sob os olhos esse povo magnífico, reunido na praça e feliz. Entendi que devia guiá-lo na regeneração que nos era prometida. Entendi que, no seio do povo francês, Deus havia escolhido a mim, o representante dos mais pobres, o deputado dos sapateiros, para ser seu profeta. Aceitei com humildade minha missão.

"Funesto efeito da filosofia materialista! Sempre pressenti isso. Os filósofos das pretensas Luzes, aquela seita de ateus, eu tinha razão de odiá-los. De temê-los. Sabem ainda o que é a redenção? Em que escuridão estão mergulhados! Esqueceram a promessa de libertação? A esperança de encontrar a felicidade originária, a inocência de antes da corrupção? Sabem o que significa a regeneração prometida? Engendrar novamente! Recomeçar a criação! Retomá-la, como recomeçamos, como retomamos uma obra imperfeita. Uma criação incorruptível, desta vez! Uma regeneração realizada pelo Juízo. Vocês me desesperam. Como poderiam me compreender, vocês que desprezam o Juízo Final? A separação dos bons e dos maus?

"Vocês, que pretendem me amar, xingam-me de burguês. Fariseus! Ousam atribuir-me preconceitos de classe. Escribas mesquinhos, que ousam me falar de meus preconceitos quando são vocês que expurgam meus discursos! Que têm vergonha de minhas façanhas! E vocês outros, que me detestam, que se deleitam com a minha mediocridade, com o meu caráter cruel, talvez até com a minha covardia! O que vocês fizeram da vida? O que arriscaram? O que propuseram ao mundo? O que inventaram? Defenderam? Pobres imbecis, sem imaginação, sem alma, sem coração! Reprovam-me por ter vivido nos discursos, e vocês que nunca saíram do escritório. Discursos, acreditam, quando eu obtinha a cabeça de Danton? Discursos, quando eu enviava os generais à guilhotina? Quando decapitei a Comuna? A cada vez pus a minha vida em jogo. A cada vez eu domava a Assembléia e jogava a minha cabeça. Palavra após palavra, frase após frase, eu os segurava, eu os conduzia, e se tivesse derrapado, manifestado a mínima fraqueza, cometido o menor erro, se tivesse vacilado um só instante, o bicho feroz que era a Convenção me saltava à garganta. Eu trouxe a eles a lei, eu sabia que um dia eles se revoltariam e me matariam. Minha lei era severa mas justa. Mataram-me. Sacrifiquei-me em vão. Vocês não entenderam nada.

"França, França, matas os profetas que te são enviados. Eu trouxe ao povo os mandamentos. Trouxe à França os princípios eternos de sua redenção: a verdade, a justiça e o amor da pátria. As três virtudes, que fazem a Virtude necessária à república. O mundo deve mudar e progredir. Aperfeiçoei, portanto, as virtudes teologais, a esperança, a caridade e o amor. Vocês não entenderam nada. A esperança cristã de imortalidade? Fiz melhor: impus a *verdade da imortalidade*: por decreto. Por decreto da Assembléia, em 7 de maio de 94. A caridade? Instituí sua aplicação. A caridade aplicada segundo a lei é a *justiça do povo*. Mandei aplicar a caridade rigorosa, inexorável, por humanidade. A caridade é punir os maus, alcançar os culpados, para salvar os bons e aliviar os infelizes. É exercida pelo Tribunal Revolucionário. Quanto ao *amor da pátria*, que também é o amor da verdade e da justiça, ele sozinho contém o dogma republicano, como o dogma cristão condensava-se no amor. Amarás a pátria como a ti mesmo. O amor da pátria basta: combate todos os vícios, como o egoísmo, a cupidez e todos os outros. O amor da pátria é a vontade geral que prevalece sobre o interesse particular. O amor da pátria é por si só a Virtude.

"Vocês repisaram bastante os princípios de justiça e verdade! Esse corrupto de Mirabeau zombou bastante de mim! Senhor de Robespierre, dizia ele sorrindo finamente, confunde a eficiência com a exaltação dos princípios. Debochado! Conhecemos aqueles que querem aviltar os grandes princípios, os princípios eternos. Mas vocês... até vocês, meus amigos! que pretendem me admirar! Vocês não entenderam nada. Não existe outra eficiência a não ser esses princípios: eles são, como as virtudes teologais, os princípios de salvação! A verdade e a justiça libertam a humanidade! Arrancam-na à corrupção, à servidão, aos vícios e ao crime dos quais ela – infelizmente! – ainda permanece escrava. A salvação! Fariseus, ignaros! *A salvação que liberta e que salva* as almas e o povo! A salvação pública. Imbecis! Eu os guiava rumo à salvação nacional, vocês entendiam segurança nacional! Eu lhes falava redenção, vocês estragaram tudo pensando em vulgares operações de polícia. A lei de Pradial era a mais santa de todas as leis, a lei da salvação. O que fizeram dela?

"Vocês são os filhos daqueles que mataram os profetas. Vocês continuam a tapar os ouvidos. Mas direi mais alto ainda o que em vão repeti cem vezes na Convenção: qual é o objetivo da Revolução? *Um povo livre!* Um povo que usufruirá da felicidade de sua liberdade e soberania. O mundo muda. A humanidade progride. Chegou a hora de a palavra se cumprir. A promessa antiga hoje se realiza, se experimenta, no tempo presente, sobre o povo francês. Vejam-no que se liberta! Ele se levanta, reencontra sua bondade, seu vigor, sua moral. Retoma seu caráter: enérgico e sábio, temível e justo. Recupera sua virtude natural. Regenera-se. Ainda é preciso combater os traidores, os celerados, que se dissimulam sob máscaras enganosas, escondem-se em nosso seio e esforçam-se para fazê-lo recair na corrupção do passado, para corromper seus modos, sua moral, sua natureza. Ainda é preciso *salvá-lo* das forças do mal, isto é, de seus inimigos e de seus próprios erros.

"Desejo ardentemente que minha memória seja reabilitada, e perdoem-me se insisto, espero tanto que cesse enfim a injustiça com que me oprimem. Escutem-me enfim, chego até vocês despojado de toda eloqüência na esperança de ser enfim ouvido. O sentido da Revolução? O poderoso movimento da volta à criação originária. Seu termo? Um povo regenerado, enfim livre de toda corrupção. Livre dos tiranos e livre do mal. Os princípios de sua ação, os meios da mudança? As virtudes redentoras, a verdade e a justiça. Na prática? A lei de Pradial e o Tribunal Revolucionário. Pois a lei de Pradial é a justa justiça, que separa os bons dos maus.

"Lembrem-se sempre de que não há outra lei que a da salvação. Foi o que nos anunciou o apóstolo Paulo, e é o que lhes digo também. Essa lei, eu a trouxe ao povo francês. A mesma lei, que ordena ao povo reconhecer seu Deus, persegue os inimigos de Deus. Os inimigos de Deus são os inimigos de seu povo. Os inimigos da humanidade. É preciso aniquilá-los.

"Eu trouxe aos franceses a mais santa de todas as leis. Eu quis, melhor que a salvação individual, a salvação coletiva, a salvação do povo.

Acorrentar as paixões pelas leis e levar o povo rumo à glória da perfeição eterna, rumo às alturas de seu eterno destino. Eliminar todo rastro de corrupção. Depurar. Não dar trégua a qualquer rastro de imoralidade corruptora. Eliminar sem piedade, aniquilar o impuro, o corrupto e o mais corruptor de todos os males, o ateísmo. Acreditei, por um instante, ter tido êxito em minha missão. Com orgulho devolvi a Deus seu novo povo, modelo para todas as nações. E o povo feliz homenageou, ó Eterno, a sua força e a sua bondade. Parecia, no dia da Festa do Ser Supremo, que o crime não existia mais na terra. Que lástima!...

"Fariseus! Ateus! Vocês tinham olhos, mas era para não ver. Tinham ouvidos, mas era para não ouvir. Não quiseram me reconhecer. Eu era apenas o instrumento da libertação final da humanidade, o profeta do Ser Supremo. A voz da verdade e da justiça. Ouço-os murmurar nas minhas costas: "Acusador furioso! Denunciador! Juiz impiedoso!" Mas quem é você para me falar de piedade quando a justiça de Deus deve decidir? O julgamento derradeiro, a Justiça, pronuncia a eterna verdade. O julgamento de Pradial separa, num único olhar, sem ter de ouvi-los, os bons e os maus. Por que vocês me falam de processo? O Tribunal Revolucionário tria a imoralidade e a virtude. Ali presidem a Verdade eterna e a Justiça eterna. A inocência ali se apresenta sem medo. Aos jurados patriotas, basta um olhar para reconhecer os justos e para separar o dejeto.

"Serpentes! Raças de víboras! Inimigos do povo! Como vão fugir do Juízo? Vocês se disfarçam sob roupas enganosas. Pregam o bem e fingem fazer bem. As forças malignas são tão espertas quanto más, mas não sou bobo. Detecto a hipocrisia, desmascaro os complôs. Adivinho em que milícia se recrutam os agentes do mal, em que facção se escondem. Designo-os, um após o outro, denuncio-os.

"Danton? Danton, que sorria de piedade à palavra eternidade! Danton, cujo sistema era aviltar o que pode elevar a alma! Fabre d'Églantine? Nenhuma virtude! Os girondinos? Queriam banir o nome do Ser Supremo! Hébert, o raivoso, e Manuel, e Chaumette, e a Comuna Parisiense, e Cloots? Todos fanáticos descristianizadores! Jacques Roux? Um sacerdote sacrílego, com tendências à blasfêmia! Os organizadores de mascaradas anticlericais? Aristocratas, perfeitamente, aristocratas disfarçados, hipócritas e sorrateiros. Sim, todas as diferentes facções, sob uma máscara diferente, tinham se coligado com o mesmo objetivo: depravar o povo. Enfraquecer sua virtude natural e sua energia moral. Corrompê-lo pela imoralidade. Os inimigos do povo são os ateus."

Evidentemente, há com o que ficar surpreso. Os deputados da Convenção deviam estar mais espantados que nós, pois a história da Revolução era de qualquer modo a deles e, nesses últimos meses, eles tinham pagado seu tributo de cabeças. Era preciso ouvir para crer! Ouvir que Hébert, chefe de fila dos raivosos, era cúmplice dos girondinos, ele que lutara tanto contra eles! Ainda tinham nos ouvidos suas diatribes odiosas. Ouvir que os extremistas conspiravam com os indulgentes! Que Danton, que de seu lado havia amplamente contribuído para a exclusão dos girondinos e a liquidação de Hébert, na realidade caminhava com eles de mãos dadas! Pois é! Todos recrutados nas tropas do exército do mal, na grande coalizão dos inimigos do povo. Todos ativando-se para corromper o povo.

Facções rivais? Não. Máscaras diferentes da mesma corrupção. Todos, imorais. Todos, ateus.

Como os deputados da Convenção puderam aderir a essa extravagância? Ah, nem todos acreditavam na corrupção do ateísmo... mas estavam todos certos de que a imoralidade é corruptora. Cada um pensava: não sou, pessoalmente, inteiramente digno de nossa grande missão, mas todos prosseguimos.

Eles prosseguiam. Dirigiam a tormenta. Tinham por tarefa regenerar a humanidade, libertá-la. Combatiam com o infinito. Vocês acreditam que tais objetivos sejam perseguidos de cabeça fria? Vejam David, tão próximo de Robespierre, olhem bem seu auto-retrato de 93. Um rosto de paixão, insônia, desregramento, força imensa voltada para uma ideia fixa, um furor nos olhos. Nem repouso nem trégua. No momento em que ele se pinta, ele se olha num espelho: com uma vontade feroz. Ah, os místicos não erguem os olhos ao céu, na direção das guirlandas de anjinhos. Os homens dessa têmpera, os homens de energia, de combate, quando se elevam para o ideal, têm esse olhar. Os deputados da Convenção, em 94, tinham esse rosto. Nada lhes parecia impossível. Eles iam acabar com a injustiça, a opressão. A guilhotina? Depurar-se? Um sacrifício a ser feito para elevar-se à altura de uma causa sublime, à dignidade da tarefa diante da qual não se esquivavam. Afastar-se, tanto quanto possível, da imoralidade, do mal, da maldade do homem. Eliminar o que ainda restava de impuro, de corrupção antiga, o que ainda resistia ao impulso magnífico de renascimento, de criação inaudita: um povo livre! Como não se dedicar a isso, a isso sacrificar a vida? Todos se sacrificavam. Não podiam deixar de pensar em Danton, em Camille Desmoulins, que eles tinham enviado ao cadafalso. Danton, aquele ser imoral, materialista, ateu!

fulminara Robespierre. Pensavam neles como em irmãos humanos, como neles mesmos. Sim, impuros, Danton e Desmoulins. Danton, loucamente apaixonado por uma jovem. Desmoulins, apaixonadíssimo por sua Lucile. Um e outro presos inteiramente pelo impulso vital, sensual, daquele que pressente que vai morrer. O que pode ser mais emocionante que esses homens jovens em quem a vida resistia à morte e desabrochava no instinto do amor de todo ser vivo; que esses homens jovens que, em plena vida, se tinham resignado a morrer dignamente? Eles também estavam dispostos a se sacrificar, aos 30 anos, em plena vida. A ter a cabeça cortada no altar da liberdade dos povos. A sacrificar a vida de corrupto à inocência do povo.

Com entusiasmo, escutavam Robespierre: "Queremos cumprir os votos da natureza, realizar os destinos da humanidade... Que a França se torne o modelo das nações, e que ao selar nossa obra com nosso sangue possamos ver pelo menos brilhar a aurora da felicidade universal. Eis a nossa ambição, eis o nosso objetivo.

Eles nunca acreditaram na culpa de um Danton ou de um Hébert. Agentes do exterior, traidores, conspiradores contra-revolucionários? Quem poderia engolir isso? O próprio Tribunal Revolucionário, que os havia expedido um após o outro num processo tão mal feito que deixara corado o Terror, não acreditava naquilo. Mas todos acreditavam na inocência originária do homem e na liberdade originária do povo. Todos acreditavam que eles deviam separar-se da corrupção fundamental de todo governo, que ainda lhes colava na pele. Acreditavam naquilo ainda mais porque essa corrupção era uma construção imaginária. A inocência do povo era imaginária. O conjunto do povo originário estava vazio e o dos inimigos do povo, dos corruptores, dos corruptos, ia na direção do infinito.

Vocês encontrarão aí o princípio da eliminação dos camaradas e dos membros eminentes do partido, das liquidações e das "vaporizações" dos líderes históricos de outras revoluções. Encontrarão aí também o sentido do sacrifício pessoal deles.

Havia um, no entanto, que garantia a inocência originária e ideal da Revolução: o Incorruptível. Perfeitamente fixo. Perfeitamente impassível. Perfeitamente imutável. Eles tinham se adaptado à urgência e à necessidade. Tinham esquecido suas antigas certezas, modificado o pensamento. Robespierre, desde sempre, enunciava os mesmos princípios, com as mesmas palavras. Como não segui-lo?

Seguiam-no. Olhavam-no mais que o escutavam, fascinados, hipnotizados. Robespierre era a exceção. Nada o havia abalado. Nem os acontecimentos, nem a subida ao poder. Que viradas radicais não sofrera! Uma vida inteira de emoções, medos, exaltações, cóleras, triunfos, amarguras, lutos, em poucos meses. Robespierre nunca variara. O mesmo uso do tempo, regrado, sem surpresa e sem lacuna, o mesmo trajeto, de seu quarto à Assembléia de dia, do quarto aos Jacobinos de noite, e duas horas de caminhada cotidiana num jardim público. Percurso repetido, previsível e imutável, como o traçado perfeito dos astros acima da agitação humana.

Ele não fora talhado numa matéria grosseira, como os homens comuns, como eles. Não deixava que as paixões o pegassem, não se abandonava ao prazer. Não tinha atração pelas mulheres nem gosto pelo dinheiro. Nunca cedera ao desejo nem aos sentimentos. Nenhum entrave terrestre. Era puro devotamento à coisa pública (que nenhum interesse privado desviava), puro julgamento (que nenhuma afeição alterava), espírito elevado e alma pura (que nenhuma paixão pesava nem rebaixava). Mais ainda que puro cidadão, ele era a encarnação da pureza. Era o Incorruptível, inclusive nas bizarrices, no caráter solitário, nas maneiras chatas, na roupa fora de época, na limpeza meticulosa, na roupa branca impecavelmente passada. Insensível às modas e às desordens do tempo, fazia questão de ser tratado por *vous*, do pó-de-arroz. Não tinha nada a esconder sob uma nova aparência nem nada a cortar do passado. Não precisava se disfarçar de homem novo. Sempre fora o Incorruptível, desde sempre: o homem de antes da corrupção pela sociedade, o único que, de toda eternidade, não teria sido corrupto. Era o fiador de uma Revolução em movimento que, indo para a frente, para o futuro melhor, retornaria à virtude originária do homem de antes da falta. Ele garantia a eternidade do incorruptível, encarnava o ideal da Revolução de que era o profeta e afirmava todos os dias que seria sacrificado.

Como teriam a ele resistido? A paixão mística, a ambição messiânica e o devotamento sacrifical ao bem universal, reunidos num homem, tinham encontrado o sismo de uma época, a mudança política radical desejada por toda uma sociedade, carregada por uma imensa energia e uma esperança desmedida. Acaso excepcional, em que se confundiram o destino histórico de Robespierre e a fatalidade histórica da Revolução.

O INCORRUPTÍVEL EM AÇÃO OU A REVOLUÇÃO

A conspiração dos impuros

Não foi por medo que os deputados da Convenção seguiram Robespierre até ratificar a demência da lei de Pradial. Com efeito, estavam aterrorizados, mas pela virtude. É quase impossível resistir ao terrorismo da virtude. Para isso é preciso armar-se de sólida reflexão ou estar desprovido de culpa. Robespierre acabou caindo porque se chocou com um homem imprevisto, que não estava dividido pela consciência: Joseph Fouché.

Fouché! O perfeito corrupto para o incorruptível que vela em cada um de nós e que sempre pronunciará sobre o mundo um julgamento fulgurante. Apaixonante personagem. Charles Nodier, que passou vários meses em Trieste, em 1813, sob sua proteção, descreveu-o com admiração e até com ternura. Balzac o admira ainda mais: "Esse singular gênio, que é pouco conhecido, um dos homens mais extraordinários e mais mal julgados deste tempo, possuiu mais poder sobre os homens que o próprio Napoleão." Stefan Zweig lhe dedicou uma biografia que é uma homenagem: "Esse homem que, num duelo de ordem psicológica, venceu um Napoleão e um Robespierre..."

Tanto Mirabeau, o "corrupto", se opõe ao Incorruptível traço por traço, tanto Fouché poderia ser dele o duplo segredo: um Robespierre devolvido à lucidez, desiludido e para sempre desprezador. Aliás, ambos desprezam os homens, a natureza humana. Um os mata por despeito, o outro, para sempre desencantado, deles se serve. Imagino Robespierre contemplando-se no espelho onde gostava de se admirar e vendo surgir, no lugar de sua imagem, o rosto lívido de Fouché. Ele recua, assustado. A mesma dureza, a mesma figura pálida e imóvel. A mesma frieza nos olhos, a mesma imobilidade de mármore. Mas Fouché é tão feio! Magro, espectral, ossudo e anguloso, o nariz incisivo, os lábios pinçados.

Conheciam-se muito bem. Fouché era cinco anos mais jovem. No outro tempo, no outro mundo, tinham até sido amigos próximos, na Academia de Arras! Um e outro habituados desde a infância à pobreza, à solidão, à austeridade, ao estudo. A mesma tez branca dos pensionistas reclusos e dos ascetas. Ambos, cada um à sua maneira, homens da Igreja. Fouché, criado entre os oratorianos, trazia a tonsura e o hábito, mas não pronunciara seus votos. Aos 20 anos, brilhante aluno, tornara-se preceptor nos seminários. Uma vida de disciplina, silêncio, dissimulação. Fouché, desprezando os prazeres, ardia sob uma máscara impassível de uma paixão estranha à maioria dos homens e que ainda não lhe havia sido revelada. Os dois jovens tinham tudo para se entender. Fouché fez a corte a Charlotte, a irmã de Robespierre, e falou-se de noivado. Depois, não se falou mais. Em maio de 1789, Fouché emprestou a Robespierre alguns luíses para que comprasse uma roupa e viajasse para Versalhes. A Revolução levou então cada um para seu destino. O jovem Fouché abandonou a ordem, foi casar-se em Nantes e de lá voltou deputado da Convenção. Tinha então 29 anos. Não se guardou rastro de nenhuma relação nem inimizade entre os dois homens até a primavera de 94.

Em 7 de maio de 94, quando Robespierre levou a lei moral à Assembléia, ele também fez a longa lista dos traidores da Revolução. A maioria dos acusados tinham morrido. Não se tinha mais com que se preocupar. Houve no entanto um, bem vivo ainda, que se sentiu perigosamente visado: "Quem é você, você que se erige em apóstolo ardoroso do nada? Quem lhe deu a missão de anunciar ao povo que a divindade não existe? Personagem artificioso! Quer que uma força cega ataque ao acaso o crime e a virtude, quer confundir o destino dos bons e dos maus..."

Apóstolo ardoroso do nada! Fouché se reconheceu perfeitamente. Ardoroso, o imperturbável e hierático Fouché? Pior ainda. Frenético. Em 93, na urgência, a Convenção havia delegado nos departamentos deputados em missão, munidos de plenos poderes. Fouché partira para a Nièvre. Suas qualidades, insuspeitas num antigo monitor de seminário, revelaram-se. Tão logo chegou, decretou o terror na ordem do dia. Requisitou, estabeleceu um imposto sobre os ricos, organizou uma assistência aos indigentes, acelerou a produção das fábricas, convocou milhares de recrutas que enviou ao exército todos equipados. Enviou à Convenção um enorme tributo de ouro e prata, "esses metais corruptores, purificados pelo fogo". Tanto quanto qualquer um, pegava carona no discurso da regeneração. Isso sem guilhotina. Sua eficácia foi admirada e felicitada. Citaram-no como modelo dos representantes em missão. O tesouro de guerra fora pilhado nas igrejas. Com que raiva, que jubilação ele havia pisoteado os símbolos da religião e da hipocrisia que haviam sufocado sua juventude! Que paixão, que fúria naquele homem magro de aparência tão reservada! A cavalo, à frente da cruzada de descristianização, um martelo na mão, ele conduziu operações de destruição. No púlpito, em igrejas limpas das lembranças do culto, pregou o ateísmo. Mandou gravar na entrada dos cemitérios: "A morte é um sono eterno." Batizou, civil e publicamente, a filha, à qual deu o nome de Nièvre! Fez autos-de-fé de crucifixo e casulas, carnavais blasfematórios, paródias de procissões com um asno coberto por uma mitra, enfim, todas as espécies de loucuras. Não era o único, então, a inflamar-se com a descristianização. Esmaguemos o infame! A corrupção da antiga superstição! As perseguições, a censura, a Inquisição!... O calendário revolucionário, que abolia a era cristã, participava dessa regeneração radical.

Fouché não enrubescia com sua exaltação sacrílega. Se Robespierre tivesse evocado Lyon, talvez ele tivesse ficado abalado. Após seu grande sucesso de Nevers, Fouché fora delegado na cidade rebelde e contra-revolucionária, provido de um mandato imperativo: tudo destruir. Com seu colega Collot d'Herbois (espécie de brutamontes de uma violência incomparável, segundo Barras), mandaram metralhar a população e jogar os cadáveres no rio Ródano. Metralhador de Lyon! Napoleão lhe jogava isso na cara em seus momentos de cólera.

Robespierre só falava de ateísmo. Que bobagem! Toda essa pregação sobre a religião e a moral dava nojo a Fouché, mas não era o pior. Os anátemas pressagiavam uma nova depuração. O que fazer? Organizar uma oposição a Robespierre. Atacar. Até então, ninguém sequer ousara pensar nisso. Robespierre, por sua vez, que via complôs por toda parte, jamais teria imaginado que o padrezinho que largara a batina, o antigo tonsurado de Arras, de cara tão desprezível, desprovido de eloqüência, ousaria colocar-se em posição de rivalidade com ele. Fouché era, no entanto, o único capaz de urdir a conjuração que culminou em Termidor.

Ameaçado, teve medo, mas não estava hipnotizado pelo profeta da virtude. Conhecera bem demais o pequeno advogado. Bem mais: o antigo oratoriano ouviu com um ouvido prevenido o evangelho robespierrista. Sem ser notado, ativou-se. A atividade subterrânea de

Fouché! O próprio Napoleão, mais tarde, a ela não resistiria. Em quatro semanas, conquistou uma das praças-fortes de Robespierre: foi eleito presidente do Clube dos Jacobinos! Era 6 de junho de 94. A guerra estava declarada. Robespierre, surpreso, replicou imediatamente. Em 11 de junho, nos Jacobinos, acusou violentamente Fouché, que presidia a sessão. O Fouché de Nevers foi acusado de ateísmo e materialismo, de conduta sacrílega e blasfematória. O Fouché de Lyon era culpado... de indulgência! A corrupção nem sempre é o que pensamos. Fouché, esse horrível corrupto, não é? Sim, sim, sim. Fouché, esse nojento ateu.

Fouché, desnorteado pelo ataque, iniciou uma retirada precipitada e sem glória suspendendo a sessão. Não foi mais visto nos Jacobinos. Vencido, eliminado, tão rapidamente? Ele, na verdade, preparara outra ofensiva, com uma intuição que força a admiração. Foi de fato a inteligência da conspiração dos impuros. Os impuros? Aqueles que resistiam à regeneração purificadora. Os rebotalhos da regeneração do povo de justos, os proscritos da nova lei, os ateus e os imorais. Os termidorianos.

Os impuros? Acreditavam na Revolução, mas mais na santa missão com a qual tinham sonhado junto com Robespierre. Não foram caluniados! Ninguém gosta dos termidorianos. São censurados por terem traído, assassinado o salvador. É verdade. Robespierre, na emoção de seu último discurso, de seu testamento, em que lega sua verdade e sua morte, em sua loucura mística e sacrifical, é o maior. Ele encarna o ideal sacrificado. Os termidorianos carregam o peso de sua execução, o peso de nossa vergonha e de nosso lamento por sermos apenas simples humanos, que querem simplesmente permanecer humanos. Por ter dito não a essa desmedida que consistia em querer transformar os homens, por ter tido a lucidez de a isso renunciar e a coragem de a isso se opor, que os termidorianos sejam também agradecidos. Eles também tinham 30 anos, tente compreendê-los, não eram nem bandidos, nem celerados, nem traidores, mas homens jovens precocemente amadurecidos, ainda vibrantes e chamados brutalmente ao real.

Os impuros! Ateus. Homens de ação. Fouché os encarna perfeitamente. Os antigos representantes em missão, que haviam sido chamados de volta a Paris. Os missionários leigos da república. Acabavam de voltar. Olhavam a Assembléia com estupefação. Saíam de uma prova imensa, na qual tinham sido mergulhados de um dia para o outro, sem nenhuma preparação: na urgência, decidir tudo, administrar, julgar, legislar, reinar! Ninguém lhes pedira discursos, mas, em plena guerra, que pusessem as mãos na lama e no sangue, e resultados. Tinham agarrado a realidade. Tinham em alguns meses encontrado mais homens do que encontramos num século: pois tratava-se de vida e morte, e o encontro, mesmo breve, era profundo. Alguns tinham se inebriado de ação. Outros tinham tomado gosto pelo poder. Todos saíam de uma experiência muito forte, na qual continuavam a pensar noite e dia. Tinham a certeza de ter, por sua enérgica ação, contribuído para salvar a República. De volta à Assembléia, os estragos da depuração lhes saltaram aos olhos. Os bancos vazios. Danton! Guilhotinado. A apatia dos colegas, o silêncio petrificado, a atmosfera irreal, fúnebre, os assustaram. Tinham a impressão de que chegavam do mundo real na casa de gente que havia sido coletivamente hipnotizada. Só ousavam falar entre si do sentimento de estranheza e mal-estar, da impotente lucidez e do medo. O Comitê de Salvação Pública queria ouvi-los. Quem os defenderia se por infelicidade resolvessem acusá-los? Barras, que contribuíra para a libertação de Toulon, e Tallien, que voltava de Bordeaux, de imediato se associaram a Fouché. Tallien? Apaixonado por uma bela suspeita encarcerada. Impuro! Barras? Homossexual. Impuro!

Voltaram-se para os homens de ação dos comitês, exasperados por ouvir o Juiz denunciar os que se matavam para governar, dentre eles Carnot na guerra e Cambon nas finanças, rebeldes a todas as pregações. Ativos? Comprometidos. Impuros! Por um acaso que teve talvez sua importância, Carnot também vinha de Arras. Zombava do jovem inexperiente da academia, do juizinho de Igreja que sempre se achara o defensor dos fracos. Em compensação, abriu sua porta para Fouché, de quem sempre gostara. Enfim, Fouché encontrou aliados no clã dos laicos, dos materialistas e dos filósofos. Impuros! Vadier, por exemplo. Vadier e Fouché descobriram ter uma intimidade repentina, uma cumplicidade total: Vadier era um ateu raivoso. Eles conversaram em segredo. Vadier, que estava no Comitê de Segurança Geral, trouxe a informação. Fouché teve a ideia da bomba. Começaram-na juntos.

A bomba explodiu em 15 de junho: nove dias após a eleição de Fouché para a presidência dos Jacobinos, sete dias após a Festa do Ser Supremo, quatro dias após o revide fulminante de Robespierre. Não se perdia tempo. Em 15 de junho, Vadier, em nome do Comitê de Segurança Geral, apresentou oficialmente à Convenção um relatório que, para falar a verdade, estranhamente, não revestia nenhum interesse. A Assembléia o escutou, antes de mais nada, num silêncio educado.

Vadier não tinha nada a ver com os colegas. A começar pela idade, antes de mais nada. Aproximava-se dos sessenta. Juiz na Ariège, já fora eleito para os Estados Gerais em 89. Um velho da velha guarda. Gozava de uma saúde e uma energia de garoto: voz poderosa, sotaque forte do Sudoeste, rosto quadrado, queixo largo, olhos vivos sob espessas sobrancelhas horizontais, bochechas cheias e uma corpulência de *bon vivant*, abundante cabeleira estriada de branco, respirava o bom senso e a solidez. Era um republicano convicto, feroz anticlerical e descristianizador, esteve mais tarde envolvido na Conspiração dos Iguais de Babeuf. Vale dizer que se sentava à esquerda da Montanha. (Para dar uma pequena ideia de sua vitalidade, assinalemos apenas que morreu aos 92 anos. Ficou tão indignado com a Restauração que voltou como deputado durante os Cem Dias, aos 80 anos!).

Vadier, então, pediu à Convenção que se interessasse por um complô que chamara a atenção do Comitê de Segurança Geral: o complô da mãe de Deus. Uma velha senhora animava uma seita que era freqüentada por um protegido de Robespierre, um cartuxo predicante. A mãe Théot, a mãe de Deus, também fazia profecias, guardando em casa uma poltrona vazia para o "Salvador". Ela conhecia as épocas da humanidade, e após o tempo da Revolução, o da morte dos reis, após a reunião dos povos e o combate do anjo exterminador, advinha o tempo dos eleitos e "a felicidade geral vigiada pelos profetas". O governo dos profetas havia chegado. O primeiro, o filho do Ser Supremo, a encarnação do Verbo divino, o Redentor, o messias, era, imaginamos... Robespierre.

A Assembléia ficou desorientada. Vadier lia seu relatório sobre segurança com um ar incrivelmente sério. Barrigudo, bonachão, continuava, imperturbável, com seu sotaque jovial, sobre a encarnação do Verbo divino. De repente estourou... um enorme riso descontrolado. Gargalhadas em todas as tribunas, de cima a baixo, em toda a Assembléia. Impossível controlar-se, parar. "Sob o cutelo da guilhotina, ainda teriam rido."

É Michelet quem conta esse episódio e faz bem em prestar atenção nele. Não se ria há muito tempo. Certos deputados não dormiam em casa com medo de serem presos de madrugada. O que os fazia rir? Com um riso sobretudo incontrolável, cataclísmico?

A suspensão do recalque. Algo acaba de surgir. Eles já sabiam e queriam ignorar. Algo acaba de ser dito, de surpresa. Sobre Robespierre? Não. Algo deles mesmos. Que brincadeira! Eles, os filhos da filosofia e das Luzes! Eles se sacrificaram de corpo e alma em vista de um tempo messiânico! Acreditaram no messias! E os risos recomeçam mais fortes. Que farsa! De que ilusão coletiva foram eles o brinquedo! Riem de chorar.

Admiráveis, os revolucionários da Convenção. Admirável, o pensamento daquele século. Sabem como reagiram, rindo ainda, e o que decidiram num formidável entusiasmo? Mandar imprimir o relatório e enviá-lo, segurem-se, às quarenta mil comunas da República, às administrações, aos exércitos. Tiragem de cem mil! Eles sabiam, agora. Queriam que fosse sabido, em toda a França.

Falem-me da salvação! Da felicidade do povo vigiado pelo olho de Robespierre! Digam-me isso de novo: "Pela vitória, sejamos um povo de justos!" Falem-me da Revolução libertadora! Dos hinos ao Ser Supremo, da ressurreição do povo virtuoso e do Incorruptível, Juiz e Salvador! Salvação moral? Ditadura da virtude? Imagine! A ilusão caíra, numa enorme gargalhada. E com os risos, a invulnerabilidade de Robespierre.

É claro, eles teriam sido incapazes de enunciar claramente o que acabava de ser libertado nesse enorme riso; mas estavam tomados pela irrupção da verdade inconsciente. Não entendiam tudo; mas estavam livres de um segredo obscuro e da ordem misteriosa à qual tinham cegamente obedecido. A insuspeita verdade, que até aqui só de leve lhes havia tocado a consciência, brotava de surpresa, por arrombamento. Leigos, patriotas, republicanos, tinham, sem saber, escutado e seguido a encarnação do incorruptível divino! Era de morrer de rir. Tinham feito tudo isso, cinco anos de revolução, combates, sacrifícios, tinham enviado os amigos ao cadafalso para inaugurar o reino dos virtuosos eleitos, a volta à Eternidade do bem. O reinado do Incorruptível. Aterrorizadora e insignificante revelação.

Esse instante, vejam, que os historiadores desprezam muito, é um dos mais fortes tempos da vida da Convenção. Ouso colocá-lo em paralelo com o grande dia dramático e primordial, 20 de janeiro de 93: a condenação à morte de Luís XVI. Em 20 de janeiro, numa atmosfera de grande dignidade trágica, durante trinta e sete horas, os setecentos e cinqüenta deputados pronunciaram seu veredicto, um após o outro. Subindo um a um na tribuna, num silêncio terrível, cada deputado enunciou sua sentença. Foi a morte. A Assembléia, com uma gravidade heróica, assumiu "a justiça e a salvação do povo", segundo os termos de Saint-Just e de Robespierre, que ganharam o veredicto. "Se Luís é inocente, então o povo é culpado", martelou Robespierre. Os deputados identificaram-se com a inocência do povo e julgaram o rei culpado. Esse dia fixou o destino da Convenção.

Em 15 de junho de 94, uma assembléia que, durante um ano e meio, ela própria se depurara, julgara, condenara à morte na pessoa de seus membros, em nome da justiça e da salvação do povo, cessou, num riso fulgurante, de estar hipnotizada pelo Juiz e o Salvador. Num episódio imprevisto, num entusiasmo desordenado e cômico, ela cessou de se identificar com a Justiça e a Salvação. Admirável época, com efeito. Aqueles homens estavam impregnados da filosofia racional do século. Não se ousaria esperar que os totalitarismos contemporâneos da "virtude" e da "justiça" desabassem hoje, num único instante, numa gargalhada.

Foi, nesse dia, o fim da Revolução robespierrista. A interrupção da lógica do Incorruptível. A maquinaria estava revelada. A mecânica da fantasia, de que todos tinham sem querer sido a vítima apaixonada, era atualizada. Riso de alívio: era só isso! Riso de derrisão: era só isso. Terrível e pacificadora desilusão. Eles não perseguiam mais o sonho da própria inocência exterminando os fomentadores.

Foi, nesse dia, bem mais que no 9 Termidor, a queda de Robespierre. O Incorruptível, a encarnação do Verbo – ó quanto! –, a encarnação do princípio do eterno, do imortal, da pureza, o messias da redenção do povo, brutalmente decaído, voltou a ser Robespierre, o colega atrabiliário e austero, vingativo e tinhoso. Robespierre foi despojado do mistério sagrado que o aureolava. A fascinação caiu. Robespierre foi no mesmo instante desnudado de sua aura de Salvador e destituído de sua autoridade de Juiz. Cessou de inspirar o terror. O Incorruptível sempre poderia vir à Assembléia pregar e acusar. Nunca mais eles acreditariam nas acusações de corrupção imaginária. Nunca mais acreditariam na própria inocência. Estavam prontos para o Termidor.

Robespierre não estava presente à sessão dos risos. Gostava de trancar-se no andar de cima, no escritório do Comitê de Segurança Geral. Ali ficava só, compulsando os dossiês, lendo as denúncias dos dedos-duros. Eterna lógica totalitária: o Juiz, que com um olho infalível separa os bons dos maus e aponta com um dedo inflexível os corruptos, pratica nos relatórios de polícia. Ele ouviu o rumor do alegre tumulto e, tomado por um triste pressentimento, foi, por um corredor estreito e sombrio, até o escritório vizinho do Comitê de Salvação Pública. Ali ficou sabendo a causa da agitação. Ouviram-no gritar em todo o andar. Foi tomado de uma cólera de deus ferido, arrancou o relatório e guardou-o consigo. Foi cuidar da ferida. Não reapareceu mais nos comitês, menos ainda na Assembléia.

A guerra atolou numa espera terrivelmente longa e cada vez mais angustiante. O que fazia Robespierre? O que preparava? Impossível adivinhar. Só saía de noite, para falar nos Jacobinos. Sentia-se mortalmente atingido? Parecia mais lento. Precisou de mais de um mês para obter dos Jacobinos a exclusão oficial do presidente do clube, Fouché. Robespierre usou de todo o seu peso. "Quem, ele ou eu – perguntou a seus fiéis – reduziu as facções?" Quem, ele ou eu... Podemos medir a influência de Fouché, repentinamente revelada: rival do Incorruptível! Difícil permanecer elegante quando se está lutando pela vida. Robespierre denunciou a feiúra do infeliz Fouché. "Sua sinistra figura basta para revelar seu crime!" O Incorruptível, sabemos, o Juiz derradeiro, sonda os corações e os rins num único olhar. Fouché foi, portanto, expulso dos Jacobinos por sua sinistra figura. Face de cadáver! De corrupto! A eliminação dos Jacobinos era uma condenação à morte. Estávamos na noite de 14 de julho.

Os treze últimos dias foram um longo pesadelo. Os conjurados esperavam na angústia. Quando Robespierre voltaria enfim da Assembléia? O que aconteceria então? Teriam forças para abatê-lo? Era, naquele mês de julho, em Paris, verão. Sufocava-se de calor, tanto de dia quanto de noite. Quem teria conseguido dormir? Era o Grande Terror. O Tribunal Revolucionário, aplicando a lei de Pradial, condenava num único julgamento grupos inteiros, os condenados eram às centenas enviados ao cadafalso. A população se emocionava, diante da juventude e da beleza das mulheres que passavam nas charretes. A cal virgem não chegava para a fossa comum; os habitantes de Picpus queixavam-se do fedor dos cadáveres. (O real da corrupção dos corpos resiste obstinadamente a toda lógica do incorruptível.) Nas prisões improvisadas, oito mil suspeitos esperavam julgamento. Fouché se escondia. Agia, no entanto, encontrava os impuros, montava com eles as engrenagens da conspiração, sem trégua nem descanso. Uma atividade de sonâmbulo, de autômato, prosseguida mecanicamente, sem fraquejar. A dor e a determinação não o deixavam um instante. A filha, a menor que ele mesmo batizara civilmente em Nevers, estava morrendo e ele não podia estar a seu lado, correr o risco de velá-la. Ele a enterrou no 6 Termidor, olhos secos, raiva no coração. Se Robespierre lhe tivesse vindo então falar da imortalidade da alma e da bondade do Ser Supremo, ele teria pulado em seu pescoço.

Robespierre devia saber, por seus espiões e seus relatórios de polícia, que um complô o visava. Qual seria seu revide? Ele se isolava. Fez uma peregrinação a Ermenonville, recolheu-se junto ao túmulo do grande Rousseau. Cercava-se da afeição da família de seu hospedeiro, o marceneiro, da ternura da filha mais velha, de quem diziam que ele estava noivo. Depois do jantar, lia para as crianças a *Profissão de fé do vigário saboiano*. Fazia alusões a seu pobre martírio. Escrevia, recomeçando sem parar, um grande discurso. Leu-o quando voltou enfim à Assembléia, no 8 Termidor. Seu último discurso. Num silêncio terrível, exclamou com veemência: "Não, não, a morte não é um sono eterno. A morte é o início da imortalidade."

Acusado pela Convenção e preso, tentou suicidar-se com um tiro de pistola. Foi guilhotinado na Praça da Revolução (hoje Praça da Concórdia). Terrível realidade! Uma multidão exultante olhou Robespierre passar. Os mesmos, na véspera ainda, traziam no peito a piedosa medalha de seu retrato. Tinha o queixo fraturado, a cabeça enfaixada e ensangüentada. Insultado pela alegria e as gozações, cercado por rostos deformados pelo ódio e felizes com seu suplício, o que pensou durante a interminável paixão de seu trajeto?

Em Paris, um sentimento universal de alívio explodiu com a evidência irrevocável da cabeça cortada e caída no cesto do carrasco. No entanto, após a execução subsistiu uma estranha e irracional inquietude: o temor quanto à sua ressurreição continuava a existir. Erguendo-se, pálido e determinado, pulando para fora da fossa comum num único salto, ele se levantava. A seus pés, os guardas adormecidos. Brandindo alto a espada da salvação pública, o olhar inflexível, em triunfo e em glória, o sacrificado ressuscitava como Juiz.

Renunciar à inocência

Fouché, um corrupto? Incorruptíveis de todos os horizontes, abandono esse extraordinário personagem ao desdém de vocês. A simpatia não aceita ordens, exceto que me oponho, com toda a minha razão, a que persistam em chamar Joseph Fouché de corrupto no momento de Termidor, na primavera de 1794. Continuar a lançar, ao acaso dos preconceitos e buracos de memória, acusações dessa espécie, tão realmente injustificadas quanto idealmente virtuosas, mantém o imaginário da corrupção e interrompe todo início de reflexão e análise. Fouché em 94, aos 30 anos, era o ardente e ascético convencional em missão que esperava da Revolução "a felicidade do povo, isto é, dos mais pobres". O que fez no 10 Termidor, após a morte de Robespierre? Retornou à Assembléia; foi sentar-se em cima, na Montanha. À esquerda. Ameaçado como antigo "terrorista", depois comprometido na Conspiração dos Iguais de Babeuf, escondeu-se e viveu num sótão dois anos de escuridão e pobreza, desesperado para conseguir alimentar a família. A mulher morreu de doença e miséria. Quem seria privado de alma e sentimento ao ponto de acreditar que a Revolução de 93 era feita para enriquecer?

Sim, os termidorianos, dentre eles Fouché, são "corruptos" – na lógica do Incorruptível. Pertencem a uma categoria, a um conjunto imaginário, do ponto de vista da incorruptibilidade imaginária do povo, da qual Robespierre é a um só tempo o representante e a encarnação. Os corruptos, a denunciar e depurar, garantem a existência do Incorruptível.

O grupo dos termidorianos conjurados, ateus, ativos, impuros – Fouché, Barras, Vadier, Carnot, Cambon, Tallien, Collot d'Herbois, Billaud-Varenne, etc. –, reúne indivíduos singulares, muito diferentes uns dos outros, que em comum só têm o fato de pertencer ao conjunto imaginário dos corruptos: à categoria lógica que objeta ao Incorruptível. Notem que esta tende ao infinito, pois contém todos os homens que é preciso regenerar, trazer à inocência de origem, logo, o conjunto da humanidade corrompida. Na primavera de 94, Robespierre ainda limita seu campo de ação ao povo francês corrompido pelo ateísmo aristocrático. Salvar o povo incorruptível mas corrompido, julgar os representantes corruptores.

Notemos algo que é antes divertido: se ninguém reagir, o conjunto imaginário dos corruptos, o povo inteiro, a humanidade inteira devem ser depurados até o último. Lógica do apocalipse. A história mundial do século XX vários vezes mostrou os efeitos disso. Como escapar? Consideremos os termidorianos. Houve um que, primeiro, saiu do conjunto imaginário. Não se reconheceu como "corrupto", recusou energicamente ser salvo e mais ainda ser julgado. Cessou de acreditar no Salvador e Juiz. Quem? Aposto em Fouché, que na continuação de sua vida jamais manifestou sintoma de culpa. Por isso dou a ele o primeiro papel, sem certeza histórica. As conspirações bem sucedidas não deixam rastros de seus segredos. Divertido? Com certeza. Fouché, um dia, talvez no banco da Assembléia, talvez durante uma visita a Robespierre, interiormente, com toda a sua energia, com toda a sua raiva contida, disse não ao Incorruptível! No mesmo instante, teve a lucidez de renunciar à inocência e cessou de ser corrupto!

Se existe um, único, que não é corrupto, é Fouché.

Renunciar à inocência! Imperativo da razão. Como é difícil fazer entender! A Revolução nos mostra a admirável experiência dos estragos da crença na inocência coletiva. "O povo é inocente!" Os culpados são os corruptores. O povo inocente é um conjunto definido conforme a inocência originária. Conjunto imaginário que, portanto, do ponto de vista do real, na interseção do real, permanece provisoriamente corrompido. Nenhum humano vivo jamais será totalmente inocente. Ele carrega sua parte de culpa que faz dele, normalmente, um humano, numa família e numa sociedade. Sua parte de culpa inconsciente. Como dizem sem meias palavras os Srs. Diderot e Hobbes, o pequeno humano, se não o educassem firmemente, seria um pequeno tigre feroz que mataria o pai e dormiria com a mãe. Diderot, Hobbes, como Freud, lembram com firmeza que é melhor não crer na inocência originária. O conjunto imaginário do povo dos inocentes está vazio.

Se nos referirmos ao conjunto dos cidadãos, conjunto real, definido conforme a nacionalidade, levantar a questão da inocência de *um* cidadão (não *dos* cidadãos, nem *do* cidadão) só se justifica em função dos fatos, reais, e do respeito ou não pela lei. Entretanto, a justiça revolucionária, pronunciada em nome da inocência do povo desde a condenação de Luís XVI ("Se Luís é inocente, então o povo é culpado!"), não se pronuncia sobre a culpa dos cidadãos. Ela julga a corrupção da inocência do povo, uma corrupção imaginária. O procedimento de Pradial é a lei da inocência do povo.

Lembremos a substituição do povo à nação, a superposição da nação e do povo, a confusão entre os dois, a brincadeira ruim do imaginário, pois as conseqüências são pesadas: a lei da inocência imaginária do povo se abate no real sobre os infelizes cidadãos! O cidadão, inocente de todo delito, vê-se culpado do ponto de vista da inocência originária.

Lembremo-nos disso, pois esse gênero de confusão nos ameaça diariamente. Um exemplo? Continuemos no passado; o exercício é mais simples, suscita menos resistência. Notem que, seguindo a mesma lógica, o processo inquisitorial repousa sobre a inocência dos eleitos cristãos, mas a inocência de após a redenção. A lei da inocência imaginária das almas se abate sobre a população real da jurisdição eclesiástica.

A corrupção fundamental da inocência originária, teremos entendido, é a corrupção que se refere à criança. Tudo concorria para que acusassem Maria Antonieta de incesto. Seria quase possível prever! Ela representou, a infeliz, a corrupção fundamental da inocência originária pela mulher e pela aristocracia. A força redobrada da lógica do imaginário era tal que seus acusadores persuadiram-se – de boa fé – da perversidade de uma mãe e rainha. Inútil precisar que seu filho, o pequeno Luís, com 8 anos de idade, confirmou sério e desenvolto a conduta de sua mãe. Sabe-se que, durante seu processo, Maria Antonieta reagiu com muita dignidade. No século XVI, sob tortura, ela teria confessado e validado a tese da corrupção incestuosa das bruxas e dos aristocratas.

Reencontrar a inocência primitiva de Adão, do povo, da criança que fomos? Sim, é o que desejamos, sempre. É difícil renunciar à inocência. Preferimos nos lembrar com saudade de um jardim da infância antes do desejo, antes da falta. Certamente reprimimos, recalcamos, castigamos, esmagamos, trancamos os desejos de nossa pequena infância, as pulsões do pequeno tigre. Ah sim, recalcamos e reprimimos. Gostamos de crer na inocência da infância. Na nossa. A infância sempre terá sido inocente, não é? E os adultos corruptores.

Suponha agora uma sociedade que desse importância à sua crença na inocência da infância. Mas, me dirão, por que ela daria importância? – Porque sofreria mudanças inauditas. Uma vez que as tradições, os interditos, as leis, o próprio real da sexualidade codificada e socializada da humanidade estariam pelo avesso, a sociedade se agarraria ao que a ela permanecesse crucial, como a um fiador de sua humanidade. De repente chamada ao interdito fundamental, com ele se identificaria e acreditaria, como em sua salvação, na inocência da infância, integral, pura. Uma infância de pequenos humanos, não de pequenos tigres. Tal sociedade, que imaginaria a inocência originária das crianças, também imaginaria, com a terrível força da lógica da fantasia do sujeito inocente, corruptores que pervertem as crianças.

Identificaria os suspeitos pelo comportamento, as maneiras, a figura, a reputação. Decretaria um processo excepcional para os corruptores. Encontraria corruptos para verificar o imaginário da inocência da infância. Sempre mais e mais ainda! Que imenso fichário em perspectiva! Quantas prisões para construir! Ela encontraria crianças para testemunhar, evidentemente, em toda inocência. E acusados para fazer confissões.

Aplicaria a lei da inocência originária da infância às famílias reais.

Entre real e imaginário: a corrupção

O conjunto dos incorruptíveis, descobrimos, é um conjunto imaginário do ponto de vista do qual surge a categoria imaginária dos corruptos. A significação de "corrupto" é somente imaginária? Não. O corrupto também participa do real. Ele está na interseção de uma significação imaginária e de uma significação real. Na interseção do imaginário incorruptível e do real corruptível. Na interseção da eternidade esperada e da morte. Da inocência imaginada e da culpa fundamental. Da pureza imortal do espírito e da natureza animal e perecível do corpo. O Incorruptível elevando-se para o ideal com as asas do anjo e a leveza de sua bela alma, deixando-se carregar pelo sopro da eternidade infinita, choca-se brutalmente com o real. Toda vez. A lógica da fantasia de eternidade, de pureza e inocência é intemporal. Por isso, desde sempre, o incorruptível ferido denuncia os corruptos com as mesmas palavras e a mesma raiva. Tenta separar-se do mortal, do mal, do corpo. Luta num último sobressalto, debate-se com a energia do desespero, o furor da agonia. Bate-se, grita, berra, para nossa sobrevivência, para nossa salvação. Estrangula-se até o último estertor para nos alertar sobre a corrosão sorrateira que está nos matando definitivamente. Sempre que a ouvirem, que a lerem, vocês reconhecerão a indignação, a ferida do Incorruptível.

Ah, a vil natureza dos corruptos! Sua perversidade! O corrupto é um ser abjeto. Maléfico e nocivo, sorrateiro, pernicioso, covarde, ávido, cúpido, lúbrico: imoral! Gozador! Devasso! Depravado! Safado! Pior ainda... nauseabundo! Fétido! Fede, aqui, um cheiro de cadáver em decomposição... O corrupto é um ser de putrefação: repugnante! Infecto! Imundo! O corrupto, já vítima da purulência, repugnante como um leproso, contagioso como um pestilento, propaga à sua volta uma morte insidiosa. Um ser de podridão malsã, uma gangrena, um cancro, que infecta a coletividade, contamina sua saúde e sua moral. Podres!

O incorruptível, sempre, está escandalizado com a grosseira *bestialidade* do corrupto. Cães! Porcos! Corruptível, esse bicho que é um corpo entregue a seus instintos. Incorruptível, a eternidade admirável do espírito. Separação clássica. Atribui-se ao corrupto um gozo animal e sem freio. Bodes! Cadelas!

O incorruptível não cala sobre a repulsa, o horror da *putrefação* e da decomposição do corpo que ele associa ao corrupto: nauseabunda purulência, fedorenta liquefação, pestilentos eflúvios... Os corruptos, parasitas, roedores, necrófagos, proliferam sobre a podridão como os vermes, os insetos. O imaginário pode traduzir-se em língua clássica, com a dignidade rara de Robespierre: "A infelicidade sai do crime, como o inseto impuro nasce do seio da corrupção." Robespierre ainda: "Tal o fruto de soberba aparência que um inseto invisível devora em segredo, a República, minada surdamente pelo verme roedor da intriga, perece." No século XX, o ódio incorruptível se solta: "Bicho imundo, verme incrustado em minha carne para absorver o mais puro de meu sangue..." Esqueceríamos que estamos falando de um humano. E ainda essa visão panorâmica, essa revelação impressionante, oferecendo-se aos olhos arregalados do mesmo incorruptível moderno: "Uma claridade fulgurante exibe a cru a assustadora purulência, a odiosa decomposição de um mundo possuído, podre, liquefeito pelos"... corruptos! (Evitemos deliberadamente nomeá-los e trazer essa lama.) O corrupto, já cadáver em putrefação, contamina e infecta os vivos. Sobre ele pesa o imaginário do *contágio*, do veneno, do malsão, do tóxico. Ele envenena a água, a alimentação, propaga as epidemias.

Agindo sub-repticiamente por contágio, envenenando em segredo, o corrupto também é corruptor. Corrupção sorrateira e perniciosa; processo mortal, interno e invisível. Desconfiem! O corrupto se dissimula. Pérfido! Hipócrita! Ardiloso! Usa sempre uma máscara. Predador feroz mas disfarçado! O imaginário da *dissimulação*, da esperteza e da mentira é tão pregnante que, com vários séculos de intervalo, produz a mesma retórica engraçada: "Lobos famintos, lobos vorazes, que vocês eram vestidos com a pele do cordeiro... O povo que vocês traem covardemente ergue-se inteiro para esmagá-los, serpentes, sapos, chupadores de sangue, traidores, almas de lama, organizadores de sabás, mestres dos bandidos, excrementos!" (1792, Hébert denunciando a corrupção dos girondinos). "Lobos vestidos com peles de ovelhas, macacos, raposas, de aparência fingida e falsa, corujas e filhos das trevas, eles espalham perfidamente seu veneno mortal..." (1322, Bernardo Gui, inquisidor que denuncia a corrupção dos heréticos).

Naturalmente, o corruptor age de dentro: a tez é fresca e a carne apetitosa, mas e debaixo? Dentro, nas entranhas? Sobre ele pesa o imaginário da degradação latente, da desagregação interna durante muito tempo silenciosa, do desabamento, da *dissolução* que espalhará e dispersará a bela unidade, a bela imagem do corpo que desejaríamos indestrutível, imutável, único e indissolúvel, impermeável ao estrago do tempo. O incorruptível faz tudo para soar o alarme: os corruptos roem, arruínam, decompõem... Degradam as instituições, dissolvem os modos, arruínam as sociedades, dividem a unidade da nação, pervertem a moral, minam os ideais.

A eloquência do incorruptível, obcecado pela decomposição e conduzido por sua fantasia, está inchada pela invasão do imaginário e constrangida pelos estereótipos. A ação nefasta do corruptor? O corruptor rói. Já é uma imagem forte, mas não basta. A corrupção rói como um rato, um cupim, um câncer, uma lepra... O incorruptível a isso acrescenta os epítetos obrigatórios: imundo, infecto, abjeto, fétido, etc. Sim, às voltas com seu ideal de virtude, bem, pureza, eternidade e pura espiritualidade, limpeza e transparência, ele se esparrama no imaginário do nojo. Debate-se nas secreções vergonhosas, nas dejeções a que reduz as funções sexuais e digestivas, ele atola no lixo. E fulmina, espuma, baba, enraivece. Enojado! O incorruptível está enojado com a obscenidade em que se compraz (por dever, é claro). O natural do pobre corpo humano, uma vez apreendido pelo imaginário do incorruptível, torna-se repugnante; as pobres e efêmeras realizações humanas, entrevistas através do imaginário do incorruptível, não são mais senão um organismo espreitado pela infecção, a presa de uma patologia purulenta. Os óculos do incorruptível dão uma visão deformada do mundo: horrivelmente corrompido!

Visão facilmente partilhada. Por quê? As instituições humanas também sobrevivem num frágil equilíbrio entre o permanente e o instável, o antigo e o novo. Entre desagregação e recomposição. Perduram alterando-se, mudam para permanecer. Como os homens, as nações e as civilizações declinam, envelhecem e desaparecem. Nossas instituições? Nossas obras? Nossas tradições? Nossa cultura? Tão precárias quanto nós. Sobre o modelo da decomposição do vivo, imagina-se a alteração subterrânea e a ameaça de ruína, de desabamento; a dissolução secreta e programada. Acusa-se o corruptor escondido na sombra; denuncia-se a dissolução dos modos e o apodrecimento das instituições. Podres! Bandidos! Traidores!

Pobre corrupto! Culpam-no pela significação real da corrupção, pela destruição e a morte. Também fazem pesar sobre ele sua significação imaginária, a falta: ele é tão imoral quanto malsão, tão perverso quanto corrosivo. Encarna todos os vícios. Egoísta, ávido, ambicioso, avaro, pródigo, licencioso e lúbrico, carrega o fardo do imaginário do pecado. Transmite a falta e sente prazer em propagá-la. Ímpio! Subornador! Depravado! Perverso!

Sim, o corruptor é um traidor já que prejudica de dentro, como um elemento estranho e íntimo, um agente tóxico de decomposição e morte. É a causa da alteração secreta, da decadência das instituições, do desabamento dos valores, da dissolução dos modos, do esboroamento das virtudes, do contágio dos vícios, em suma, da ruína do Estado e da decadência dos homens. Um inimigo do interior!

Não se pode definir melhor a corrupção: o inimigo do interior! Ela está dentro de cada incorruptível, que acabará, o que quer que ele imagine, morrendo.

No entanto... Como não sonhar com o incorruptível, como não ter esperanças nele? Como não tentar inventar incorruptível? Como imaginar, com seriedade, um conjunto de incorruptíveis? O homem que primeiro tentou isso transpôs, num único passo, o limiar da posteridade. Chamava-se Thomas More.

Thomas More, a inocência leiga

O único meio de livrar o homem do crime é livrá-lo da liberdade.

Eugène Zamiatine

O insubmisso

Poucos homens acrescentam uma palavra ao pensamento universal. Thomas More criou "utopia". Um neologismo: o fora-de-lugar, o não-lugar. Ele imaginou a *Utopia*, a ficção de uma nação incorruptível, virtuosa e eterna. Já era bem notável: ele considerou com seriedade que um conjunto incorruptível era logicamente imaginário e que, portanto, sua topologia não pertencia ao espaço comum dos humanos. Num sentido, isso foi perfeita e imediatamente compreendido. Utopia permanece, na língua comum, uma ficção, um ideal, um modelo irrealizável. Uma invenção tão refletida desperta a curiosidade. Além disso, Thomas More oferece ao investigador um enigma. Sua vida é a réplica, a transcrição da vida de Thomas Becket, santo e mártir morto três séculos e meio antes dele. Deveríamos nos espantar ainda mais. Thomas More, responsável político e humanista do Renascimento inglês, terminou seu percurso ao se engajar resolutamente numa carreira póstuma de santo. Quem quis muito interrogar a sério esse mistério? Ninguém, pois Thomas More tem duas categorias de admiradores, que se ignoram soberbamente. Os "católicos" reverenciam o mártir que se opôs a Henrique VIII e à fundação da Igreja Anglicana. Os "comunistas" admiram o precursor, o teórico de uma sociedade igualitária que aboliria a propriedade privada. Uns e outros concordam, em todo caso, para nimbar com uma auréola não muito imprecisa o herói, dotado de todas as perfeições.

Os grandes homens são mais espantosos e mais complexos do que escrevem seus hagiógrafos. Thomas More, idealista e generoso sonhador? Às voltas com a impiedosa realidade, a violência do poder, chegou ao primeiro papel. Tornou-se grande chanceler da Inglaterra, Primeiro Ministro. Thomas More, aberto, afável, amável, sorridente e simpático? Com certeza, mas não é o que nos mostra seu retrato, uma das obras-primas de Holbein, que está hoje em Washington. Holbein, como sempre, é de uma precisão clínica. More está próximo dos cinqüenta. Então no auge da carreira e grande chanceler, traz as insígnias de sua dignidade, a pesada corrente de ouro sobre o colarinho de pele, um gorro e uma rica veste de veludo carmesim. Uma folha de papel nas mãos. Atitude reservada e digna, como convém à função. Na verdade, só o rosto retém o olhar. Prende-o por muito tempo, fascina: brota desse homem uma energia selvagem. Uma paixão intensa, uma tensão contida. Alegria? Nenhuma. Um certo sofrimento, ao contrário. Uma lucidez sem ilusões. Um pedido ardente, um protesto silencioso. Uma violência dominada, refreada. Nenhuma doçura. Se bondade houve nesse homem, vinha da inteligência. Um olhar penetrante, fixado numa busca febril mas sem esperança. Uma pulsão sublimada, seguramente muito forte. Uma grande solidão também. Um místico? Não, nele antes algo irredutível. Uma censura muda, um grito contido, amordaçado. Não ceder, não se render. Um insubmisso de caráter é exatamente o que passa Holbein. Thomas More, o insubmisso!

Insubmisso e rebelde como Becket? Thomas Becket (1118-1170) fora conselheiro íntimo, colaborador amado, cúmplice de Henrique II Plantageneta. Uma afeição apaixonada e sublimada ligava o rei, homem de poder e ação, extrovertido, amante de mulheres, e o monge casto, ardente de devoção. Os dois amigos não se deixavam. Um dia, brutalmente, a seu rei a quem devia a riqueza, as honras e as responsabilidades, Thomas disse não. Esse não ressoou em toda a cristandade. Não só colocava frente a frente dois amigos, dois irmãos, quase, dos quais um se considerou traído... mas opunha o rei ao arcebispo de Canterbury e as prerrogativas da Igreja à autoridade real. A despeito de toda diplomacia e todo realismo, Becket recusou as tentativas de conciliação, desencorajou os bons ofícios e se opôs a todas as negociações. Conhecemos o fim: Becket foi apunhalado em sua igreja por um bando de capangas. O rei chorou, ficou de luto e, na catedral de Canterbury, fez penitência pública de joelhos. A lenda começava. Três séculos mais tarde, Thomas Becket era, na Inglaterra, um santo muito popular. Em Londres, sua casa natal, mantida com um cuidado piedoso, era lugar de fervorosa devoção.

Comparemos a vida de Thomas More com a de Becket. Conselheiro e colaborador amado do rei Henrique VIII, que o encheu de honras, riquezas e responsabilidades, ele disse não a seu rei, que impunha sua autoridade à Igreja da Inglaterra. Henrique VIII mandou decapitá-lo. É hoje o santo padroeiro dos homens políticos. Como não se espantar com a aparente reencarnação de São Thomas Becket em São Thomas More, até em surpreendentes detalhes? Os enigmas do destino têm sua razão, no entanto; ainda é preciso buscar resolvê-los. Os biógrafos de More assinalam um singular acaso, um fato real, para melhor desprezá-lo em seguida: a casa natal de Becket achava-se na mesma rua que a de Thomas More!

Violentamente rebelde e banhado, desde bem jovem, na lenda do grande e popular Santo Becket. Avancemos. Autorizemo-nos a acrescentar à biografia oficial um episódio da pequena infância, uma construção que fornece, portanto, a coerência de toda uma vida. E, por que não, a coerência de uma obra. Comecemos, portanto, o relato dessa vida em 1485, quando Thomas tinha 7 anos.

O homem que quis ser santo

Em 1485, numa manhã de outubro, às sete horas, na Milk Street, a rua dos Leiteiros, em Londres, aconteceu uma cena na qual, confessemos, ninguém prestou atenção. As crônicas dela não guardaram rastro, não houve nenhuma testemunha para dela se lembrar e, no entanto... Ainda era noite e John More, bom burguês, advogado e juiz na Cidade, saíra de sua morada. Naquela hora matinal, usava peliça, luvas e chapéu, como se fosse à audiência. Com seu passo vivo e apressado de homem de negócios, já estava na rua quando se voltou.

– Thomas, não nos atrase. Estão nos esperando.

Ia apresentar o filho de 7 anos à escola do bairro, Saint Anthony, de grande reputação. O menino, com um capuz de veludo e roupa de domingo, demorava-se olhando o pátio da casa vizinha. Reinava ali uma estranha atividade. Iluminado por tochas, falando alto, um grupo trabalhava em volta de um guincho e de uma forma misteriosa, amarrada por cordas e enrolada numa lona, deitada no chão. O menino voltou-se, sorriu para o pai e não se mexeu. Estava intrigado com as manobras do guincho e o enorme embrulho. O pai deu meia-volta. Sempre fora muito meigo com o filho.

– O que eles estão fazendo? – perguntou-lhe Thomas.

– Estão erguendo uma estátua em devoção de São Thomas Becket – respondeu o pai. – Aqui é a casa natal dele.

– O que é uma casa natal?

– A casa onde São Thomas Becket nasceu, há muito tempo.

– E eu, onde é que eu nasci?

– Na nossa casa, aquela onde moramos, onde você vive. É ali que você nasceu. Como vizinho de São Becket. Foi por isso que demos a você o nome dele e o confiamos à sua proteção.

E o pai virou-se com orgulho para a bela mansão de tijolos vermelhos que ele conseguira comprar na Cidade para ali criar a família.

– Papai, na nossa casa também vão colocar uma estátua?

O pai riu.

– Thomas Becket era o mais importante personagem do reino, depois do rei. O rei o havia nomeado grande chanceler, depois arcebispo de Canterbury, chefe da Igreja. Um dia, o rei quis submeter a Igreja à sua vontade. Então Thomas, jogando a vida na balança, excomungou o rei. O rei mandou assassiná-lo.

– O que quer dizer excomungar?

O pai ficou embaraçado.

– O rei – disse ele – é nosso pai na terra. E Deus é o nosso senhor no reino dos céus. Sir Becket, chefe da Igreja, rebelou-se contra seu rei em nome de Deus. Por isso morreu. Mas Deus chamou Thomas Becket para seu lado, no céu. Ele é, daqui por diante, para sempre, um eleito e um santo.

O menino ficara pálido. Pegou a mão do pai. Foram embora os dois em silêncio. Assim, a revolta contra o pai na terra era punida de morte.

– Pai?

– O que é, filho...

– Mais tarde, vou ser grande arcebispo de Canterbury e chanceler.

O pai riu.

– Ninguém conhece os desígnios de Deus, filho – disse ele. – Comece estudando bem na escola. Você vai aprender latim e cálculo.

E seu coração se enchia de ternura e orgulho.

A carreira de Thomas More estava portanto traçada e seu destino fixado.

A rebelião contra um pai é punida de morte. Foi o que o menino ouviu. Ele estava na idade em que se exacerba um violento desejo de rivalidade com o pai, inconscientemente mortífero. De natureza enérgica e corajosa, mas bom menino e filho carinhoso, o pequeno Thomas tinha pelo pai uma terna afeição, proporcional à sua hostilidade firmemente reprimida. O desejo violento e recalcado de revolta e a aceitação do castigo se confundiam maravilhosamente na rebelião trágica e grandiosa de Becket. A sanção infligida, a condenação à morte, satisfazia a culpa do filho carinhoso. A apoteose final, a auréola do santo, justificava o filho rebelde, o pequeno rival mortífero. Que perfeita construção! O crime era a um só tempo reconhecido e absolvido, na glória eterna do martírio. É claro, o menino logo esqueceu o voto inconsciente que o ligava a seu intransigente herói. Mas a insubmissão, o castigo e a beleza do sacrifício, as três linhas convergentes de seu destino, formavam o ponto para o qual, irresistivelmente, inconscientemente, ele dirigiria sua vida. A rebelião, a condenação e a glória póstuma do santo, todas as três ligadas e estreitamente enroladas, tinham apertado a fivela de seu destino, o nó de que só a morte poderia libertá-lo. A lógica da fatalidade estava construída.

Homem bem excepcional, More escolheu seu grandioso e trágico destino, o que já é muito notável, e, o que o é ainda mais, encontrou meios de cumpri-lo e força para aceitá-lo. Que espantosa determinação! Teve que contrariar sua feliz natureza de *bon vivant*, a sabedoria de epicurista e a inteligência racional, sua lucidez razoável e sorridente. Teve que superar o prazer da ação e a felicidade do êxito, que renunciar ao gozo de seus múltiplos talentos e ao orgulho de sua superioridade. Sofreu por estar dividido, sem cessar, entre a obediência respeitosa ao rei, à qual o forçavam o dever e a moral de seu tempo, e a revolta obscura, dele mesmo escondida, que o sublevava sem que quisesse. A utopia, o projeto de uma sociedade da inocência, foi o sonho de um violento rebelde que queria ser santo.

O tempo da esperança

Em 1516, quando foi publicado seu livro revolucionário, Thomas More se aproximava dos 40 anos. Pertencia à elite intelectual européia, ao círculo dos humanistas e, como seu grande amigo Erasmo, era um progressista, um erudito e um filho dos textos. Sua formação? Aos 17 anos, lia o grego e se apaixonava por *A República* de Platão e as *Epístolas* de São Paulo! Aos 20 anos, comentava, em público, *A Cidade de Deus*, de

Santo Agostinho! Parecia destinado a uma bela carreira literária. Iniciara uma crônica histórica do reinado do sinistro Ricardo III (do qual mais tarde se inspiraria Shakespeare), em que demonstrava talentos excepcionais de escritor. A pena lhe caiu das mãos, curiosamente, no momento em que abordava a rebelião, o complô dos conjurados contra o rei Ricardo. Abandonou a redação da cruel realidade histórica, lutas de morte pelo poder, rivalidades senhoriais, guerras civis, assassinatos e execuções. Pôs-se a escrever *A Utopia.*

Pôs-se a escrever *A Utopia*. Sonhou com uma nação igualitária e comunitária onde tudo é dividido. Não há circulação de dinheiro em Utopia. As cidades são construídas no mesmo plano, as casas são idênticas, os habitantes usam a mesma roupa. Todos os cidadãos trabalham. A instrução é gratuita e obrigatória, o acesso à cultura aberto a todos. Os príncipes governam como pais de família; preocupam-se com a pureza dos modos e cuidam para que todos trabalhem bem. Sabiamente protegida do ócio e da preguiça, da avareza e da cupidez, do orgulho e da vaidade, da depravação e da luxúria, todos esses vícios que corrompem as instituições e as nações, assim perdura Utopia, intacta e incorruptível, em sua perfeição de origem.

Um sonho? More, nessa fase, encarnava o príncipe em Utopia. Estava no apogeu de sua felicidade e mostrava, não o selvagem rosto revelado por Holbein dez anos mais tarde, mas uma amável e feliz figura, que foi descrita pelo amigo Erasmo com as palavras do coração. Afável, de nobre postura e contato fácil, tornara-se um notável, apreciado e respeitado por todos. Juiz íntegro, talentoso advogado, fino negociador. Eminente membro do Parlamento, orador eloqüente e popular sub-xerife de Londres. Homem prudente, adquirira alguns bens e sobretudo uma grande reputação. Sua casa, onde tinha sempre a mesa aberta, acolhia os homens influentes, os artistas e os intelectuais. A comida era boa e a conversa brilhante. Depois do jantar, tocava-se música, cantava-se em família. O anfitrião, afável e generoso, cheio de humor, de uma cortesia perfeita e sem afetação, encantava seu mundo. "Onde encontrar um natural mais benevolente, mais amável e mais feliz que o de Thomas More?" maravilhava-se Erasmo, que lhe dedicou seu *Elogio da loucura*. Um homem completo! Bom em todas as estações!

Seguramente, More em sua casa reinava em Utopia, pois Utopia se assemelhava à casa de More: "A república utopiana é inteira uma única e mesma família... As refeições são tomadas em comum. Começam pela leitura de um livro de moral; essa leitura é curta, para que não enfade. Iniciam-se em seguida conversas honestas, mas cheias de alegria; o jantar não acontece nunca sem música nem sem uma sobremesa farta e gostosa. Os utopianos têm por princípio que o prazer que não engendra nenhum mal é perfeitamente legítimo." Que generoso otimismo na casa de nosso príncipe More! "A natureza convida todos os homens a partilhar o alegre festim da vida." Que amável simplicidade! Como verdadeiro epicurista, ele se regalava com carne assada e fugia como da peste dos banquetes oficiais. Como verdadeiro utopiano, não se sacrificava nem ao alfaiate nem à manicure. Freqüentava o jardim tanto quanto a biblioteca. Seus utopianos não eram outros tantos Thomas More? "O povo utopiano é espirituoso, amável, industrioso, amante do lazer, e no entanto paciente no trabalho, quando o trabalho é necessário. Sua paixão favorita é o exercício e o desenvolvimento do espírito." Impossível descrever-se melhor.

Sonhando-se utopiano, More estava em perfeito acordo consigo mesmo. "Em Utopia, trabalha-se para o bem geral e procura-se a felicidade *sem violar as leis*." Ele teria ficado muito surpreso, então, de se reconhecer insubmisso. Certo, seu modelo do bom governo continha uma impertinente lição política, mas o martírio de São Becket parecia para sempre relegado ao sótão dos mitos da infância. More, rapaz, acariciara bem a ideia de entrar para a religião, experimentara a vida monástica e avaliara por bastante tempo sua vocação. Mas se casara. Ficara viúvo com quatro filhos, logo se casara de novo. Definitivamente leigo. Não seria nunca arcebispo de Canterbury! Nem grande chanceler, já que esse cargo supremo era reservado a um alto dignitário eclesiástico. Thomas More escolhera continuar sendo um bom burguês da Cidade de Londres, um intelectual e um homem feliz.

No entanto, há muito tempo, as engrenagens misteriosas do destino silenciosamente vinham se engatando. Já na escola, o pequeno Thomas, sedutor e brilhante, conhecera um grande favor: o cardeal Morton o escolhera para pajem. O cardeal Morton? O arcebispo de Canterbury e chanceler do reino! Que maravilhoso acaso! O cardeal, homem de experiência, tratou-o como um filho. Thomas impregnou-se de todas as nuanças da etiqueta e entreviu o arte secreta e sutil do manejo dos homens. Como um pai, o cardeal enviou o adolescente para estudar em Oxford. Para completar tudo, introduziu seu protegido junto ao jovem príncipe, o futuro rei Henrique VIII. Thomas More, na intimidade do poder desde a idade mais jovem, também tinha suas entradas na corte.

Era menos cortesão que cortejado. Notado, apreciado, solicitado para ser conselheiro do rei, ele se mantinha numa reserva prudente, evitando com habilidade as propostas. Tentava escapar à fatalidade? Parecia dividido. Cortesão? E como! Compôs o cumprimento mais sem graça, um tecido de bajulações, para o coroamento do jovem Henrique VIII. Rebelde e livre? Pior ainda! Com uma alegria de garoto, uma insolência louca, publicava certos epigramas que inventava: "Um peido, se guardado por muito tempo na barriga, pode matá-lo. Por outro lado, pode salvar-lhe a vida se o soltar prontamente. Se um peido pode salvá-lo ou destruí-lo, então não é tão forte quanto os reis que tememos?"

Um exemplo mais digno? O apólogo do rei tirano: "A gente se inclina na tua frente, a gente se levanta e tira o chapéu na tua presença. Mas quando dormes estás deitado, ser inútil, como um cão inerte, como um cadáver ainda quente. Se não estivesses protegido como um covarde, escondido em tua casa, tua vida estaria à mercê de qualquer um."

Ora, vamos! Esqueçamos esses votos homicidas perfeitamente inconscientes. More acreditava simplesmente na independência do intelectual, que não se aliena aos monarcas. Curiosamente, logo após a publicação de *A Utopia*, ele integrou o círculo muito fechado do Conselho Privado do rei.

O que pôde bem pensar de *Utopia* o jovem rei Henrique VIII? More lhe propunha um modelo de príncipe: virtuoso, sábio e pacífico; sóbrio e austero; vestido de simples lã. Gozando de sua modéstia, desprezando o ouro (bom para fazer penicos) e as pedras preciosas (que só divertem as crianças), orgulhoso de nada possuir, o príncipe fica feliz com a felicidade de seu povo. Henrique VIII era um jovem de 25 anos. Recebera excelente educação, tanto que, com sua chegada, os humanistas europeus tinham acreditado ver nele o monarca esclarecido, o príncipe filósofo, dócil a seus conselhos e sensível a seus interesses. Tanto é constante, em toda a época, a inocente esperança dos intelectuais.

Melhor darmos mais valor ao relato dos embaixadores de Veneza que, em 1515, o ano da redação de *A Utopia*, se apresentaram na corte da Inglaterra. Diplomatas tanto quanto espiões, não guardavam os olhos nos bolsos. Avaliaram o luxo ostentatório da recepção. Atravessaram, entre fileiras de alabardeiros gigantes e brilhando de novos, uma longa sucessão de antecâmaras de tapeçaria dourada, antes de chegar enfim à sala do trono. O jovem rei os recebeu sentado em majestade. Um colosso. Um enorme sujeitão, cheio de saúde, a tez fresca, a perna musculosa. Ao se inclinarem, avaliaram a seda de seu costume, as centenas de pérolas com que estava bordado e os enormes diamantes que brilhavam em seus dedos. Num olhar cortante, avaliaram a fina flor da nobreza do reino, que ficava de pé, muito digna, em torno do trono: "São *matadores* de ombros largos e pescoço grosso... que consideram como primeiro dever comer bem e beber bem..." De boa graça, assistiram a um torneiro organizado em honra deles em que o rei, com couraça de ouro e prata, demonstrou sua agilidade em justar... e sua incomparável fatuidade.

O governo, na Inglaterra? O rei humanista, o monarca esclarecido? "O rei é ainda um rapaz que se preocupa apenas com mulheres e caça. Deixa seu chanceler Wolsey decidir tudo.

Foi precisamente Wolsey, o lord-chanceler que decidia tudo, quem recrutou More. Assim, o filósofo de Utopia tomou lugar no Conselho, entre os matadores, aqueles que não haviam escapado à acuidade zombeteira dos embaixadores de Veneza: "Os nobres do Conselho, os Norfolk, os Buckingham, herdeiros das lutas senhoriais da guerra das Duas Rosas, só conheciam a linguagem da guerra e da caça." As feras mostravam ainda os dentes à sombra das grades da torre, domados apenas pela ameaça da cela e das execuções. Nessa arena onde se travavam os combates sorrateiros, onde se faziam as intrigas e as rivalidades sem piedade, quem estivesse em minoria, que baixasse a guarda, perdia a cabeça. E eis Thomas More, o teórico político da virtude, integrante do círculo das feras sob a batuta de Wolsey.

Wolsey é um personagem muito interessante. Na sua época, fez unanimidade: "O maior celerado que a terra jamais carregou!", segundo Carlos Quinto. E Francisco I°: "Nunca mais confiarei!" Nascido filho de um simples comerciante, ele tinha a Inglaterra nas mãos. Era um cardeal de seu tempo, levando abertamente uma vida de luxo, acumulando sem descanso os benefícios eclesiásticos, enriquecendo sem vergonha o filho natural, colecionando tesouros de objetos de arte em seu magnífico palácio. Mesmo assim conseguiu espantar seus contemporâneos por sua cupidez e má fé. Decidia tudo em função de seus interesses e sua ambição secreta: tornar-se papa. Todos os dias, vendia a aliança da Inglaterra à melhor oferta, cobrando o preço de sua palavra e de sua falta de palavra.

Thomas More cooperou estreitamente com ele durante doze anos. Dissociação entre o pensamento e a ação, entre o ideal e a prática? Nunca se saberá que rosto fez em 1520, no Campo do Pano de Ouro, o sóbrio utopiano, evoluindo sob tendas cuja transparência irradiava pedrarias, participando bem ou mal da rivalidade ostentatória entre Henrique VIII e Francisco Iº da França. Certamente, o sábio mergulhado nessas brilhantes miragens conservou sua dignidade, isto é, a roupa austera que convém aos filósofos. Nunca se saberá tampouco o que pensou, nem o que calou, quando Buckingham, seu colega no Conselho, que todos sabiam inocente, foi acusado de traição, de crime de felonia, e devidamente decapitado.

Entretanto, More prosseguia sem erro o percurso que o levaria ao posto de lord-chanceler. Tratava, em suas missões diplomáticas, de igual para igual com Francisco Iº e com Carlos Quinto, não mudara nem a simplicidade nem a afabilidade de suas maneiras. Sua grande mansão de Chelsea permanecia aberta, o rei lá agora aparecia de improviso, como hóspede familiar. More continuava tendo esperanças de transformar o pulsional sujeitão, que ainda não tinha 30 anos, em príncipe filósofo? Houve alguns belos momentos em Chelsea. O rei traz uma de suas composições musicais, que é tocada com prazer e aplaudida de bom coração, pois é excelente e sensível músico. Depois do jantar, o rei tem um acesso de teologia, More procura para ele uma referência em sua biblioteca. Depois, o rei arrasta More até o jardim para caminhar em sua companhia e conversar à vontade; pela janela vêem o gigante debruçar-se sobre seu mentor e pegá-lo amigavelmente pelo ombro.

Henrique era treze anos mais novo que seu conselheiro. Lembrava-se do dia em que, menino pequeno, lhe haviam apresentado o sábio rapaz, que se mostrara tão atencioso e tão divertido. Desde então, admirava-o, procurava por ele, escutava suas opiniões como as de um irmão mais velho e tinha por ele um amor de filho tirânico que doravante tinha meios de ser obedecido. Não queria mais ficar sem ele. Não é estranho? Com três séculos de distância, reconstituía-se o duo de Henrique Plantageneta e Thomas Becket, repetia-se a afeição do jovem rei por seu conselheiro treze anos mais velho. O favor de um príncipe jamais foi sem exigências, seu apego amarra as pessoas tanto quanto as honra. More acompanhava seu Henrique em todas as suas saídas. Reclamava, sentia falta da biblioteca e do jardim. Aspirava à solidão de seu oratório. Queria tempo para meditar e rezar. Precisava arrepender-se. O que se reprovava? "A tentação diabólica do orgulho e o desejo mortal da ambiciosa glória." Seu êxito e sua ambição.

No entanto, ele nunca teve a ambição comum de ter êxito. Tornar-se grande chanceler, em toda consciência, ele não quis. Ignorava, como todos os homens no momento da ação, que não era movido pela vontade, mas por um desejo bem mais poderoso que toda intenção: chegar ao cargo que o identificava com Thomas Becket. Chegar ao lugar que fora ocupado pelo protetor de sua infância, o cardeal Morton, e que por enquanto era ocupado pelo cardeal Wolsey, o protetor da idade madura, que o associava progressivamente a todas as engrenagens do governo.

Curiosa associação a de More e Wolsey durante doze longos anos, sólido pacto de fidelidade entre dois homens em aparência tão opostos. Evidentemente, Wolsey encontrou em More um colaborador excepcional, de toda confiança e de grandes capacidades. É claro, More encontrou em Wolsey aquele que ele devia seguir para também chegar à função de chanceler. Mas o laço inconsciente muito poderoso que aproximava dois homens realistas no mesmo exercício do poder também unia dois sonhadores. O cardeal Wolsey corria atrás de sua quimera: tornar-se papa. More perseguia seu sonho de criança: tornar-se santo. Caminhavam juntos, cegos um e outro, e aquele que se imaginava soberano pontífice segurava pela mão aquele que desejava ser beatificado.

De repente, foi a queda. Wolsey caiu. Uma menina espevitada surgira no caminho deles. Uma garota ambiciosa, apoiada por seu clã familiar. Ana Bolena. O rei estava loucamente apaixonado por ela. Além do mais, queria um filho, que o casamento não lhe havia dado. Wolsey logo entendeu: Henrique VIII estava determinado a se divorciar. Grande questão! A esposa legítima, a ser despedida, era de qualquer modo a tia de Carlos Quinto. Era preciso obter também o consentimento do papa. Assim, Wolsey esforçou-se para levar adiante o divórcio. Desta vez prejudicado por sua inteligência manhosa, enrolou-se em estratégias complicadas e, de um dia para o outro, foi despedido. Jogado do alto do poder nos subterrâneos da Torre, Wolsey teve o tato de morrer no caminho da prisão.

Quem o substituiu? Thomas More. Pela primeira vez na história da Inglaterra, um leigo chegava à dignidade de lord-chanceler. More tinha 50 anos. Sua ambição terrestre chegava ao fim e o voto de criança, durante muito tempo esquecido, cumprido pela metade. Faltava ir até o fim do destino.

A paixão da inocência

Começa então o face a face de More com o rei. É nesse momento que Holbein, ao pintar seu retrato oficial, faz surgir da roupa de lord-chanceler o rosto do rebelde amordaçado. More, tomado por intensa emoção interior, sozinho, fecha-se ferozmente sobre seu segredo.

Diante dele, Henrique VIII. O colosso tornou-se um gigante, obeso e estourando de orgulho. Enorme, plantado solidamente sobre as pernas, ele faz frente. Seu corpo ocupa todo o espaço. Sua estatura esmaga. Os retratos de Holbein restituem sua desmedida: um rei que se toma por O rei. Uma encarnação da *hubris*. Uma figura lisa, desprovida de qualquer sentimento. Nenhuma falha. Ele não entrega nada, não mostra nada mais que a segurança fria de um poder que pretende ser absoluto. Uma indiferença de tigre. E uma crispação suspeitosa, irascível, da boca. Um déspota, está claro. Colérico, certamente, e muito perigoso. Diante dessa figura, surpreendemo-nos a mexer a cabeça suspirando, e ouvimos muito bem o conselho de prudência do durão Norfolk a seu amigo: "Meu caro More, é mortal opor-se ao rei."

More não ouve mais aviso algum. More, nomeado chanceler, tornou-se surdo à razão e hostil à prudência. Mostra de repente uma intransigência louca e capacidades insuspeitas de falta de jeito e provocação. À frente do governo, não se preocupa mais com a política nem com nenhuma realidade, atormentado, parece, por estranhas preocupações pessoais.

Começa no dia de sua entronização oficial no Parlamento, em 3 de novembro de 1529, em presença do rei. More, mantendo-se de pé à direita do trono, iniciou seu discurso inaugural. Em plena câmara de Westminster, na solenidade da audiência, o que propôs o ministro filósofo? Uma linha política, uma declaração de princípios? Não. Uma diatribe odiosa, uma denúncia venenosa... de Wolsey! Virulência triunfante para com um rival abatido? Ingratidão, pelo menos, e falta de compaixão. Wolsey estava então em fuga. More insistiu: ovelha negra! "Grande carneiro castrado"! Acusou-o de corrupção. Que corrupção? O enriquecimento notório do cardeal? Nada disso. Wolsey foi acusado de ter *contaminado* o rei. Como? Pelos *miasmas de seu hálito pestilento.*

Homens virtuosos que pretendem permanecer na história, tomem cuidado com as suas indignações públicas! Um escrivão as registra, um bibliotecário as classifica e um dia um pesquisador as tira da sombra silenciosa dos arquivos. Então, feito um monstro durante muito tempo na toca, salta a violência mortífera das palavras, a ignomínia ridícula das acusações. A que lógica respondia essa imprevisível saída?

Continuou na tarde do mesmo dia, após a cerimônia de entronização. O rei só queria saber de seu divórcio, que não avançava muito. Pressionou seu fiel conselheiro e doravante chanceler, solicitando amigavelmente sua ajuda. Recebeu uma lição seca: "Nem eu mesmo nem os outros conselheiros podemos dar conselho a Vossa Majestade, forçados pelo reconhecimento e pelo medo de desagradar." E More se fechou num silêncio hostil. Contudo, conhecia seu energúmeno. Não podia esperar dali a temperança dos príncipes de Utopia. Ignorava que o amor fosse assunto de Estado? Henrique, tomado por sua paixão, abandonado, logo encontrou um conselheiro desprovido de escrúpulos, Thomas Cromwell. Sem tergiversar, Cromwell organizou a ruptura com o papa, o divórcio, a coroação de Ana Bolena, a fidelidade da Igreja a Henrique VIII. Só isso! A Igreja anglicana estava criada. Quantas mudanças profundas!

O que faz, no entanto, o grande chanceler, que ocupa a mais alta função do reino? Afastou-se da corte. Não diz uma palavra.

Mas, então, o que faz? Veste um cilício, administra-se a disciplina; luta contra a carne corruptível e corrompida, "o deleite ignóbil das delícias da carne"; medita sobre o Juízo Final. Sobretudo, escreve. Sem descanso, de dia e de noite. Devota-se a refutar a "heresia". Qual? A Reforma de Lutero, que está ganhando uma parte da Europa. Não dorme mais, come pouco, escreve de sua pena centenas de páginas de teologia e denuncia raivosamente, e persegue, e acusa, os reformados, os luteranos. "Criminosos comparsas do diabo"!

Por que, sendo leigo, voltar-se contra Lutero? Por que essa paixão furiosa? A violência, a grosseria de seu requisitório surpreendem. Como o elegante autor de *A Utopia* pôde abandonar-se a tal ódio? Esses escritos incomodam tanto quanto aborrecem. Preferimos esquecê-los. Esquecimento importante! More identificou-se com seu combate, ao ponto de redigir assim seu próprio epitáfio: "More, funesto à heresia..." O arrasador da heresia. Assim se apresentaria diante de Deus e permaneceria sob essa identidade na memória dos homens. Não evacuemos o que está no cerne da complexidade de Thomas More. Ao não rejeitarmos o que nos contraria, damos a oportunidade de entender uma verdade.

O Outro corrupto

Ao imaginar Utopia, More tivera a inteligência de propor o modelo de uma nação tolerante e leiga. Utopia admitia a pluralidade das religiões e das crenças. A identidade comum aos utopianos, a ordem política e social não repousavam numa religião comum, mas numa comum pureza de modos e de vida. Era, em seu tempo, notável.

Quinze anos mais tarde, o chanceler More esqueceu tudo de Utopia. A Reforma? Um veneno, uma peste, uma infecção! Os reformados? Depravados! Salteadores! O que querem? Infectar em segredo, contaminar as pessoas virtuosas e honestas, subverter a moral, corromper todo o reino. Corrupção! A palavra estava solta. O protestante é um corruptor. Com efeito... Reconhecemos sem dificuldade "sua malignidade deliberada, seu contágio pestilento, sua influência perniciosa". Sua bestialidade: "Estão de boca aberta, feito porcos e bodes, em sua grosseria lúbrica, no excesso da glutonaria... Exibem sua luxúria bestial, têm por lugar de culto um lupanar, um covil de feras..." Em todas as épocas, o mesmo imaginário e o mesmo léxico do incorruptível. A cada uma sua realidade da corrupção: "Eles estabeleceram o reinado do demônio na consciência de um homem, ao ponto que não têm escrúpulo algum em comer carne na sexta-feira santa." Desde sempre, o mesmo tratamento: extirpar, purificar. Pelo gládio e o fogo. Queimar os livros e os corpos. "Que a lembrança de seus erros pestilentos seja arrancada do coração de todos os ingleses e seus livros abomináveis todos queimados!" Polêmica? Retórica? Não. As palavras são atos: o chanceler More mandou condenar à fogueira seis adeptos de Lutero.

Disse esta frase admirável: "O coração dos heréticos ímpios é a mais profunda e sombria masmorra do demônio." Admirável por sua escrita, que condensa a verdade da fantasia. Vamos encontrá-la em outras obras, e sempre, mas enunciada com menos talento. Fórmula bruta dos programas de todos os totalitarismos: extirpar o diabo do coração dos homens ou livrar um grupo de seu Satã. O corruptor propaga não só o erro, mas sobretudo o mal, a tentação do mal que se esconde no mais obscuro do homem.

Mas por que tal raiva? "Por que resolve se meter com teologia?" perguntou o sábio Erasmo, desolado. More o pressionava, o incitava a entrar no combate, na primeira linha, a acabar com o demoníaco Lutero e sua seita. Em vão... Erasmo, que seus contemporâneos já respeitavam como a consciência intelectual de seu tempo, evitou todo fanatismo grosseiro. O amigo de sempre, o velho cúmplice, afastava-se. More ficava só. E só, trancado na biblioteca, dia e noite, lutava. Seria, ele o leigo, o campeão da fé! E enquanto agüentasse, continuando a escrever, a lutar, a injuriar, a espumar de raiva, continuaria a opor, com todas as suas forças maltratadas, aos luteranos, à corrupção maligna deles, ao mal: a virtude, os católicos e... Thomas More! De repente compreendemos. More, o adversário furioso dos protestantes, More, que renegava o ideal de tolerância reivindicado na juventude, permanecia o homem de Utopia. Ele não havia mudado.

Permanecia, o que quer houvesse, o representante da virtude. De repente, compreendemos seu grito de raiva, a violência sem importância de sua denúncia pública de Wolsey: More fazia questão de ver-se íntegro. Fazia questão de sua inocência. Para admirar-se no reflexo da própria virtude, fosse qual fosse a realidade de seus compromissos, para enviar a si mesmo uma incorruptível imagem, More denunciava a corrupção do Outro. Wolsey ou Lutero.

O idealista virtuoso, o campeão da fé, havia encontrado – que lástima! –, implacavelmente, um Outro para acusar de corrupção. Sem julgamento nem desrespeito, consideremos a lógica. É o Outro que é designado como corrupto e corruptor! É ao Outro que é atribuída a corrupção: o hálito pestilento, contaminador, de Wolsey! O erro pestilento, contaminador, dos luteranos! O mais divertido, ou o mais aflitivo, o mais interessante, em todo caso, é bem que More denunciava não o real de uma corrupção de Wolsey (os modos dissolutos do cardeal, o enriquecimento pessoal do chanceler), mas uma corrupção imaginária (a contaminação de seu hálito pestilento). Em toda boa fé, o respeitável Thomas More não pôde escapar à lógica do Incorruptível: a corrupção do Outro garante a inocência do sujeito. A corrupção do Outro dá consistência à fantasia de inocência do denunciador.

Surge aqui uma questão apaixonante. O sonho de Utopia já participava da mesma razão? O ideal utopiano de More estaria garantido pela denúncia de uma corrupção? Viajemos mais adiante em Utopia.

A virtude

A estabilidade e a permanência de Utopia fundam-se na virtude dos cidadãos. Princípio bem conhecido! Mas... como estar seguro da virtude dos homens? Tudo lhes é retirado, ou quase tudo. Retiram-lhes o ouro e as mulheres. O utopiano não possui nada, não se diferencia dos outros e só goza de sua esposa legítima. Não há tentação. Não há sedução. O severo regulamento dos modos afasta o cidadão de todo objeto de um gozo ruim e o priva, pelo mesmo decreto, de todo objeto de troca e de desejo. Subtração mágica: os vícios (orgulho, inveja, luxúria, avareza e cupidez) doravante estão sem objeto. A operação é elementar, o silogismo ingênuo, mas é de qualquer modo uma prova de força. Ao decretar os vícios sem objeto... decreta-se a virtude. O rigor implacável de Utopia esclarece um paradoxo: a virtude é uma qualidade negativa. A virtude é sem objeto. Só a corrupção tem um objeto (de gozo). A virtude, de fato bem difícil de identificar positivamente, só se mostra em oco: ela é o não-vício, o esvaziamento hipotético da pulsão. Assim, Utopia não se funda tanto na virtude quanto na não-corrupção. Faz refletir. A incorruptibilidade de Utopia (a ideal e perfeita estabilidade do Estado e a virtude coletiva de seus cidadãos) é assegurada por um princípio de privação, de subtração dos objetos do desejo. Pensamento tradicional, finalmente. A causa da corrupção? Os objetos do desejo, os objetos pulsionais. Pensamento tradicional, somente? Não. Prestemos homenagem à construção de Thomas More: o lugar que foi esvaziado dos objetos do desejo também é um não-lugar. Um espaço tão imaginário quanto vazio.

Assim, de Utopia, foram eliminadas as causas da corrupção. O que já é constrangedor o bastante e deveria bastar! Sim, mas não basta! Para erradicar a corrupção, é preciso ainda rejeitar, expulsar os corruptos. É o que nos ensina a topologia de Utopia.

Uma topologia da corrupção do Outro

Utopia é uma ilha, seu fundador a quis assim: cavou um istmo para cortá-la do resto do mundo, fortificou suas praias e portos para protegê-la ainda mais. Utopia é um mundo fechado. Dentro, uma virtuosa felicidade.

Fora? No exterior? More não pretende ignorar as outras nações. O mundo, ele sabe bem, é conduzido pelo dinheiro e a guerra. Caso deva enfrentar uma nação hostil, o príncipe de Utopia não é avaro. Ele compra alianças, suscita em segredo a discórdia, paga a traição e a deserção, em suma, despeja montes de ouro para corromper o inimigo. Mesmo um utopiano, estadista, quando governa, não sonha. Sempre se pode contar com o ouro para corromper o inimigo, sempre haverá inimigo para se deixar corromper.

Parece razoável. Olhando de perto, é mais complicado. More é obrigado a imaginar, em torno da ilha, um espaço outro, estranho e mau. Pois Utopia precisa de escravos e mercenários! Surpreendente? Ao contrário. O cidadão utopiano, para manter as mãos limpas, deixa para os outros o trabalho sujo. Do outro lado da fronteira, os utopianos têm, portanto, seus bárbaros: os zapoletos. "Uma raça impura de salteadores e criminosos, de natureza corrupta"! Um povinho degenerado. Uma espécie atrasada, ainda animal. Ah, os zapoletos! Nunca admiraremos o bastante suas notáveis qualidades. A um só tempo cúpidos, estúpidos, grosseiros e depravados, precipitam-se sobre o ouro e deleitam-se em gozos bestiais. Delinqüentes de nascimento, "criminosos de natureza", matam com prazer. Logo, servem de mercenários. Que belo sonho! Os zapoletos! A criação perfeita, o inverso exato do povo utopiano, que é amável, espirituoso, etc. O sonho de utopiano engendra o zapoleto.

Deveríamos ficar mais maravilhados: milagre da lógica da fantasia! Tão logo criados, os incorruptíveis encontram seus corruptos. Os corruptos? Como defini-los? Aqueles que gozam. O zapoleto goza como um bicho. O conjunto imaginário incorruptível apóia-se num conjunto imaginário gozador. More, que acredita caminhar livremente na ficção, põe seus passos nos trilhos de uma estrutura muito incômoda. A ficção da nação pura engendra a ficção da raça corrupta. O sonho da inocência engendra os piores pesadelos. Ora, é só uma ficção! Não, é uma lógica. Quem sabe aonde ela pôde levar!

Logo, a virtude utopiana supõe a corrupção do Outro, do Estrangeiro: ora se corrompe o inimigo que se deixa comprar, ora se compram mercenários "corruptos por natureza". Utopia está cercada pelos corruptos. É uma necessidade. Interessante descoberta. O dinheiro, do qual parecia estar livre, participa da economia da virtude! Notável topologia, que não é muito notada: o não-ouro de Utopia é o ouro do zapoleto. O conjunto imaginário incorruptível, que foi cuidadosamente esvaziado dos objetos causas de corrupção, só se imagina caso também suponha um conjunto que os absorva todos.

Como todas as nações que afirmam ser virtuosas, Utopia pensa ter evacuado o mal. O que vemos? O mal não se evaporou, é claro. Ele se imagina no exterior. Entre os outros. O gozo não secou totalmente. Está no Outro. É o estrangeiro que é corrupto! Deveríamos ter imaginado. More, deixando-se guiar pelo imaginário, encontra o que se denuncia diariamente: os estrangeiros são corruptores e corruptos. São os estrangeiros que gozam do dinheiro e da sexualidade, abusam das ajudas sociais, fornicam sem inibição. Gozam do ócio, de nosso ouro, de nossas mulheres. Aproveitam a nossa falta de gozo.

A corrupção imaginariamente expulsa, exilada, banida, é, em conseqüência, imaginada nas fronteiras. A ficção de More é de uma precisão que com certeza supera a intenção de seu autor. Pois a corrupção de que a ilha foi purgada na verdade não está, como talvez ele tivesse querido, do outro lado da fronteira, no exterior. Ela se aloja na interseção de Utopia e do bárbaro, ali onde estão sua causa e seu objeto: o ouro, que é a um só tempo o ouro do mercenário e o não-ouro utopiano! Está ali onde é preciso bem encontrar o mercenário corrupto: na interseção do conjunto dos zapoletos corruptíveis e do conjunto dos utopianos que os empregam e os corrompem.

A corrupção de dentro

O Estrangeiro não está apenas do lado de fora. Também está dentro. Estranheza íntima ao sujeito. Corrupção interna à nação. Uma outra fronteira, dentro da ilha, circunscreve a estranheza interior, a corrupção íntima. Uma fronteira interna isola outro conjunto de estrangeiros, corruptos igualmente: os cidadãos destituídos de Utopia. Destituídos? Recalcitrantes à felicidade. Delinqüentes, adúlteros e outros "criminosos", eles servem de escravos. É preciso escravos: o cidadão de Utopia, ele mesmo tão limpo, tão puro, tão inocente, repugna trabalhar nos abatedouros ou como lixeiro. Os escravos são sujeitados às tarefas impuras, penosas e sujas. Cada família dispõe de dois escravos.

Os utopistas generosos recusam esse real. Mas não, dizem (Ernst Bloch, *O princípio esperança*), Thomas More não pôde escrever esses horrores. Um segundo autor terá contribuído para Utopia. Ou ainda, os devotos: More está brincando. Era um conhecido brincalhão! Gostava de rir! Escreveu coisas que nunca terá pensado! Aceitemos, ao contrário – é o menor dos deveres –, o texto inteiro e coerente. Mais que isso, seria uma traição a Thomas More censurá-lo, expurgá-lo. Admiremos, antes, a razão de seu imaginário e vejamos como ele deixa a lógica conduzir sua ficção.

"O adultério é punido com a mais dura escravidão. Quando os condenados escravos se revoltam, matamo-los feito bichos ferozes e indomáveis que a corrente e a prisão não podem conter." O rigor utopiano nos impressiona ainda mais porquanto o autor é eminentemente sábio. A topologia da cidade virtuosa implica a exclusão, como de um corpo estranho, da corrupção interna à cidade, tanto quanto a exclusão da corrupção dos estrangeiros. Nenhum sonho de inocência virtuosa jamais evacuará o real. No conjunto imaginário dos incorruptíveis não desejantes, sempre vai permanecer desejo. Em todo incorruptível, sempre restará um pouco de desejante, a excluir sempre mais. Admirável rigor o de Utopia! É a perfeita lógica que sempre vai conduzir à decadência de uma categoria de cidadãos. Na interseção da utopia (da inocência imaginária, do conjunto imaginário dos não-desejantes) e do desejo que permanece em todo humano, aparece a categoria dos corruptos, que se obstinam em desejar. Adúlteros! Rebeldes! Candidatos à prisão! Candidatos aos campos de reeducação!

A obediência à felicidade

Por trás do muro, a felicidade utopiana se enuncia como um regulamento. Usar o mesmo uniforme, fazer as refeições em comum, ir dormir à mesma hora e despertar ao som do clarim. Divertir-se após o jantar "no jogo dos vícios e das virtudes" (espécie de jogo de xadrez?) e cantar em coro. O utopiano sente-se bem vigiado: "Nada pode se dizer ou se fazer que não seja percebido pelos vizinhos..." Sente-se feliz por estar bem enquadrado: "Em Utopia, o ócio e a preguiça são impossíveis. Cada um, exposto sem cessar aos olhares de todos, encontra-se na feliz necessidade de trabalhar e de descansar, conforme as leis e os costumes do país." Feliz necessidade! Definição nova do constrangimento. O oximoro basta aos utopianos, já que se submetem sem reclamar. Satisfazem-se também com uma "honesta volúpia" e aderem sem discutir ao sofisma moralista e manhoso: "O prazer é a virtude!"

De repente entendemos a estranheza dos topônimos de Utopia, do rio Anidro e da capital Amaurote. Utopia, a ilha do fora-de-lugar, dos rios sem água, das capitais escuras e das crianças dóceis, fala em novilíngua. Será de fato uma surpresa? Obedecendo às palavras cortadas do real, às palavras purgadas de sua verdade, os utopianos, esses precursores, são marionetes sem entranhas, esvaziadas de suas tripas, de seus humores e impulsos físicos. Ah, o nojo que sentem dos açougueiros! A obsessão que têm de não tocar no lixo! A linguagem, em Utopia? Slogans e novilíngua: "A volúpia é a honestidade. A felicidade é o constrangimento."

Implacável lógica a do Incorruptível. Impossível escapar. Começamos imaginando um conjunto esvaziado do real, do ouro, do sexo, do gozo. Logo começamos a falar a novilíngua!

Os utopianos banham-se na linguagem da inocência. Foram tão bem educados! "Nos dias de festa, as crianças se jogam aos pés dos pais. Assim prosternados, confessam seus pecados e pedem perdão pelos erros que cometeram. Por meio dessa confissão em família, dessa satisfação piedosa, as nuvens de ódio que escurecem a paz doméstica logo são dissipadas..." Uma nação de crianças modelos, contritas e perdoadas. Uma nação de pequenos Thomas More.

O chanceler More, primeiro personagem do reino, surpreendeu seus concidadãos: todos os dias, publicamente, ele se ajoelhava aos pés de seu velho pai. Filho obediente e arrependido. A rebelião infantil fora poderosamente reprimida, a violência evacuada, as "nuvens de ódio" varridas; a encenação da deferência, a ostentação da piedade filial estavam na medida do recalque. Utopia era bem a criação ideal daquele que acreditava ter erradicado toda rivalidade. "A comunidade dos bens, a igualdade dos cidadãos diante do trabalho e no gozo das coisas mantêm-se *sem conflitos* desde a fundação de Utopia." O poder? O dinheiro? As mulheres? Não há por que brigar! Um resto infantil, o resto de uma voz de adulto que admoesta garotos, continuava a ressoar em Thomas More. Não há por que brigar! Divisa pacificadora proposta sorrindo aos utopianos, essas eternas crianças. Divisa superegóica, de humor rangente, imposta pela falta real de todo objeto de disputa.

Afastar o objeto do desejo, esvaziar e secar a pulsão? Tentativa impossível e orgulhosa, mais destruidora que a tentação do demônio corruptor. Thomas More, dotado de uma natureza de *bon vivant*, de uma enorme energia pulsional, pressentia isso, mas pretendeu ignorar. Aos 25 anos, renunciando ao claustro, resolvera se casar não com a jovem por quem estava apaixonado... mas com a irmã mais velha desta! Ao ficar viúvo, imediatamente se casou de novo com uma megera, corajosa e forte mulher, mas feia, rabugenta e velha. Impossível evitar melhor a paixão. No entanto, More, homem eminentemente superior, jamais se achou inocente. Permanecia imobilizado por uma obscura e misteriosa culpa que nada acalmava, nem o cilício, nem a disciplina, nem as preces, nem os tempos de "arrependimento". Ele meditava sobre a decadência do homem. Beirava o abismo onde fora precipitado Lúcifer. Estava obcecado pelo pecado de desobediência e pela rebelião do anjo.

Foi assim que inventou o Estado do qual os sujeitos, obedecendo à felicidade, também eram, para mais precaução, cidadãos sem cessar vigiados. Um Estado cujos sujeitos, proibidos de desejo, nunca mais seriam culpados. Ele teve um sonho: as causas do mal, precisamente identificadas, perfeitamente circunscritas, tinham sido expulsas. Inventou a utopia da inocência, o não-lugar. O lugar virtual, esvaziado do objeto das pulsões. O impossível lugar do não desejo. O não lugar escrevia o apagamento do erro, a anulação do delito e do crime, ainda que inconsciente. O não-lugar esvaziava o espaço da consciência onde se esconde, bem no fundo da toca, a culpa interna. O sonho de utópica esperança era sobretudo o sonho de uma criança culpada.

A força do recalque infantil foi tão poderosa que mudou a direção de seu ensaio de filosofia política, sua leitura de *A República*, e que ele redigiu para Utopia uma constituição infantilizante que regulamentava um mundo de crianças bem comportadas. Em Utopia, por trás do muro do jardim do Éden, no espaço fechado da inocência originária, as pessoas continuariam a viver no tempo mítico de antes do surgimento do primeiro desejo, no tempo de antes dos desejos culpados e incestuosos.

Bem-aventurado utopiano! Livre do mal, inocentado de sua consciência, amputado de sua culpa! Aplaudamos o voto de inocência do sonhador, que sonha com a feliz necessidade de ser, sem cessar, vigiado. Que bom rapaz e que bom filho o pequeno Thomas! A organização da inocência, em toda transparência! Muito tentador! As sociedades da inocência sempre vão se dedicar a isso. Entretanto, no próprio seio da consciência mais límpida, o desejo permanece! A corrupção do desejo espreita! No interior de si mesmo, o incorruptível encontra, necessariamente, seu corrupto. O inocente adulto, mesmo bem vigiado, encontra dentro de si a criança que objetou à inocência originária, que desejou excluir o pai. Adúltero! Rebelde!

Eu que ainda não conto entre os santos..."

Entretanto, More tentava forçar-se ao esquecimento do desejo, como bom e bravo utopiano. Em vão: continuava sabendo-se culpado. Na solidão e na noite de sua biblioteca, debatia-se, com energia feroz, até o esgotamento. Travava batalha contra a própria corrupção de pecador. Enfrentava a cólera de Deus. Seu Deus de vingança e não de perdão. De que se acusava tão dolorosamente? Ignorou, até o fim. Renegou até o fim a violência e o desafio da rivalidade mortal engajada com seu rei, da mesma forma que a insolência de sua provocação.

Desprezou o desejo irresistível, incontrolável, de Henrique VIII, a paixão do homem apaixonado e a paixão do homem de poder. O desejo do monarca de ter um filho para sucedê-lo. O desejo do jovem déspota de fazer dobrar seu austero e triste mentor.

Era a cada dia de uma imprudência mais louca. O espectro de Thomas Becket não vinha, de noite, assombrá-lo? Pedir-lhe que o seguisse? Seus amigos, por ele tomados de pavor e piedade, iam discretamente a Chelsea, forçavam a porta, suplicavam-lhe que fosse mais manso: é fatal, mortal, opor-se ao rei. Ele rejeitava todos os bons ofícios. Ah, com deferência e muitos protestos de devotamento e lealdade. Sua posição era insustentável: Primeiro Ministro e na oposição!

Em 15 de maio de 1532, o clero reconheceu o rei como "o único chefe supremo da Igreja da Inglaterra". A ruptura com o papa era oficial. No dia seguinte, Thomas More entregou sua demissão: em razão de sua saúde muito ruim, rogava a Sua Majestade que lhe deixasse passar o resto da vida a serviço de Deus. Seria para sempre muito grato e o mais humilde e fiel súdito do rei. O rei declarou-se profundamente aflito e garantiu-lhe para sempre seu reconhecimento e sua proteção. A sorte estava lançada. Thomas More soubera não perder a necessidade ocasional do destino. Batia de frente com Henrique VIII no ponto preciso que havia oposto Becket a Henrique II. A prova mortal entre o sujeito fiel e o protetor reconhecido estava engajada.

O martírio, no entanto, estava longe de estar seguro. More aproveitou a primeira oportunidade. Como de hábito, foi convocado junto com outros notáveis para aquiescer a uma lei de sucessão em favor de Ana Bolena. Para estupefação geral, More recusou prestar juramento. Um silêncio espantado fez-se na assistência: as pessoas acreditavam estar vendo um homem, bem devagar, com toda calma, pular o parapeito para se precipitar no vazio.

Foi jogado numa cela da Torre. Acusado de *contumacy* – o que significava, precisamente, desobediência à ordem do soberano.

Agora, exige-se dele que aprove, clara e abertamente, a legitimidade da autoridade real sobre a Igreja Anglicana. Ele reivindica o direito de calar-se. Insistem para que diga o que pensa. Ele se defende como pode. Recusa aprovar os editos do rei, embora sem recusá-los. Diz que é impossível ser inculpado por delito de silêncio.

O encarceramento torna-se cada vez mais duro. Ele não cede. Ninguém o entende. O Parlamento, os bispos, as universidades e seus teólogos, todos prestaram juramento. Só ele se opõe. As pessoas se espantam, se exasperam: é obstinação, teimosia, delírio! E ele: trata-se de minha consciência, nada tenho a acrescentar. Cala-se com uma determinação feroz. Sua mulher, a rude e corajosa megera, tenta chamá-lo à razão: "Ele é louco para ficar confinado naquela prisão nojenta, trancado no meio de ratos e camundongos, enquanto poderia gozar em liberdade de sua biblioteca, de seu jardim, da bela casa; ser feliz com a família!" A filha querida vem vê-lo e, em lágrimas, lhe suplica. Ele fica perturbado e, tomado pela emoção, abaixa a cabeça, faz força para não ouvi-la, não olhá-la. Naquela mesma noite, lhe escreve, ralha com ela: "Não procure mais tentar seu pai, senhorita Eva, entregá-lo ao demônio." Está só, mais que nunca. Sua família é perseguida e ameaçada de ruína. Seus bens são confiscados. Ele não cede nem às pressões, nem às ofertas de perdão. Obriga-se à intransigência. Não vai se dobrar.

Privam-no de comida. Pior ainda, tiram-lhe o que ler. Ele rabisca na ardósia com o carvão da lenha. Sabe o que o espera. Se for reconhecido culpado de lesa-majestade, será levado ao cadafalso, enforcado, eviscerado. O corpo todo treme, ele está desolado: "Descubro-me sensível demais e de uma carne mais crispada diante do sofrimento e da morte que não me parecia convir a um fiel cristão. Minha natureza repugna à dor..." Ele não cede.

Chegou a última audiência, o último combate. Ele compareceu a Westminster, ali onde outrora se sentara como juiz e grande chanceler, diante de uma Alta Corte constituída dos nobres matadores que por muito tempo ele encantara. Tremeram e suspiraram em silêncio quando viram o velho doente que haviam tirado da cela. Também havia Cromwell e o clã da família de Ana Bolena. O amigo Norfolk trazia a mensagem do perdão real. More recusou, invocando sua consciência. Estava fraco demais para ficar de pé; deram-lhe uma poltrona. Defendeu-se sentado, com uma voz forte e firme. Em direito, diz ele, não se podia acusá-lo por motivo de seu silêncio. Defendeu, com uma eloqüência e uma lógica sem falha, o direito de calar-se. Foi um momento fabuloso.

Reivindicou o direito de preservar ao abrigo de seu silêncio o domínio inviolável de seu íntimo pensamento. Guardar consigo suas convicções não é violar a lei. Thomas More, herói e mártir da consciência individual, será para sempre admirado.

Lembrou-se então de que era ele, Thomas More, quem inventara o cidadão sem consciência? Seu cidadão perfeito, dispensado de toda escolha, submetia-se às leis que constrangiam sua vida feliz. Nunca teria que se interrogar sobre a pertinência de seus atos, mas apenas que ficar feliz por participar da felicidade regulamentar. More não lhe preparara nada: sequer o espaço de uma culpa secreta, sequer a intimidade do silêncio. More estava certo disso: "Em Utopia, não se mente nem se dissimula!"

O prisioneiro More não parece mais nem um pouco com o cidadão de Utopia. Com efeito, o que ele escolhe? Suplicam-lhe que imite o bom cidadão de Utopia, que volte para seu jardim e sua biblioteca, sua felicidade simples e estudiosa; que goze em paz de suas afeições legítimas. Pois bem?

Pois bem, não é o que ele deseja. Ele não quer saber desses bens com os quais pretendem satisfazê-lo. O que ele deseja é rebelar-se, é dizer não, obstinadamente não. É sua obscura e dominante, e exigente, paixão. Seu crime secreto. Sua revolta mortal. Erguer-se contra o rei com um vigor igual à violência da insurreição sufocada, a violência outrora recalcada da criança. Sua revolta é tão forte, sua reivindicação em desafiar a autoridade tão violenta, que ele só consegue se calar e defender o direito ao silêncio.

Defendeu-se bem. Por mais enfraquecido que estivesse, expôs sua verdade com um rigor inexpugnável. A corte estava em dificuldade. Não havia ninguém de porte para responder-lhe. Cromwell tirou então da cartola um falso testemunho. A acusação era tão pouco crível quanto a testemunha, mas o assunto foi, entretanto, prontamente expedido. Thomas More foi condenado por crime de lesa-majestade.

Três dias mais tarde, a multidão de Londres que se amontoava no trajeto entre a Torre e o cadafalso mal reconheceu o ancião descarnado de cabelos grisalhos. Este solicitou, com grande dignidade, a ajuda do carrasco para subir ao cadafalso. Morreu com tanta coragem quanto piedade. Tinha 57 anos. Quem tece os fios do destino? Quem segura o calendário do destino? Era 6 de julho de 1535, o dia da comemoração do martírio de seu padroeiro São Thomas Becket, morto em 1170, trezentos e sessenta e cinco anos antes.

Três anos após a execução de Thomas More, Henrique VIII, tomado de augusta cólera e justa irritação, puniu de indignidade nacional o que restava de... Santo Becket! A casa natal da Rua dos Leiteiros foi demolida pedra por pedra.

Que lição! O criador da utopia, o teórico da felicidade imposta pela ordem social, recusou, obstinadamente, obrigar-se à felicidade. Sonhara com uma pacífica submissão ao pai e desafiou a autoridade real. Imaginara dispensar o cidadão de todo problema de consciência e morreu mártir da liberdade de consciência! Rebelde e profundamente dividido por sua culpa, sonhou com a inocência obrigatória. Sim, enquanto escrevia *A Utopia*, Thomas More podia sonhar que estava ao abrigo de seu desejo e dos ocasionais encontros do destino.

"Eu que ainda não conto entre os santos...", escrevera, aos 40 anos, ao amigo Erasmo. Esperou ainda quatro séculos, foi canonizado em 1935.

A renegação do real

O ideal será alcançado quando nada mais acontecer.
Eugène ZAMIATINE

Thomas More pensava que Utopia se isolara e se fortificara contra a invasão. Nós que conhecemos outras utopias sabemos que as muralhas que protegem o utopiano do resto do mundo (por definição ruim) o impedem sobretudo de sair. Do outro lado do muro, as jovens gerações aspiram às ideias novas, insurgem-se, impõem suas invenções, as línguas evoluem, as modas e os modos mudam. O utopiano sempre vai parecer com seu pai. Em outros lugares, no movimento da vida, as cidades mudam de leis, as guerras subvertem as fronteiras, as civilizações morrem. Cercada pelo tempo que passa, Utopia permanece imóvel. Utopia é uma ilha de eternidade imutável. U-cronia. Construiu-se um muro para parar o tempo.

Como poderia ser diferente? O incorruptível só se imagina numa suspensão do tempo: uma parada do movimento da corrupção. A renegação do movimento do tempo explica um paradoxo: ora os corruptores são acusados de sabotar os valores tradicionais, de minar os símbolos históricos, de ser contra a continuidade da transmissão; ora, ao contrário, são censurados por obstruir o futuro, por impedir a renovação, por se agarrar ao passado! Uns, com efeito, ameaçam uma imóvel estabilidade, um equilíbrio desejado fixo, um passado que deve se transmitir integralmente, por idêntico. Esses corruptores seriam, por exemplo, imigrantes que entram clandestinamente em Utopia e ali se implantam. Ou jovens utopianos fascinados pelas sereias do progresso tecnológico, atraídos por um modelo de conforto, de consumo, um desejo de liberdade. Degenerados! A outra categoria de corruptores opõe-se ao movimento para o futuro, que é então imaginado como uma regeneração. O movimento do tempo se concebe, nesse caso, como uma revolução no sentido próprio, isto é, como um retorno periódico, aí ainda, para um ponto idêntico identificado no passado, uma origem: o eterno presente, a suspensão do tempo de um vídeo que gira sem parar. Os corruptores opõem-se então ao movimento fixo do eterno retorno. São, por exemplo, os aristocratas e os burgueses de toda revolução. Degenerados!

Para imaginar uma negação do real, um espaço fora do tempo, fora do movimento, a língua deve contorcer-se num neologismo negativo: u-topia, a topologia negativa do não-espaço. Incorruptível sociedade de Thomas More. Mas há ainda outra maneira, mais radical, de parar o tempo, o movimento e a corrupção. O fim dos tempos! O fim da morte. Para imaginar uma negação do real da corrupção, a língua deve dobrar-se a outro neologismo da negação: in-corrupção.

Mas por que um neologismo? É intrigante, já que a função da linguagem é trazer a negação: incorruptível, inocente. O humano, graças à linguagem, pensa um outro espaço, uma outra dimensão, uma entidade simbólica que não prejudica nem morre. Reciprocamente, graças à linguagem, ao simbólico, graças à possibilidade de pensar e dizer a eternidade e a inocência, o homem se sabe mortal e culpado de sua existência de vivo, que sempre terá sido assegurada às custas de outros vivos. Imagina-se ele inocente? Ei-lo u-topiano, num espaço imaginário de inocência onde nos alimentamos de boi, mas onde rechaçamos para as fronteiras o abatedouro. Ei-lo u-topiano, banhando numa língua do imaginário, numa língua da denegação do real. O deslizamento do simbólico da eternidade e da perfeição (do incorruptível divino) ao imaginário de um homem que seria realmente incorruptível... a passagem da *negação simbólica* natural à linguagem, à *denegação imaginária* do real... permanece perceptível na palavra utopia. Denegação da corrupção das nações, das sociedades e dos homens, e imaginário neológico relativamente recente. Mesmo assim, não sem conseqüências. Mas esquecemos, recalcamos, a origem da formidável denegação do real da morte trazida pelo imaginário e o neologismo da incorrupção.

PAULO OU A INCORRUPÇÃO

O perseguidor

Pois o que é semeado na corrupção desperta na incorrupção...
Os mortos vão despertar incorruptíveis.

Epístola aos coríntios, I

No século I° da era cristã foi proclamado um progresso fabuloso. Vitória sobre a corrupção! Vitória sobre a morte! O eco ainda ressoa. Quem, com a audácia do gênio, construiu a ambiciosa teoria que libertava a humanidade de sua natureza humana e da morte? Paulo de Tarso, São Paulo. Ele anunciou ao mundo a grande nova: "A incorruptibilidade é a vida eterna." O mundo ficou definitivamente abalado. O combate contra a corrupção estava lançado. Ainda dura.

Poucos escritos foram mais comentados que as epístolas de São Paulo. Poucos escritos resistem mais aos comentários: um texto como esse supera para sempre todas as exegeses. Quando ali também nos exercemos, somos tomados de humildade. No quadro de uma análise das significações da corrupção, a leitura meticulosa de Paulo é, no entanto, necessária: com efeito, nenhum comentarista levou realmente em consideração o fato de que Paulo criou o neologismo in-corrupção, incorruptibilidade, uma palavra até então inaudita; essa invenção do impensável, do incrível, em língua grega, teve conseqüências imensas. É apaixonante descobrir como o efeito do significante "corrupção" até hoje se impõe, até no pensamento que pretende ser leigo, no modelo da construção teológica de Paulo.

Quem se interessa por Paulo de Tarso é confrontado com uma questão delicada: hesitamos a interrogar mais adiante o que a tradição cristã nomeia a conversão de São Paulo em Damasco. Todos desde sempre compreenderam, entenderam intuitivamente, que foi um momento crucial, que tudo ali se decidiu. Um dos momentos mais importantes da humanidade, diz Renan. O que aconteceu exatamente? Quem procurou de fato entender o enunciado que se revelou a Paulo diante dos muros de Damasco? Entender todas as significações? Parece que até aqui se tenha negligenciado estudar a que ponto a elaboração teológica de Paulo foi coerente com esse episódio subjetivo singular. Acrescentemos, pois, a todas as leituras e a todos os comentários, uma leitura a mais e uma análise suplementar. Audácia necessária? Certamente. Trata-se de compreender como Paulo de Tarso foi o primeiro e para sempre a articular as significações da corrupção com a hipótese de uma salvação coletiva. Ambicioso programa? Indispensável percurso, por caminhos por demais balizados pelos dogmas, se quisermos avaliar como esse significante de corrupção, cheio também de suas significações imaginárias, pesa definitivamente sobre nossos excluídos e nossos danados.

A aventura imensa de Paulo começa por uma queda. Um homem jogado no chão. Dirigia-se de Jerusalém a Damasco, à frente de uma pequena tropa de cavaleiros. Caiu do cavalo, brutalmente, como se tivesse perdido consciência. O cavalo afastou-se bem a tempo de não pisoteá-lo. Ele jaz, olhos abertos. É jovem, 25 anos apenas. Os companheiros se inquietam, apeiam. Cercam-no, debruçam-se sobre ele: "Saulo, o que está acontecendo? O que você tem?"

A cena se passa no ano 40 da era cristã. Desde mais de um século, os exércitos romanos ocupam o Oriente Médio. O mundo é romano, definitivamente, da Escócia até o sul do Egito e de Gibraltar até o Danúbio. Já há uns dez anos que, em Jerusalém, um profeta judeu chamado Jesus morreu crucificado. Desde então, alguns de seus discípulos se separaram da sinagoga e formam entre os judeus uma seita a mais, os nazarenos.

Paulo não conheceu Jesus. Quando Jesus subiu em Jerusalém, Paulo só era ainda um adolescente, um pensionista da grande sinagoga, recluso nos estudos. Seu pai lhe dera o nome do primeiro rei de Israel, Saulo, e o fadara a Deus. Tendo para o filho grandes ambições, enviou-o de Tarso a Jerusalém e confiou-o ao grande mestre fariseu, Gamaliel. Jamais um mestre teve a felicidade de formar aluno igual, tão aplicado nem tão dotado. O menino aprende sem esforço, já tem a paixão do comentário, o amor do texto. Não se queixa da austeridade do estudo, nunca pede para sair. Às vezes, sob os muros da sinagoga, chegam da praça do templo os gritos de uma revolta, uma multidão que berra e joga pedras. O vigia soa o alarme, os soldados romanos se agrupam e dispersam os manifestantes a chicotadas. Todos os dias, novos profetas chamam para a insurreição contra o ocupante. Saulo aprendeu com seu mestre que a revolta contra Roma é inútil e suicida; mas também entende o ódio contra o ocupante pagão e a paixão, a cólera, a violência da fidelidade à lei de Israel que sublevam os revoltosos. Ele estuda febril, consumido por uma ardente fidelidade ao Livro.

É um adolescente estranho. Num corpo franzino, uma cabeça desproporcionada com uma testa imensa, os olhos flamejantes, o queixo largo e quadrado; empalidecido pelas noites de vigília, cavado de olheiras. Um serzinho fadado a Deus, uma encarnação do texto num corpo de garoto. É sublevado por um sopro ardente, treme, vibra. É o feroz defensor da Torá, da lei. Como os avós, os mestres, ele odeia os poucos discípulos de Jesus, os nazarenos, que se agitam e pregam em Jerusalém apesar da proibição da sinagoga. Renegados! Traidores! Ele os odeia com uma paixão de jovem místico. Quando o sinédrio põe a mão num desses traidores, Estevão... quando uma multidão em fúria arrasta Estevão para lapidá-lo... Saulo está ali. Segue os adultos, corre atrás do pequeno grupo que, numa nuvem de poeira, punhos levantados e vociferando, arrasta o infeliz Estevão, o nazareno, para lapidá-lo ao pé das muralhas.

Um homem lapidado. Acuado, de costas para o muro. O choque surdo das pedras sobre a carne, o sangue que brota, um corpo que vacila. A mecânica desordenada, mortífera, dos braços que lançam pedras, unidos de repente pela alegria secreta de matar. Os rostos exaltados de uns, o rosto extático de Estevão. O adolescente, de pé, petrificado, olha. Pálido, o coração batendo. Torcido pelo nojo e o medo, exaltado pela violência, os olhos arregalados. Demora muito acabar com um homem a pedradas. Quando tudo termina, ele abaixa os olhos e vê, a seus pés, um monte de mantos dobrados com cuidado, um sobre o outro. Os mantos guardados a fim de deixar livres os gestos, de estar à vontade para matar.

Ele vai guardar para a vida inteira a lembrança dessa cena, curiosamente silenciosa, estranhamente fixa, aqueles mantos depositados e arrumados a seus pés.

Logo ficou adulto. Tinha agora uma ideia fixa: perseguir a dissidência. Acusar, perseguir, caçar os heréticos, os renegados, os traidores, os discípulos de Jesus. Bem rápido tornou-se temido em toda a Judéia. À frente de um pequeno grupo armado, cercava de noite as casas, forçava as portas. As crianças choravam, as mulheres lhe suplicavam, berravam, agarravam-se a ele; e sem um olhar, sem a menor piedade, ele lhes arrancava maridos e filhos. Os infelizes eram amarrados, arrastados, espancados, jogados nas prisões. "Eu os persegui e atormentei para além de qualquer medida", dirá ele mais tarde. Para além de qualquer humanidade. Entregue por inteiro à sua furiosa paixão, a seu frenesi de perseguição e tormento. Alguns nazarenos tinham se refugiado em Damasco, na esperança de escapar a ele e viver enfim em paz. Ele solicitou um mandato para persegui-los, seqüestrá-los, trazê-los prisioneiros.

Ei-lo na estrada de Jerusalém a Damasco, conduzindo sua tropa de ferozes justiceiros.

O que se passou, durante o último dia de cavalgada pelo deserto? Ignoramos. A tarde cai, a noite vai chegar. Após a longa travessia de uma paisagem de silêncio e seca, a luz do meio-dia, a poeira e a areia nos olhos e na boca, os cavaleiros ficam felizes de ver enfim os pomares do oásis de Damasco, de respirar o frescor e a sombra azul dos jardins, de ouvir o zumbido dos insetos e o canto dos pássaros. Suspiram com satisfação. Diante deles, bem próximas, as muralhas da cidade, altas e vermelhas num céu sem nuvens, diante do sol poente. Os cavalos cansados sentem a alta, encontram vigor e aceleram o ritmo. Saulo ficou para trás. Os companheiros se voltam e o apressam. Ele parou. O que lhe acontece? Ele permanece estranhamente imóvel, como que às espreitas. Estremece, vira a cabeça, de um lado depois do outro. Ei-lo que lança o cavalo a galope. Ah! Olhem! Ele caiu! Venham rápido! Dê-lhe água. Traga o cantil. Segure-o, assim. Para ele poder beber...

Paulo não bebe nem responde. Levantam-no, põem-no de pé e, segurando-o sob os braços, escorando-o, apoiando-o, levam-no até a cidade, bem próxima. Acompanham o passo de um enfermo e um desgarrado, de um cego, mudo, selvagem, de olhos fixos e abertos.

Mais tarde, Paulo contaria muitas vezes, nas assembléias, o que lhe acontecera naquela tarde diante de Damasco. "Uma voz soou em meus ouvidos. Dizia: "Saulo, Saulo, por que me persegues?" *Saoul, Saoul, oti me diokeis?*

A voz

Diante de tal frase, somos tomados de emoção e respeito. Não é costume ouvir o que se passa entre um profeta e seu deus. Da vida de Paulo sabemos o bastante para estarmos seguros de que ele ouviu precisamente: "Por que me persegues?" A questão não é saber se acreditamos ou não se Jesus falou a Paulo. A voz dirigiu-se a Paulo do mais fundo dele mesmo. Por que me persegues? É o que lhe pergunta uma voz interior, íntima, vinda do Outro, como se surgisse de outro lugar. É o que diz a voz interior de Paulo interrogando seu Outro. Essa famosa questão ouvida por Paulo diante de Damasco, nunca vamos tê-la escutado o bastante. Dela não ouvimos todas as implicações. Deve-se notar a singularidade do enunciado, a estrutura reversível da mensagem. Por que me persegues? Paulo, perguntando ao Outro por que ele o persegue, ouve o Outro lhe perguntar por que ele o persegue. Paulo, perseguido, interroga o Outro: por que me persegues? Paulo, perseguindo, ouve do Outro: por que me persegues? Paulo é o perseguidor, é claro, mas é antes de mais nada, o que é muito mais importante compreender, o perseguido! Paulo, o procurado. Todo o resto de sua vida vai atestar isso: uma vida de perseguido, de procurado, uma seqüência sem fim de fugas e perseguições, uma corrida com choques, sem descanso, sem cessar, durante vinte e cinco anos, de cidade em cidade, de país em país. Testemunho da fixidez e da permanência de um destino de perseguição. Por que nenhum comentarista percebeu?

Oti me diokeis? Por que me persegues? É sobretudo a questão que Paulo coloca, intimamente, ao Outro, a Deus, ao Pai: tu, por que me persegues? O verbo grego *diôkein* tem as mesmas significações que em francês: perseguir, caçar, acusar. Caçar até a expulsão, jogar fora, Rejeitar. Perseguir, acusar diante do tribunal, diante da lei. Do que me acusas? Por que me caças? É a questão que Paulo coloca ao Outro e que resume a sua vida inteira. A vida inteira ele vai ser acusado, arrastado diante dos tribunais; perseguido pelas multidões em cólera, fugindo sob os jatos de pedras; acossado de uma cidade para ser expulso da seguinte; perseguido, jogado na prisão; fugindo sempre e sempre perseguido, até os confins da Anatólia e até em Roma. Perseguidor perseguido. Ele terá sido aquele que é acusado e lapidado em nome da lei, que sempre caçam mais longe, após ter sido, em nome da lei, o acusador e o caçador. A frase fatal enuncia seu destino.

Ele fora o perseguidor: caçador e atormentador, cão de matilha e líder. Acuar, forçar as portas, jogar na prisão, arrastar os recalcitrantes sob as muralhas. Livrar-se do manto e lançar com todo seu impulso a pedra... Por que persegues, acusas? Por que, realmente? Coloca-te a questão, em ti mesmo. Qual é esse gozo secreto com o qual se acossa um homem? A voz lhe revelou aquilo que nele mesmo ele já suspeitava. Como justificar a fúria sobre um corpo que sofre e sangra? Como justificar a fascinação secreta e o perturbador prazer que se tem de apedrejar um homem? A voz lhe revelou o mal.

Acreditara-se justiceiro, instrumento e braço da lei. Não é mais nada.

Imaginara-se o filho do saber, fadado a Deus. Está destituído.

Seus companheiros, em Damasco, não estão no fim de suas penas. Conseguiram conduzi-lo até à casa onde passam a noite. Paulo permanece prostrado. De repente, procuram-no. Agarram-no na rua, errante, o olhar perdido, dando voltas feito um velho demente. Trazem-no de volta. Ele não fala e seu olhar dá medo. Resolvem prendê-lo pela noite. Ouvem-no andar agitado de um lado para outro no quarto. De manhã, não está mais lá. Procuram-no por toda a cidade, nos pomares, sob as muralhas. Desapareceu.

Paulo fugiu para o deserto. Aos desesperados, aos desgarrados, aos orgulhosos, o deserto responde pela força esmagadora do silêncio, pela ferocidade de um céu sem sombra, pela indiferença de uma extensão de areia e pedras sem fim. Pela ameaça do esgotamento. Pelas miragens que fazem chorar de cansaço e decepção aquele que delas tenta se aproximar. A sede. A fome. Paulo quer ressecar e esfaimar o mal, domar e secar a violência. Prosseguir, caminhar até cair, até que o mal se esboroe com o corpo em poeira e em areia. De noite, ele escuta: os latidos dos chacais, o riso das hienas e, às vezes, um galope furtivo; o deserto vive. Agachado num buraco de rocha, ele estremece, os olhos bem abertos sobre a abóbada das estrelas e a imensidão da noite. Não há mais lugar para ele na calma beleza do universo. Não há mais bondade nele para dar graças a Deus por ter criado o mundo. O mistério dessa grandeza infinita o rejeita, ele, o serzinho. A escuridão infinita da noite e a luz infinita das estrelas o rejeitam, ele, o cego. A bondade infinita de Deus o rejeita, ele, o mau. Entre noite e noite, entre o negro da terra e a tinta do céu, ele é apenas um seixo, uma poeira, um dejeto: o rebotalho dessa abóbada celeste erguida por uma única palavra de Deus; o indigno, o sujo, o destituído do amor divino, o excluído da sociedade humana. De manhã, ele às vezes se aproxima de um acampamento de nômades; eles acolhem com piedade o homem que os olha sem vê-los, que não lhes responde e que leva o que lhe dão. Um homem de luto ou um homem de Deus? Que importa. Um homem cujo olhar perdido busca mais longe, através do deserto, algo que ele é o único a ter perdido e que ele ainda não conhece.

Na prova do deserto por onde passam os grandes místicos e os profetas, ele encontrou o sentido de sua dolorosa interrogação. Mais tarde, ele só falaria disso por alusões, com tato e pudor. Num tal homem, que tem para consigo mesmo tais exigências, a dúvida e o remorso têm a força destruidora do fogo. Como os outros profetas, no deserto ele travou seu combate contra o demônio, lutou com o terror da revelação, com o orgulho terrível de querer sozinho matar o mal, com a tentação de deixar-se cair do alto de uma montanha.

Ele havia deixado a culpa surgir por arrombamento e quebrar sua consciência. *Oti me diokeis?* Por que me acusas? Ele se desculpou, no mais fundo de si, por uma falta secreta: o mal estava nele. Mas a interrogação dolorosa dirigida ao Outro também era um protesto doloroso de inocência: do que me acusas? De que devo acusar-me? A voz interior, a mensagem acusadora, também continha a reivindicação de inocência. A falta não fora nem deliberada nem consciente. A mensagem não podia encerrar-se por uma pontuação, e, voltando-se sobre si mesmo, ele prosseguia ao infinito o duplo círculo da inocência e da falta. Paulo poderia ter prosseguido até morrer o caminho sem fim, cego feito uma formiga a percorrer a superfície da tira de Möbius, a passar de uma face à outra, da inocência à culpa, e a dar voltas, eternamente. Mas Paulo, diante do infinito da questão, elaborou sua resposta. Tomou-lhe anos.

O volta sobre si mesmo

Em Damasco, Paulo se converteu, diz a tradição cristã. Lucas, o Evangelista, seu biógrafo oficial, o redator das Atas dos Apóstolos, escreverá, alguns anos após a morte de Paulo, a simbólica cena. A voz ouvida diante de Damasco é a de Jesus. Paulo logo se converteu. As escamas lhe caem dos olhos; ele se põe a pregar, imediatamente, em Damasco mesmo. Lucas, excelente escritor e responsável pela mensagem apostólica, usa não só o símbolo, mas o atalho. Acreditemos no próprio Paulo: ele ouviu a voz e foi para o deserto, "na Arábia", diz ele. Ali começou dolorosamente uma elaboração que culminaria, muitos anos mais tarde, nas grandes epístolas.

Lançado em sua perseguição, correndo e acusando, caçando os maus, ele parara de súbito: em nome de que acusas os outros? Em nome de que tu te eriges em acusador? Poucos homens foram capazes de se colocar essa questão. Acreditar-se depositário do justo e do verdadeiro é mais cômodo e mais freqüente. Ele descobriu que a falta de que ele acusava o outro estava nele. O culpado era ele. Ele deu uma volta sobre si mesmo, arrependeu-se (*metanoia* em grego), e essa palavra, que implica um movimento de virada, foi dogmática e definitivamente traduzida por conversão. Era na verdade uma verdadeira renúncia: ele renunciava a acusar os outros. Certamente, poucos homens tiveram como ele essa grandeza: resistir à facilidade de transferir para o outro as próprias fraquezas. Resistir à tentação de acreditar-se inocente. Resistir à facilidade de invocar a lei para desencadear o ódio. Ele olhou em si mesmo e descobriu sua figura odiosa, a do perseguidor: "A goela escancarada de imprecações, ódio e acusações... Em sua estrada ele semeia a ruína e deixa para trás a miséria." Poucos homens tiveram a esse ponto essa liberdade de não mais depender do legal para julgar o bem e o mal. Essa liberdade, adquirida ao preço de um sofrimento extremo, ele em seguida a usou com uma generosidade igual a seu gênio. Não é fundador de religião quem quer. Pois a liberdade obtida sem querer o desligava da lei e o deixava desesperado. Ele na realidade não estava livre, mas largado. Deixado tombado, abandonado. Caído. Havia perseguido, acusado, atormentado, sob a responsabilidade da lei. Ao se libertar da lei, ele se excluía de sua comunidade e permanecia só diante de sua culpa. Pensou morrer disso.

Aconteceu, então, uma solução milagrosa. Lucas, seu biógrafo, e os cristãos consideraram tudo isso naturalmente um milagre, sem nisso pensar mais. Uma revelação, disse Paulo, um desvelamento. Ele compreendeu que a voz era a de Jesus. A interrogação, o sismo, que abalara todo seu ser, que o jogara fora de suas certezas, surgira quando ele perseguia os discípulos de Jesus. Na solidão do deserto, ele pôde disso deduzir que a voz era a de Jesus. Na verdade, aconteceu um duplo e até um triplo milagre: o tempo da atribuição da voz a Jesus, antes de mais nada, depois o tempo de interrogar-se sobre sua significação. Enfim, e aí está o mais notável, essa significação num longo e terceiro tempo, ele foi capaz de construí-la ele mesmo. Antes de conseguir atribuir a voz a Jesus, ele mergulhava, sem parar, num golfo de culpa, pois a dupla questão levantada pela voz sempre o trazia a sua falta. Uma vez atribuída a Jesus, a voz tornou-se aquela da possível reconciliação.

A corrupção de Adão

Oti me diokeis? Por que me persegues com tua cólera? Por que me caças? Não é o grito de Adão tanto quanto o de Paulo? Adão a quem o mal acaba de ser revelado. Adão jogado fora. Em Paulo, destituído brutalmente de sua inocência, ressoou a dor da queda de Adão. Adão sabe, daqui por diante. Conhece a culpa. Não é mais um inocente, ele sabe o mal, nele.

Paulo reviveu, quéstionou, interpretou a queda de Adão. A falta, terrível, do filho. A vindita do Pai. A expulsão e a "condenação à morte" (*katakrima tou thanatou*). O questionamento febril de Paulo, sua resposta apaixonada foram congelados em dogma quase inabalável: a corrupção secundária da criatura, criada por Deus perfeita e imortal. A corrupção de Adão! Doutrina fundamental do pensamento cristão e da filosofia política cristã. Adão, o primeiro corrupto e corruptor, a criatura destituída, está na origem de uma corrente que desde então liga os homens, seus descendentes, herdeiros da falta primitiva, herdeiros dessa mortal corrupção. A corrupção de Adão, na verdade, foi uma invenção de Paulo! Surpreendente? Leiamos de novo o Gênese: Deus expulsa Adão do jardim com medo de que ele também coma, no mesmo ritmo, da árvore da vida e se torne imortal. Só faltava essa! diz Deus, comentando as bobagens do garoto. Como bom papai, cuida de agasalhar os filhos e costura para eles túnicas de pele de animal antes de pô-los para fora. Adão não fora criado imortal. A queda, a decadência do homem, a intensidade trágica da cólera divina ou paterna, o patético da exclusão, da rejeição, tudo o que a cristandade familiarmente nos transmitiu traz a marca de Paulo.

Tentando reconciliar-se consigo mesmo e justificar-se junto a Deus, Paulo conseguiu: reconciliou Deus com Adão. A obra de justificação terminou com a monumental epístola aos romanos. A falta de Adão estava perdoada.

A falta estava perdoada! Ele estava trazendo uma grande notícia! "Meu Evangelho", disse. Para criar *seu* Evangelho, *sua* boa e feliz notícia, para partilhar sua revelação, ele torceu as palavras da língua grega ao sabor de sua vontade, dobrou-as e moldou-as com toda a força de seu trabalho intelectual. Desdobrou a força de sua muito singular lógica, que uma leitura (extremamente) apressada arriscaria mostrar, ao contrário, como evidente tanto parece desde sempre estruturar nosso pensamento, tanto constitui, sozinha, o edifício do cristianismo. A espantosa singularidade de sua língua, o uso neológico e a invenção de seu vocabulário foram esquecidos, apagados pelas convenções de uma tradução fixada definitivamente pelos concílios cristãos e o gaguejar dos catecismos. Quando começamos a nos debruçar sobre a invenção de Paulo de Tarso, sempre acabamos decifrando com surpresa, com uma curiosidade infinita, a palavra por palavra de sua estranha língua grega.

A falta estava perdoada! Confrontado consigo mesmo, com um humano que ele considerava culpado, prisioneiro e condenado, Paulo construiu uma função divina, uma instância simbólica paterna de perdão e libertação. Libertar o prisioneiro condenado. Perdoar ao culpado. Mas por que, de que, o homem era prisioneiro? Era prisioneiro de seu corpo, da carne (*sôma, sarx*). Era prisioneiro e escravo de seu desejo, de seus apetites carnais, de suas cobiças (*epithumia*). Era prisioneiro, escravo de suas dolorosas paixões (*pathemata*). Estava na escravidão da corrupção da carne (*douleia tês phthoras*). Estava prisioneiro da falta (*amartia*, traduzido classicamente por pecado). E, como um escravo pego em falta, estava encarcerado e fadado ao castigo e à morte.

A sociedade romana, a lei romana, no século I° de nossa era, separavam radicalmente escravos e homens livres. Os escravos estavam excluídos do direito. Não eram julgados, mas submetidos ao arbítrio do senhor, que decidia se viviam ou morriam. Dizer-se escravo, ser escravo, não era entendido como uma imagem, uma flor de retórica, mas numa terrível e concreta realidade. Diante desse real da escravidão, uma única esperança: a libertação. O escravo, isto é, o homem segundo Paulo, tem esperança de ser libertado, resgatado, no sentido próprio. Libertado, liberado, mas como, e por quem? Ah, escutem, pela primeira vez, ressoar no Ocidente a esperança messiânica. O messias redimirá, efetuará a operação tradicional do resgate do escravo (*apolutrôsis*, traduzido classicamente por redenção). Diante do terrível real do escravo pego em falta que aguardava em sua cela, na angústia e no desespero, a execução da sentença de morte pronunciada por seu mestre, uma esperança: a graça, *charis*. O escravo culpado, encarcerado e condenado à morte, será agraciado e liberado. Vão lhe conceder a vida.

Com efeito, grande e magnífica notícia a de Paulo! Escutemo-la: cada palavra pesa e cada proposta conta. Ainda, e sempre, e bem mais do que se teria suposto à primeira vista. Sigamo-la, não com o ouvido indiferente que se fecha ao velho catecismo, mas com a concentração necessária para seguir uma construção lógica. Vale a pena. Se chegarmos bem perto das velhas palavras usadas, vemos surgir, bem nova, ainda nascente, a lógica de todas as esperanças messiânicas. *Oti me diokeis?* Por que sou acusado? Por que sou caçado? Rejeitado? Condenado? Por que sou excluído?

Acusado, serei defendido. Prisioneiro, serei libertado. Condenado, serei salvo. Escravo, serei resgatado. Excluído, serei eleito. Caído, tu me levantarás... O homem culpado, que tinha suscitado a ira de Deus e seu ressentimento, será objeto de uma reconciliação, de uma justificação, de um amor reencontrado. Aquele que não tinha mais direito de se dizer filho, que fora expulso, será chamado. O excluído, o rejeitado, será escolhido e encontrará um novo estatuto de eleito. Em tudo isso, notemos por uma última vez que o homem caído, destituído, acusado, caçado, excluído, rejeitado, era uma perfeita representação do próprio Paulo, aplicada sem dificuldade a Adão e ampliada a todos os homens. Paulo, acusando-se e protestando em vão sua inocência, ao tentar se reconciliar com seu Deus, reabilitou, com o mesmo movimento, toda a humanidade.

O homem antigo, prisioneiro de sua decadência, escravo de sua corrupção e – infelizmente! – mortal, cedia a uma criação nova, ao homem novo concebido e inventado por Paulo. Ao homem incorruptível! Nada menos!

A invenção da in-corrupção

A língua grega clássica usa a palavra *phthora*, corrupção, destruição por decomposição do corpo orgânico uma vez morto. Um intelectual grego contemporâneo de Paulo que quiséssemos interessar pela *phthora* de Adão ou de seus descendentes ali só teria entendido uma constatação sobre a natureza putrescível do ser vivo. Corrupção, palavra comum, foi utilizada normalmente por Aristóteles para significar a lei universal da decomposição dos corpos biológicos. A corrupção, a *phthora*, é um fenômeno físico que não se negativa. Não se pode fazer uma afirmação de inexistência sobre o real. Não se pode negar a *phthora*. Paulo inventa a palavra *aphtharsia*, cria um neologismo, a palavra *in-corrupção*. *Aphtharsia* foi traduzido por incorruptibilidade. O neologismo se impôs. Foram esquecidas sua criação e a formidável audácia de um pensamento que concebeu o inconcebível. Paulo inventou a in-corrupção do corpo.

Aphtharsia, incorrupção, incorruptibilidade. Paulo criou a palavra onde se estreitava, onde se amarrava a dupla fivela infinita da inocência e da falta, o percurso que ele perseguia em círculos numa errância sem fim. A palavra "incorruptibilidade" foi o coração, denso, compacto, de toda a sua construção. Parece que isso não foi notado. Todas as significações levam a isso e todas nascem disso; todas as suas associações levam à incorruptibilidade e toda a sua lógica se origina da incorruptibilidade. Nessa incorruptibilidade, nessa significação neológica, criada, inventada, encontram-se, enfim, agarram-se, juntam-se, amarram-se o sopro e a carne, o escravo e seu resgate, a prisão e a libertação, a inocência e a falta, a condenação e o perdão, a morte e a salvação. Foi o ponto em que se amarraram, na construção de Paulo e em sua elaboração subjetiva, a função *simbólica* do julgamento, do perdão e da libertação, o *real* doloroso da criatura destituída e mortal, presa pela culpa e a angústia, e o *ideal* imaginário de uma grande promessa de vida, a ser entregue a toda a humanidade.

A incorruptibilidade, ou antes, a *incorrupção*? A incorruptibilidade significava a vida eterna. A incorruptibilidade significava que os mortos se levantariam, o que já anunciava a ressurreição de Jesus, que Paulo podia mostrar uma vez que, diante de Damasco, Jesus lhe havia falado. A incorruptibilidade significava que o homem fora libertado das paixões da carne corruptível, que fora liberado. A incorruptibilidade, ainda e sobretudo? O termo de um processo que ocorreria em dois tempos: o veredicto da condenação (*katakrima*) primeiramente, depois o perdão. O efeito real do perdão se verificaria pela realidade da incorruptibilidade. Magnífica realidade! O corpo culpado, corruptível e corrupto, aquele que desde a cólera de Deus, desde a falta de Adão, recaía em pó, retornava à lama, à terra... o corpo se ergueria em sua eterna beleza de antes da queda. O perdão concederia a todos os homens precisamente aquilo com o que sonham: a *incorruptibilidade* de um corpo eternamente jovem.

Foi uma virada decisiva no pensamento. Devemos pesar cada termo. O princípio do Incorruptível simbólico encarnado num corpo humano, Jesus, salva o condenado e o corrupto. O eleito daqui por diante também será incorruptível. Incorruptível segundo as três significações paulinas. Liberado enfim da corrupção originária. Lavado de toda acusação. E, para a eternidade, imortal.

Nem todos serão escolhidos, eleitos. Um crivo separará os eleitos dos excluídos. Um julgamento, um crivo no sentido próprio (*krina*), triará o corruptível e o incorruptível, *phthartos* e *aphthartos*. Separará aqueles da carne (os corruptíveis, os fracos e os concupiscentes, os impuros e os ímpios) daqueles do espírito. Um julgamento supremo, derradeiro, o Juízo Final, efetuará a operação de triagem. Um crivo radical triará e separará para sempre o incorruptível e os corruptos.

Encontramos, na clareza de sua origem, a lógica pura do Incorruptível: salvar o homem de sua corruptibilidade, de suas paixões, seus vícios, sua natureza mortal. Julgar a parte de corruptível que permanece apesar de tudo, que resiste à operação da salvação, à incorruptibilidade desejada. Cortar, do incorruptível imaginado, a corrupção. Eliminar o mal. Encontramos o princípio da ação dos numerosos profetas do incorruptível, que se aplicarão a salvar os homens, isto é, na realidade, a julgá-los, a triá-los.

A incorruptibilidade impôs-se com a propagação do cristianismo. Com ela, impuseram-se as novas significações da corrupção. Doravante, corrupção significaria a um só tempo o fenômeno físico e real de decomposição e a apreciação imaginária de uma complacência do corpo, de uma submissão consentida às paixões e aos desejos. A ressurreição do corpo também recompensava uma faculdade de ascese. Assim, a eventual incorruptibilidade do corpo ressuscitado em sua integridade se confundiria para sempre com a presunção de uma integridade moral. A incorruptibilidade moral é um ideal necessário à construção paulina. Aqui se colocará sempre uma grave questão: como se julga a incorruptibilidade de um homem? Enquanto aguardam Deus decidir no Juízo Final, os homens só podem imaginar. A incorruptibilidade de um homem, ao longo de sua vida de humano, é coisa difícil de avaliar: digamos que é a imagem que um homem dá de si mesmo à sociedade de seu tempo. Ou ainda, a imagem ideal de inocência, ou de virtude, que ele remete a si mesmo. A incorruptibilidade, essa hipótese, enquanto se aplicar à realidade modesta de uma vida humana, é imaginária.

Qual é o real da incorruptibilidade na construção de Paulo? Não a integridade moral, que é o pilar imaginário. A incorruptibilidade divina tampouco, que é o pilar simbólico. O real da incorruptibilidade? A ressurreição dos corpos. É claro, esse real só vai se verificar no Juízo Final. Amanhã, esta noite talvez. Paulo estava seguro disso. Entretanto, para o conjunto do pensamento ocidental, Paulo abriu bem grande, antes da verificação do Juízo, a porta do imaginário da incorruptibilidade.

O incorruptível? Liberado de sua humana e carnal natureza, mantém-se afastado de suas paixões e apetites, de seus desejos. Ele, é impossível acusar. É digno de viver. Preservem-se do desejo! Desse desejo que também foi a falta e a corrupção de Adão. Desejar humanamente, humanamente demais, vai excluí-lo do círculo de luz e vida, amor e perdão. Não se justificarão nem suas ações nem seus atos. Você vai de novo cair na prisão escura dos reprovados, dos caçados, dos excluídos que são acusados, daqueles que não têm mais direito algum, dos corruptos aos quais daqui por diante mais nada se perdoa.

Pela primeira vez era operado no pensamento ocidental o corte radical a separar definitivamente o incorruptível dos corruptos. Pela primeira vez, separavam-se os chamados dos reprovados; separavam-se aqueles a quem se perdoa e aqueles a quem não se perdoará nunca mais; triavam-se aqueles que são adotados com amor e aqueles que são deixados fora sem piedade; aqueles a quem se concede a vida e aqueles que são abandonados, em toda inocência, em toda boa consciência, à reprovação e à morte.

A criação incorruptível

A conversão de Paulo diante de Damasco, episódio crucial, evidentemente é deformada por sua representação tradicional: Paulo era judeu e, de repente, se fez cristão. Esquece-se que foi Paulo quem construiu, escreveu o dogma cristã! Imaginário do instantâneo, de uma revelação fora do tempo, cortada do passado. Imaginário de uma cristandade que se separa do judaísmo. Aqui se enxertou a Inquisição institucional dos Estados católicos como a Espanha, a obsessão da corrupção da fé católica por judeus mal convertidos. Sintoma do recalque sobre a origem do cristianismo, constante, quase inabalável. Acredita-se, por exemplo, que a doutrina cristã nasceu da fala de Jesus, toda constituída. Três gerações, três tempos foram na realidade necessários: a fala de Jesus primeiramente; depois, após sua morte, a construção teológica de Paulo; enfim, num terceiro tempo, após a morte de Paulo, a redação dos Evangelhos (inclusive o de Lucas, discípulo e médico de Paulo). Na realidade, e de modo inteiramente normal, Paulo levou anos para terminar seu imenso edifício.

Antes de se tornar porta-voz de Jesus, seu mandatário (*apostolos*, traduzido classicamente por apóstolo), ele hesitou. Voltou a Jerusalém para conhecer Pedro, o legatário, e Tiago, o irmão de Jesus. Buscou primeiro junto a eles, que eram os herdeiros oficiais da mensagem de Jesus, uma legitimidade. Retornou a Tarso, à casa familiar, para um tempo obscuro de dúvida e tristeza. Enfim, por volta dos trinta anos, com um irmão nazareno, Barnabeu, pegou as estradas. Seu mandato não o deixaria mais durante mais de vinte anos, até a morte.

Mensageiro da libertação e prisioneiro

Foi uma exaltadora e perigosa odisséia. O caótico périplo da boa palavra. Anos de marcha! Anos de navegação! Através dos países do

Mediterrâneo Oriental, para além dos desertos e além dos mares, e finalmente até em Roma. Uma epopéia cujos heróis, os primeiros missionários da cristandade nascente, os primeiros mandatários do messias Jesus, Paulo e seus jovens companheiros, eram corajosos rapazes. São doravante estátuas congeladas na dignidade dos frontões e nos muros de nossas igrejas. Vejamo-los antes como um bando de jovens revolucionários, competindo em erudição e eloqüência, mas capazes de brigar nas assembléias e ardentes de uma febre messiânica. Empurrados pelo sopro sagrado, o vento do largo e da aventura, levavam de cidade em cidade, arriscando a vida, o anúncio de um mundo novo. Envolvido num longo manto de lã grossa, o bastão na mão, o cantil de pele de cabra a tiracolo, Paulo, o intelectual, o serzinho magro, também era um grande caminhante e um bom nadador, capaz de assistir com sua robusta constituição à graça e ao socorro de Deus. "Fadigas, labores, vigílias repetidas, fome, sede, jejuns prolongados, frio, nudez, eis a minha vida", diz ele. Nada o retém. Em pleno inverno, atravessava desfiladeiros nevados. No outono, caminhando no leito de uma torrente em cheia, quase se afogava. Às vezes, barrando a estrada, um bando de salteadores. Além disso os lobos, as feras e as serpentes. No mar, a tempestade, a carga jogada fora, o barulho sinistro do mastro que se parte, do casco que se fende; o barco naufragado num escolho, e Paulo náufrago, uma noite inteira agarrado a uma prancha, fiapo de palha mergulhado no mugido das ondas e das trevas. Mas Paulo, quando viajava, era feliz. O cansaço físico, a vida rudimentar do nômade, a vigilância para sobreviver eram para ele como longas pausas. Amava a solidão e o silêncio da marcha; de noite, os acampamentos improvisados, as conversas com o irmão de estrada. Despertar com o frio da madrugada, enrolado na coberta de lã na qual dormiu. Comer azeitonas e um figo seco, sentado numa pedra, diante do sol nascente. Ele se preocupava pouco com as paisagens, pois há muito tempo estava absorto numa espécie de contemplação interna, num trabalho intelectual que não cessava nunca. Mas, durante alguns instantes, era sensível ao canto dos pássaros na luz, ao frescor do ar e à carícia do primeiro sol em seu rosto, às vastas extensões de céu. Era duro para ele, numa cidade, dormir sob um teto. Ah, lá não ficava muito tempo. Era logo expulso. Paulo, o perseguido... Paulo pegava de volta a estrada.

Trazia, no entanto, uma mensagem de amor. Quando chegava numa cidade, procurava a comunidade judia e encontrava trabalho num ateliê de tecidos ou com um alfaiate. Cozia e remendava, em troca de cama e comida. Na noite de sabá, na sinagoga, tomava a palavra e contava como se tornara enviado de Jesus, o messias. Todos ficavam surpresos. Ele anunciava o advento do novo tempo, do homem novo, imortal. Como prova, mostrava a virada completa de sua vida, a voz de Jesus que lhe havia falado. Como prova, pedia, na sinagoga, que lhe trouxessem o Livro, abria-o, escolhendo trechos. Interpretava o mistério contido no texto revelado, a vinda do messias Jesus anunciada nas entrelinhas pelos profetas, por Isaías e Daniel, e que ninguém antes dele tinha sabido ler. Alguns aderiam à promessa de eternidade e reconheciam sua autoridade de profeta. Tornou-se o chefe espiritual de várias pequenas comunidades, que ele guiava, como rabino, na vida cotidiana. Deixava-os brutalmente. Sempre era um escândalo. Paulo, sempre, devia fugir.

A mensagem de esperança e amor semeava também a perturbação. A boa nova não era tão bem recebida. O novo profeta, reconheçamos, não era muito diplomático. Em plena sinagoga, pretender suspender a lei de Moisés! Abolir a lei em nome da fé em Jesus? Renunciar à circuncisão? À marca da aliança com Deus? Apóstata! Traidor! Blasfemador! Sacrílego! Os homens se levantam, gritam, protestam, indignam-se; a discussão degenera em briga, acaba na rua; num grande tumulto, uma mistura confusa de insultos, socos e gritos, os partidários de Paulo lutam contra os tradicionalistas. Uma revolta! A polícia romana se inquieta: quem está excitando a população? Paulo! E Paulo, maltratado pelos seus na sinagoga, é em seguida preso e castigado em público pelos soldados romanos. Punido com espancamento na praça principal por incitação à desordem, jogado na cela e expulso.

Perseguido e espancado por seus irmãos judeus, espancado e aprisionado por seus concidadãos romanos. Pois ele também era cidadão romano! Nativo de Tarso, usufruía do estatuto de cidadão, e, portanto, de certa proteção. Por que agüentar a corda e o porrete, ser espancado? Chocar? Escandalizar? Paulo tinha o dom de provocar as multidões, e não só os judeus tradicionalistas. Ora (em Listra) uma cidade inteira se junta contra ele, o apedreja e o larga quase morto. Ora (na Macedônia) ele levanta o furor, é agarrado em plena rua, apupado, acusado de magia ou de necromancia, e, sem outra forma de processo, espancado e preso. Em Jerusalém, no fim da vida, sua presença desencadeia uma insurreição; os soldados romanos o arrancam por pouco das mãos de uma maré humana disposta a linchá-lo, erguem-no nos braços e põem-no ao abrigo numa torre fortificada.

Ele não era mais o estudante franzino de Jerusalém. Endurecido, musculoso, coberto de cicatrizes, feridas, cortes, marcas de chicote e pedradas. Sobre ele, as marcas da cólera, da violência, como se, abrindo uma passagem brutal entre os homens, ele se talhasse, se ferisse. Uma cicatriz lhe cortava a testa. Tinha – não era estranho? – o corpo de um escravo maltratado. Ou então de um gladiador. Diante dele, a arena continuava a se estender, sem fim. Nele, o sopro profético exigia não tranqüilizar o mundo, mas despertá-lo. Tanto pior se acender a discórdia, se uma mesma família brigar e se dividir. Ele era o homem novo, aquele que quebra as velhas barreiras, queima os interditos, os ritos, os códigos. O homem novo exclui-se da família, joga-se fora da tradição. Lança-se para frente, mais longe, rumo ao futuro, corta os laços que o ligam a seus hábitos, renuncia à paz. O homem novo se separa de si mesmo, põe fogo na própria casa e, sem olhar para trás, vai em frente. E quando o acusam de sacrilégio, quando as barreiras estão em chamas e desabam, ele enfrenta o pavor e o ódio de todos.

Rejeitado, odiado, insultado... Por um paradoxo que diz sua verdade, o mensageiro do perdão e da libertação passou grande parte da vida na prisão. Corinto, Éfeso, Filipas, e Jerusalém, e Roma, e quantas prisões ainda...

Foi escolha sua. "Atormentado, e esgotado, pelas angústias, as penas, as prisões, os jejuns, os golpes, as vigílias. Em perigo a todo momento e morrendo a cada dia." Cidadão romano e mais maltratado que um escravo. Escravo e prisioneiro do messias (*doulos tou christou*). Tinha prazer nesses maus tratamentos, nessas perseguições, nessas angústias; gostava de ser caçado, perseguido, maltratado em nome do messias. Tão profundo era o abismo onde caíra, e tão alto o êxtase da revelação onde se elevara... tão vertiginoso o golfo entre o que sentira de sua decadência e o auge de sua eleição... entre o céu ao qual aspirava e o monte de lixo, o rebotalho da terra com o qual se identificava... que ele preferia ficar retido pela escravidão e a prisão ao invés de abandonado à angústia de uma queda sem fim. "Atormentado, mas não desesperado; perseguido, mas não abandonado. Rejeitado, mas não perdido. Moribundo, mas sobrevivendo ainda. Punido, espancado, mas feliz."

Para responder à infinita questão da inocência e da falta, ele se instituíra prisioneiro de Jesus (reconhecendo-se culpado) e mensageiro de uma nova justiça divina (que o inocentava). Proclamar o advento da liberdade, elaborar uma justiça *simbólica* e imaginar o tempo *ideal* da inocência reencontrada, certo, ele foi capaz disso, com um impulso admirável, uma energia inesgotável, uma exaltação sem cessar renovada, mas contanto que permanecesse, no *real* de sua vida, sem cessar castigado e preso.

Era apenas a pregnância de sua fantasia? Não. A inocência imaginária, a incorruptibilidade derradeira, esperada, exige que seja sem piedade acossada, esmagada, presa, castigada a menor parcela de corrupção interna, de mal, inclusive em si mesmo. Exigência, no real, da expiação. Exigência de "purgar" o sujeito de sua culpa, de separá-lo do objeto do gozo. Exigência de sacrifício, do outro ou de si mesmo, implicada pelo ideal de uma pura eternidade e uma pura inocência. Explicaremos sob essa luz os mártires, cristãos ou revolucionários, e certas práticas judiciárias que lutam contra a corrupção dos homens. Sobre certas maneiras que eles têm, sem querer, de estar seguros da salvação.

Uma comunidade de incorruptíveis

Em cada cidade, o pequeno grupo de seus convertidos se organizava. Suas comunidades. As dele. Não uma comunidade grega tradicional, fundada sobre o "comum", mas uma comunidade particular, a de Paulo, o chamado, de Paulo, a voz da esperança. Uma comunidade unida em torno da "chamada": a assembléia dos chamados, dos convocados, a *ekklesia* (que foi traduzido por igreja). Ele se preocupava com a educação deles, mantinha a fé, velava pelo bom comportamento. De muito longe, escrevia-lhes. Com ternura, sempre. Às vezes com amargas censuras. Suas comunidades, de que gostava como um pai e de que cuidava como uma mãe, nem sempre lhe eram fiéis.

Para ele era uma desilusão. Ele sofria a concorrência de outros "enviados", missionados pelos doze, os autênticos apóstolos de Jesus, que defendiam seu terreno e vigiavam com circunspecção, senão com suspeita, Paulo o excêntrico, o impulsivo, o agitador agitado, o apóstolo autoproclamado, que declarava abolir a circuncisão. Esqueceu-se a batalha de ideias, a efervescência revolucionária e mística, a violência dos conflitos que opuseram homens de fé ardente, seguros cada um de deter a verdadeira verdade, a verdadeira mensagem de Jesus. Pobre Paulo! Vigiavam a sua ortodoxia. Minavam a sua influência. Denegriam-no. Ele tentava respeitar os velhos companheiros de Jesus, mas como não ficar com raiva? Eles resistiam à sua interpretação messiânica, recuavam diante da audaciosa proposta de abolir a lei de Moisés, a circuncisão, os interditos alimentares. Não é paradoxal? Paulo inventou o cristianismo ao batalhar contra o conservadorismo dos primeiros discípulos de Jesus.

Tentavam arrancar dele suas caras congregações. Ele ficava doente. Desesperado. Prestes a morrer. Ressurgia, indignado, fulminante, e repreendia os filhos queridos, mas ingratos, esquecidos, covardes e versáteis. Na cólera, na emoção, suas ideias, suas palavras se chocavam. A impaciência para ele era uma virtude. O tempo tem pressa diante do fim dos tempos. O Juízo Final está chegando, esta noite mesmo! Fiquem acordados! Apressem-se! Esse fluxo precipitado, o secretário o recolhia às pressas, como podia, em tabletes de cera; depois procurava traçar cuidadosamente a letra no papiro. Um discípulo encarregava-se da mensagem. Viajava a pé ou por mar. A missiva acabava chegando. Era desenrolada e lida em público. Era lida uma segunda vez, depois a reliam ainda. A carta era conservada e copiada em vários exemplares, com os cuidados do amor.

Pois ele era amado. Seus convertidos tinham a intuição de que ele lhes oferecia não só sua ferida íntima, mas uma verdade universal. Alguns deixavam a casa e o seguiam. Um lhe servia de secretário, o outro de médico, um terceiro tentava (coitado!) fazer ofício de guarda-costas. Outros viajavam a seu lado, para propagar "sua" boa nova. Ele nunca se contentou. Queria sempre mais adeptos para aderir ao que se tornaria, pela força do número, uma universal certeza: a remissão do mal, o resgate da falta. A paz, enfim. A paz entrevista para mais tarde, para o futuro, ao preço de batalhas, de esforços mantidos, de façanhas renovadas a cada dia. "E eu corro sempre, embora ainda não tenha agarrado o que persigo... Mas se o levantar dos mortos não existe, se a ressurreição de Jesus não existe, sou dos homens o mais digno de pena."

Certo, ele havia conseguido prender, na palavra incorruptibilidade, a oscilação infinita do bem e do mal. Certo, ele empreendia uma construção monumental, uma verdadeira catedral! Mas em edificação permanente e incessante, em equilíbrio frágil, instável, e ser sempre perseguido: precisava criar sempre mais novas comunidades, converter sempre mais, para não voltar a ser o homem mais digno de pena. Ganhar as adesões à ressurreição de Jesus e à ressurreição dos mortos. Ampliar e reforçar a crença na encarnação do Incorruptível e a fé na nova incorruptibilidade. Ele precisava produzir, do ponto de vista de sua missão, homens novos.

É evidente que não estamos contando apenas a vida de Paulo de Tarso. Ao amarrar e desamarrar as fivelas de sua construção em torno de sua invenção da incorruptibilidade, vemos surgir a lógica que o conduz. Ao criar suas comunidades, Paulo se atribuíra a missão de criar, no *real*, o homem novo: um homem íntegro, *imaginariamente* incorruptível, que acredita ele mesmo na Incorruptibilidade *simbólica*, no Juízo Final e na exclusão definitiva do mal. Caminhamos laboriosamente e estamos recompensados: a lógica de Paulo será encontrada em outros tempos, em outros lugares, inesperados. Estamos recompensados, pois a estrutura, à qual não se pode escapar, ilumina do interior muitos desconhecimentos. Por exemplo? A enigmática "política" de Robespierre em 1794, tão criticada, tão incompreendida. Sua lógica, agora, podemos enunciá-la com precisão. Libertar um povo, devolver-lhe a virtude, criar um povo de justos, de incorruptíveis homens novos, um povo que crê no Incorruptível simbólico! O Incorruptível simbólico? O Ser Supremo e a imortalidade da alma. O novo povo crê nisso, por decreto da Assembléia Nacional de 7 de maio de 1794. Não é admirável? Robespierre não é nem um pouco guiado por intenções políticas (por isso a análise histórica e política fracassa em reconstituí-las), mas sua ação verifica na letra, na letra do decreto da Convenção, a fixidez da estrutura.

O efeito do significante, o efeito da aplicação do princípio do Incorruptível ao real e ao imaginário, arrasta, e sempre vai arrastar, todos os que se dedicarem à tarefa de criar o homem novo. O homem novo! Fórmula, aí ainda, inventada, criada por Paulo! Que sucesso! *Kainos anthropos*. O homem novo substitui o velho homem, o homem de antes, o velho Adão cheio de traças e todo podre, corrompido e mortal. O homem novo! Será esta a visada de todas as revoluções que quiserem encontrar e criar uma humanidade melhor. É este o objetivo, mais ou menos consciente, das ciências regeneradoras que decifram o alfabeto de uma criação mais perfeita. Uma criação nova. Aí ainda, que sucesso! Como Paulo dizia isso? *Kainê ktisis*.

O messianismo de Paulo dava à luz uma criatura nova. Pela primeira vez na história, uma coletividade identificava-se com a esperança de fazer advir um homem novo. Eterna esperança, sem cessar renovada. O homem novo tinha nascido infatigável.

Da livre consciência à salvação coletiva

O ideal do homem novo guarda uma má surpresa. A comunidade de homens novos, unida em torno da esperança, exclui e rejeita os "corruptos". Ao inferno! À fossa comum! Lógica da Inquisição, do Terror, das depurações revolucionárias, de toda depuração. Má surpresa, com efeito, pois Paulo, ao contrário, abre ao homem a liberdade de consciência. Ele foi um verdadeiro homem livre, como Sócrates, em outra cultura, em outro pensamento, havia sido. Ele ousou perguntar: "Por que minha liberdade seria julgada pela consciência de outrem?" O homem segundo Paulo decidiria e se conduziria na perspectiva do Juízo Final, que não é outro, enquanto não vem o final dos tempos, senão seu próprio julgamento.

O homem novo vai se apresentar só no tribunal de Deus. Logo, não há que vigiá-lo ou denunciá-lo. Infelizmente! Isso se revelou, na realidade e desde o início, um pouco mais complicado. Paulo vigiava ansiosamente a moralidade de suas ovelhas, coletava as informações, examinava as denúncias e endereçava de volta firmes instruções. Injunções e anátemas. Por quê? É uma verdadeira questão. Paulo, como homem normal, gostava de suas realizações, de sua obra. O que apresentaria para sua defesa no Juízo Final? Seus incorruptíveis. Apresentaria a Deus, com orgulho, suas comunidades. Suas crianças, suas testemunhas. Ele lhes dizia isso sem cessar: "Não são vocês a minha obra?"

Viajemos nos tempos modernos a bordo da máquina voadora da lógica. Levantando a cabeça com orgulho, uma luz de entusiasmo nos olhos, em 8 de junho de 1794, o dia da grande festa nacional do Ser Supremo, Robespierre apresenta a Deus, no Campo de Marte, o povo incorruptível que ele está criando.

Como estar seguro da realidade incorruptível da sociedade, da realidade da obra, da validade da ação, do resultado da missão? Paulo de Tarso respondia a uma lógica que será sempre a nossa toda vez que imaginarmos, animados por um belo ideal, criar o homem perfeito, eterno tanto quanto inocente. Que campo de ação! Um conjunto de homens que está na interseção da eternidade esperada e da morte. Na interseção do incorruptível imaginário e do corruptível real, um conjunto de corruptos: homens imaginariamente incorruptíveis e realmente mortais. Paulo nomeou esse conjunto os "herdeiros de Adão". Robespierre o nomeou o "povo francês": imaginariamente incorruptível e corrompido pelo despotismo. Notem que trabalhavam um e outro (e nós mesmos, se embarcarmos na onda) sobre um conjunto de corruptos a serem salvos e depurados. O mandatário da salvação e da justa justiça sempre será reduzido, na realidade, a uma pouco gloriosa vigilância da população cujo encargo ele assume. Ele velará sobre a moralidade. O infeliz juiz em incorruptibilidade humana, entravado na trivialidade dos pequenos negócios dos homens, da sexualidade e das ambições, vai estar no comando da Secretaria de Justiça.

Pensamos nos livrar do mal e eliminamos o desviante. Aquele que suja a imagem da inocência reencontrada. O próprio Paulo, o mais sábio, o mais livre, que nunca se acreditara inocente, que recusava julgar os outros... a isso não pôde escapar. Como responsável prevenido, ele não pretendeu proibir a seus convertidos freqüentar o mundo ordinariamente corrompido. No seio da comunidade, em compensação, ele desejava a pureza, a modéstia, a atitude e uma certa ascese. Foram estas suas excelentes instruções rabínicas. A comunidade unida identificava-se com a pureza de modos exigida por seu chefe espiritual para construir o homem novo. Lástima! Não há pureza sem depuração. Não há salvador que não seja um eliminador. Paulo ficou com raiva: *seus* coríntios toleravam em seu seio um "depravado". Eliminem o corrupto! Retirem a levedura antiga para fermentar uma massa nova. Cortem, separem, rejeitem! Os belos princípios estavam esquecidos. A reivindicação de uma liberdade de consciência individual, tão logo nascida, cedia diante da exigência da inocência coletiva. Foi uma primeira. Seria seguida de muitas outras.

Estamos dois mil anos mais velhos. Acabamos descobrindo que todo responsável pela salvação é prisioneiro de uma lógica de depuração. Laboriosa e dolorosa descoberta.

Satã, o corruptor

Nas igrejas, os cristãos – e os turistas – olham pouco o apóstolo Paulo, o santo calvo e barbudo que se mantém bem comportado à direita do Senhor. Sempre terá vivido em majestade na paz da eternidade, a paz segundo o Juízo Final. Esquecemos de imaginar Paulo, o homem vivo, e sua criação. Esquecemos os desafios, as derrotas, as vitórias. Ah, não o combate contra os infelizes judeus arcaicos da sinagoga! Nem mesmo os conflitos com os velhos companheiros de Jesus! O combate daquele que se confronta dolorosamente com uma rara e total liberdade. O combate entre o bem e o mal num homem de exceção que se obriga a julgar a si mesmo, que enfrenta a perspectiva do julgamento de Deus. Nossa época é tão estranha aos místicos! Esquecemos como se ganha, para um tal homem, a paz: ao preço de um combate sem trégua contra o desespero, mais ainda que contra a realidade do mundo. Ofuscado pela luz de suas visões, levantado pelo sopro sagrado, Paulo sempre guardou a lembrança das trevas e dos abismos onde também podia mergulhar. Ofereceu-se à batalha que travava consigo mesmo. Fortaleceu sua fé à prova da chama, todos os dias. Lutou contra Satã! Satã, o tentador! O corruptor! Satã, o acusador, diante do tribunal divino! Satã, o inimigo íntimo.

O diabo, que nos conhece tão bem quanto conhecemos a nós mesmos, havia encontrado a brecha, o ponto fraco do profeta, ali onde se podia azucriná-lo, tentá-lo, atormentá-lo, ali onde mais tarde seria fácil acusá-lo rindo dele. O espinho? A ponta secreta do diabo? A dúvida e o orgulho: as duas faces opostas e conjuntas da insinuação maligna. Nada igual para destruir alguém que se encarregou de uma missão. O orgulho, a pior das tentações! Paulo resistia, com todas as suas forças. Não queria cair no exagero: ver-se de repente autor e criador de todo seu edifício e não mais humilde mensageiro do messias... Igualar-se a Moisés! Moisés no Egito não havia libertado o povo eleito da escravidão? Ele, Paulo, libertava todos os homens numa eleição nova, ampliada a todas as nações! Libertava a humanidade inteira da escravidão da vida terrestre, da escravidão da corrupção. Ah! E se tudo isso fosse apenas sonho e ilusões? Se estivesse caindo nas espertezas do demônio? Então, da tentação aterrorizante do orgulho, ele passava à dúvida acusadora e torturante. Então... era o desespero. O abismo. Ele temia esses momentos mais que tudo. O sopro sagrado, o espírito divino, a inspiração que o carregara, arrastara, levantara... o deixava cair. Muito baixo. Sobre um monte de lixo. Abandonado, feito um bastardo recém-nascido deixado na rua, sobre as latas de lixo: "Abandonado, exposto, nu... com fome, com sede, trêmulo... vagabundo, e errante, e rejeitado por todos..." Ele vivia ali, dolorosamente, o real de seu ser. Quando de novo o sopro se levantava, ele pegava de volta a estrada. Partia e se oferecia novamente, com todo o seu corpo, faminto, sedento, trêmulo, errante, à sua missão. Continuava, sempre mais longe...

No fim dos tempos, pelo menos, como os outros eleitos, ele estaria livre das dúvidas. Livre do mal. Livre, enfim, de Satã. A operação impossível, a amputação radical do mau objeto, do *kakon*, do objeto do gozo maligno, seria enfim efetuada. Nele, no fim, a separação, definitiva, radical, do mal. Com o fim dos tempos adviria a eternidade do bem puro. Advento pacífico? Decerto não. Julgamento de fogo, dia de cólera e exclusão sem piedade dos ímpios. "Quando do céu se desvelar o senhor

Jesus numa chama de fogo... ele se vingará daqueles que não conhecem deus... e estes purgarão uma pena de perdição eterna..."

Essa interpretação da Justiça estrutura desde então, e para sempre, o imaginário ocidental. A separação definitiva e radical do bem e do mal. No pórtico de cada igreja, no alto, no centro, em majestade, o Juiz. À sua direita, os eleitos, belos e serenos, sorriem em silêncio. À sua esquerda, os demônios, disformes e careteiros, gritando e zombando, puxam e empurram os danados acorrentados que berram de medo e fecham atrás sobre eles as portas do inferno. Paulo acabou se vingando de Satã. Conseguiu expulsar o mal. No inferno, Satã! Para sempre! Não virás mais me tentar! O corruptor e o corrupto, o tentador (e aquele que se deixara seduzir), o enganado (e aquele que fora passado para trás) são definitivamente relegados, rechaçados, rejeitados. No inferno, corruptores e corruptos! O mal não ressurgirá mais. O diabo está vencido. As forças do bem triunfaram. O homem novo, definitivamente purificado, está livre para sempre da corrupção.

A salvação subjetiva

Para Paulo se acabava assim, com sucesso, sua construção subjetiva. Que esmagadora tarefa! Que vasta missão! Para além das forças e dos meios de um homem. Ele conseguiu. Suas representações de si mesmo e do mundo brotaram como energia de um mesmo buraco negro (o golfo da culpa e da decadência) e juntaram-se em torno de um mesmo conceito (a incorruptibilidade). Essa junção, como qualificá-la de modo mais preciso? Uma construção? Uma rede de significações que se amarravam solidamente entre si e a sustentavam, uma rede de cordas, uma escada de nós, anel sobre anel, que a mantinha fora do abismo e ficava sempre mais alta. Um edifício gigantesco, oferecido ao mundo.

Que desafio seu empreendimento! Transformar sua decadência subjetiva numa marca de eleição e seu combate em prova de uma universal reconciliação... Ele consegue. Transtornado pelo mal que uma vez descobrira em si, ele fez de seu ser o emblema vivo de um dever de esperança. Pôs nisso sua generosidade, seu gênio e sua coragem. Teve a força incrível de abalar o mundo, de imaginar um fim dos tempos, um Deus reinando sobre novos eleitos, judeus e não judeus, homens e mulheres, homens livres e escravos. A isso dedicou, até o esgotamento, até o sacrifício, sua valentia e sua energia. Encontrou, decerto, na efervescência apocalíptica das seitas judias, sublevadas pelo sonho de um triunfo definitivo sobre o paganismo romano, o tema do advento do novo reino e do fim dos tempos. Sua construção pessoal, que se afigurou suficientemente sólida para enfrentar os séculos, é ter ampliado o círculo dos eleitos de Deus, o povo eleito, ao círculo universal daqueles que acreditariam na voz de Jesus. Sua incrível força é ter querido, e conseguido, fazer com que todos ouvissem a voz que se dirigira a ele, muito intimamente, sua própria voz. Ter trazido a todos uma resposta a uma questão que era, a ele, muito intimamente colocada.

O povo eleito cedia seu lugar de eleição ao povo dos chamados, que, no Juízo Final, também vão acabar sendo os escolhidos, os eleitos. Proeza de constância, lógica e generosidade, também! Paulo conseguira submeter uma voz íntima, tão íntima quanto uma alucinação, a um reconhecimento universal e transformar um apelo singular, uma angustiante convocação, numa eleição universal.

Ele havia construído uma imensa catedral, quase que com as próprias mãos, para ali poder colocar, modestamente, à direita do Juiz e do Salvador, sua imagem de apóstolo. O último. O serzinho.

Não é magnífico? A força da lógica subjetiva (para um racionalista) e a força lógica da verdade revelada à subjetividade de um homem (para um racionalista cristão) atingiram em Paulo de Tarso uma potência admirável e certamente pouco igualada.

PAULO OU A INCORRUPÇÃO

Solidariedades de corruptos

A corrupção de Adão, tese fundamental de Paulo, é sem dúvida alguma o mais belo caso de acusação imaginária de corrupção. O mais típico, o mais bem sucedido, o mais lógico e o mais claro. Enquanto não se imaginaram imortais, os homens não denunciaram a corrupção de Adão. Adão apareceu corrompido... logicamente corrompido... quando foi inventada a incorruptibilidade. Quando Paulo imaginou a incorruptibilidade dos corpos. Quando acreditou na promessa do Incorruptível, na ressurreição, também acreditou na degradação, pela falta de Adão, de uma criação eterna.

A corrupção de Adão é imaginária, mas é possível nela crer em sua parte de real: como Adão, morreremos. Adão, o corrupto, está na interseção da morte dos humanos e da incorruptibilidade esperada. Morreremos, e acreditamos Adão corrompido se nos acreditarmos imortais.

Como todas as acusações de corrupção, a falta de que Paulo acusou Adão foi cheia de conseqüências. O imaginário da decadência também continha as obrigações de regeneração e salvação coletiva. Daí a defesa filosófica de um Diderot... Daí o grito de um Orwell: "Não, o homem não é corrupto!" A defesa não está caduca.

Paulo teria ficado dolorosamente surpreso de descobrir que sua generosa e magnífica proposta de eleição universal engendraria, na realidade histórica do Ocidente cristão, exclusões ferozes. Em nome de que princípio a reconciliação final exige perseguições sem piedade? Em nome da regeneração programada. As sociedades tentam então operar uma separação do incorruptível e do corrupto. Pensamos, é claro, nas perseguições dos judeus por certas instituições cristãs. No homem novo de Paulo, o homem antigo era abolido: nem judeu, nem não judeu. A topologia sutil do "nem-nem" messiânico será, de imediato, mal interpretada. O anti-semitismo ocidental será construído sobre esse mal-entendido: cortar fora a "velha" parte judia do "nem judeu, nem não judeu" para criar um homem novo em vista da regeneração coletiva, da incorruptibilidade nova cristã. Parece que toda análise dos delírios anti-semitas deva apoiar-se nesse axioma fundamental, e que essa louca e constrangedora lógica não foi suficientemente levada em consideração. Cortar fora da unidade cristã a parte de seu passado judeu, *a parte judia que persiste em não acreditar na promessa de incorruptibilidade* e eternidade trazida pela ressurreição de Jesus. Cortar fora de uma coletividade unida sobre um imaginário de salvação os judeus, por conseguinte logicamente "corruptos", que a isso contradigam. É essencial entender. Ao imaginário do incorruptível, o conjunto dos judeus persiste em dizer não. Os judeus formam então uma categoria lógica, um conjunto imaginário de corruptos. O grande problema, evidentemente, é a superposição de um conjunto real e de um conjunto imaginário, a confusão entre a categoria imaginariamente corrupta, o conjunto que objeta à promessa da incorruptibilidade e... a comunidade real dos sujeitos de religião judia! Por isso muitas vezes vamos encontrar, infelizmente, no imaginário popular, os judeus acusados de serem agentes corruptores. Encontraremos aí a significação de todas as suspeitas e todas as fantasias: do envenenamento dos poços à morte ritual de crianças, da impureza do sangue à impureza da raça, sem falar do gozo abusivo do ouro e do sexo, cada um dos delírios, ao longo do tempo, é engendrado pela mesma "lógica" do Incorruptível, a mesma que produziu em seu tempo as obscenidades denunciadoras dos breviários do ódio (tão bem nomeados!).

Criar um homem novo! A proposta de Paulo, que também foi sua esperança e o objetivo de sua vida de tribulações, encontrou uma fantasia universal. Um homem enfim liberado das paixões e dos sofrimentos do corpo. Uma coletividade liberada da corrupção e do mal. Irresistível perspectiva! Como realizar um tal desejo? Como criar o homem incorruptível?

No entanto, Paulo não se colocou essa extravagante questão. O homem novo não é o homem cristão, aqui e agora, mas o homem ressuscitado após o Juízo. O homem novo é a criação nova do tempo messiânico: uma reparação da criação originária que foi estragada pela falta de Adão, um retorno à perfeição originária. Deus, o criador na origem, permanece o verdadeiro mestre da retomada da criação. Aliás, é a lógica de Paulo: já que Deus criou Adão imortal, ele pode devolver-lhe a imortalidade.

Como criar o homem novo? É essa a perigosa passagem que tentarão forçar todos os programas de regeneração. Existem tantos! Apelo à higiene, slogan da liga contra o alcoolismo e o tabagismo? Sã incitação ao ascetismo? Sermão puritano? Exortação à virtude revolucionária? Magnífico horizonte totalitário? "Vocês são chamados a rejeitar o velho homem, aquele do antigo comportamento, aquele que se destrói, se corrompe, iludido por suas cobiças." Sobre esse dogma paulino, sobre essa épura da fantasia do homem eternamente novo, são, incorruptível à moral como ao físico, as variações foram infinitas. Amputemos o velho homem de seu passado! Amputemo-lo de sua singularidade de gozo! De seus desvios e suas heresias. No homem novo, dizia Paulo, as categorias antigas serão abolidas. Ele não será mais nem senhor nem escravo, nem homem nem mulher. Suspensão messiânica das identidades vãs e superficiais que haviam sustentado o pobre mortal sobre a efêmera cena de seu mundo provisório e já vencido, já passado. Lástima! Imaginamos que, numa sociedade coletivamente incorruptível, devem abolir-se no presente todas as singularidades e diferenças. Libera-se o homem de sua subjetividade. De seu desejo. A sutil construção paulina é suspensa no tempo messiânico. Aplicada ao presente, a esperança messiânica, a promessa da salvação, reduz-se em axioma dos totalitarismos.

Totalitarismo: Aproveitemos para dele propor uma definição: ideal de volta à perfeição originária ao eliminar toda causa de corrupção. Ao eliminar os objetos de gozo e os homens imperfeitos.

Eliminem os homens imperfeitos

Pois a criação também estará livre da certeza da corrupção.

Epístola aos romanos

Parece, se nos referirmos a uma sondagem realizada em 2007 na França para o jornal *La Croix*, que os católicos não acreditam mais na ressurreição de Jesus. É desconcertante: o que resta então do dogma cristão? Mas não estamos encarregados de refletir nisso. Nossos contemporâneos teriam renunciado à imortalidade? É pouco provável. A sondagem confirma, em todo caso, uma realidade contemporânea. Se os homens continuam a esperar viver eternamente, eles não fundam mais a esperança na ressurreição. No que apostam, no sentido da aposta pascaliana, para a salvação? Na saúde! Na ciência, na cirurgia, que repara, dá um jeito, muda seus velhos órgãos como as peças usadas de uma máquina. Na medicina, que encontra para nós sempre mais doenças para melhor vencê-las. Na genética, que o fará nascer perfeito e quase incorruptível ao ter selecionado seus genes. Que o fará renascer belo e novo ao idêntico por tê-lo clonado. O Salvador, o Redentor, o Regenerador, é o geneticista. O bem nomeado. Em seu tempo messiânico, São Paulo dava à luz (como uma parteira) um homem novo. O geneticista também. No tempo presente. O homem novo, incorruptível e imortal, é o homem geneticamente modificado.

Por que não? Questão inútil? Nada jamais vai parar o irresistível impulso, a energia, a vontade dos homens que visam a perfeição, a eternidade. O que não vai produzir a promessa da eternidade genética? Belas aventuras coletivas nos esperam. Evidentemente, a árida reflexão buscada até aqui arrisca estragar o prazer da espera. Raciocinemos um pouco. Ah, muito pouco. O homem, até agora e antes de sabermos mais sobre o assunto, permanece mortal: fadado à destruição e à corrupção. Imaginemos modificá-lo geneticamente para emendar esse grave defeito. Apliquemos ao homem mortal e corruptível o princípio do Incorruptível, visemos a incorruptibilidade genética. Selecionemos apenas genes sãos, elejamos genomas perfeitos, eliminemos os genes suscetíveis de transmitir doenças ou tendências patológicas. Surge de imediato um problema: onde está o genoma de referência? Há aí algo irresolúvel, a não ser supondo um criador na origem, o artesão de uma criação originária perfeita, em suma, garantindo a perfeição suposta de um genoma... esse bravo Deus!

Podemos daqui por diante ficar sem Deus, como afirmava soberbamente o bom senhor Laplace ao imperador Napoleão. Decidamos nós mesmos o genoma menos mau possível. Não estamos visando à perfeição, mas apenas ao progresso. Muito bem. Quem vai decidir? Os cientistas, naturalmente! Os geneticistas. O geneticista. Baseado em que critérios? O que ele vai escolher? O que vai eliminar? Onde começa a tendência patológica? Quem será julgado digno de viver ao ter cruzado o crivo do saber genético?

Sim, seremos obrigados a acreditar no Geneticista, Salvador e Juiz.

Por que não imaginar uma seleção refletida, ativa, no presente? Avancemos com o mesmo passo, confiantes e de sorriso nos lábios, em direção ao homem novo. Assim, quem serão os eleitos? Agora sabemos, a eleição deixa um resto: os excluídos. Quem será acusado, denunciado, perseguido, odiado? Quais serão aqueles que mancham e contaminam a pureza dos genes? Os corruptos? Os corruptores? Como vamos exterminá-los?

Questão desprezível, não é, já que está em jogo nossa salvação, nossa vida eterna. Nossa saúde.

Notem que se trata bem aí de uma lógica do Incorruptível. De uma verdadeira luta contra a corrupção. Contra uma corrupção imaginária. A morte? A doença? Nossos defeitos? Nossas imperfeições? Conhecemos o agente sorrateiro do mal, entocado feito um diabo na perfeição originária: o gene. Para nós é muito difícil sermos lúcidos sobre nosso imaginário, nesse caso, porque ele se aplica a uma realidade científica. Estamos totalmente cegos pelos formidáveis efeitos reais da ciência. O que faz a ciência, se fabrica o genoma do embrião ou das gametas? Ela aplica um procedimento da criação perfeita a uma população de bebês que vão nascer. Ela superpõe o conjunto imaginário da perfeição genética ao conjunto real dos bebês. Do ponto de vista da perfeição do genoma, da criação perfeita, da criação sã, todo bebê traz em si a corrupção do vivo, um potencial enorme de envelhecimento, morte, caráter ruim, comportamento rebelde, gênio atípico e perturbador, sofrimento inelutável e prazeres não programados pelo geneticista, os pais, a sociedade. Indefensável lógica. Em nome da criação sã, faz-se a limpeza, a depuração, a triagem... dos bebês? Os bebês corruptos, e, é verdade, todos são corruptos: o conjunto do genoma perfeitamente são está vazio, o conjunto daqueles que vão ficar doentes e morrer é infinito. O Geneticista tem um longo futuro de trabalho garantido. Notem, com toda lógica, que sua ação na realidade vai se referir aos agentes do mal, aqueles que transmitem a corrupção da criatura perfeita. Ele vai pensar em triar e depurar os procriadores, os genitores! Breve isso vai se ver, se dizer, se espalhar.

O problema, vejam, é que os procriadores, os genitores, acabam sendo também os pais! Infelizes pais sobre os quais vai se abater o procedimento da reprodução perfeita, a lei da perfeição da criação. Quais serão as leis de Pradial que instaurarão o tribunal científico que julgará, com toda boa fé, o corruptor da saúde coletiva? Em breve vamos saber, elas se preparam.

Redenção genética e julgamento pelo geneticista. É esse nosso programa contemporâneo de regeneração, nosso voto de engendrar uma humanidade nova, de criar um homem novo, sem vício e sem doença. Fantástico progresso! Fantástica esperança! Enfim realizar, graças à ciência, o que só estava previsto no Juízo Final! Processo sem limites e sem fim. Haverá algum Winston Smith que vai querer conservar seus defeitos e transmitir sua falta, que vai se obstinar em permanecer corrupto? Para desejar permanecer humano?

Erradiquem o gozo

Estamos de volta a nosso caro Orwell, que na França não faz a unanimidade. Sempre haverá críticos delicados, que ficam com distinção à beira do nojo, para desprezar em *1984* uma obra ingênua, talvez até ultrapassada. Que desajeitado, esse Orwell! Aplica-se com tal falta de jeito em escrever cenas de tortura! Fica claro, ao contrário, após nosso percurso, que na segunda parte de seu livro, nesse tempo terrivelmente longo e penoso da tortura de Smith, Orwell transpôs todas as barreiras que abrigam um homem em seu imaginário, arrebentou com todas as telas que o protegem da verdade. Que verdade? Já sabemos coisa demais. Ouvimos, da pobre bruxa, a confissão de seu gozo obscuro e seu arrependimento. O inquisidor, em seu manual do torturador, já não nos tinha revelado tudo? É, no entanto, a ficção de Orwell que nos conta o que a bruxa não podia nos dizer. Orwell, ardendo de sua paixão de saber, consumido pela progressão da doença, com a energia de quem vai morrer, espatifou o espelho.

O'Brien, o inquisidor leigo, procura quebrar a resistência de Smith, que confessa tudo e mais: sua relação culpada com Julia, sua oposição ao Partido. Ele se arrepende, aceita até reconhecer que dois mais dois são cinco e outras inépcias. Miserável trapo, não reivindica mais sua imagem, sequer seu pensamento. Conserva no entanto, dentro de si, uma dignidade secreta, escondida: seu amor por Julia. Ele a denunciou, renegou, sob tortura. Ele a ama, no entanto; algo está intacto. Ao chegar até ali, o leitor tem enfim a esperança de que a prova vai terminar. O'Brien confronta então Smith com sua fobia dos ratos. Episódio supérfluo? Grosseiro? Exagerado? Irrealista? Aterrorizante, em todo caso. Quem o leu não consegue esquecer. Aqui, Orwell mostra ser o que sempre foi: um magistral autor de ficção. Diante do rato faminto que se prepara para devorá-lo vivo, Smith, num grito de horror, renega seu amor. Solta o que havia abrigado, escondido no destroço de seu corpo. Forçado pela máquina da confissão totalitária, no fim do percurso, num berro de pavor,

Winston Smith encontra a verdade. O resto de suas confissões era só lorotas, desvios sociais, gozos sexuais, rebelião, corrupção da ideologia. Ele encontra o horror de sua própria verdade. Ah, não é, vejam, que O'Brien tenha sabido de antemão que Smith tinha fobia de ratos. É que a tortura totalitária, que quer extrair o mal íntimo de cada homem, faz com que cada homem encontre o objeto de horror de sua própria fantasia. Depois que a rejeita, num espasmo de revulsão, não lhe resta mais nada. Mais nada dele. Esvaziado. Aniquilado. Não tem nada. Não é nada.

O leitor está igualmente aniquilado.

Põem Smith para fora. Ele vai sentar-se no café onde outrora vira três velhos revolucionários históricos fixarem com um olhar apagado o copo de álcool enquanto esperavam ser definitivamente liquidados. Ele também, diante de seu copo, só, espera. Encontra por acaso Júlia. Não têm mais nada a partilhar. Nem um nem outro. Para ele, sabemos por quê: esvaziaram-no de tudo o que ele podia oferecer. Ele é uma concha oca, um fantasma. Tiraram-lhe tudo.

O inquisidor totalitário não busca fazer com que confessem uma traição qualquer, não se contenta com um arrependimento, uma adesão, um consentimento à Eternidade universal. Não se contenta em eliminar, exterminar os maus. Ele extirpa o mal que é interno ao homem. O extrai à força. O incorruptível inquisidor quer o bem total e absoluto. Totalitarismo de sempre, de hoje mais ainda. O homem é cada vez mais transparente, o mal é perseguido no coração do mais íntimo, no último bastião da culpa, no núcleo da maldade recalcada. O incorruptível totalitário quer extrair o objeto mais obscuro do gozo. Faz surgir, num grito, o mais íntimo, o mais obscuro da fantasia. O incorruptível acossa o inconsciente. É o que acontece com Smith: o inquisidor extrai dele, num berro, o próprio objeto de seu inconsciente. O inquisidor totalitário o esvaziou, definitivamente, de sua obscura e assustadora animalidade, de sua maldade recalcada de rato. De todo mal, e portanto de si mesmo.

Que progresso, desde aquela pobre Revolução, aquele pobre Terror, que diziam totalitário! Totalitário, ele o foi, com efeito, já que acossava a corrupção que ele reconhecia na pessoa dos suspeitos, na cara ruim que tinham. Ingênua e inocente Revolução! O mal estava bem vagamente circunscrito, então, como a doença. Uma semiologia tradicional, categorias seculares: ateísmo, ócio, luxúria, avareza, cupidez. O homem só era tratado de seus "vícios". Uma olhada no suspeito bastava à apreciação clínica do mal. Um simples olhar daqueles bons jurados do

Tribunal Revolucionário, unicamente esclarecidos, com toda boa fé, por sua consciência patriótica. Todos aqueles entusiastas revolucionários, que regeneravam a humanidade depurando-a pela guilhotina, continuavam sendo os otimistas senhores de seu século, sorridentes, cheios de esperança.

Do corpo daquele que deve ser salvo a contragosto, o torturador totalitário, o instrumento da lei, não extrai mais apenas os vícios de antigamente, o gozo clássico do sexo e do dinheiro. O scanner revela em transparência o corpo, e o torturador quer conhecer o mal íntimo de um homem. Sua culpa singular. O objeto ruim que dá consistência à sua fantasia e faz dele um vivo desejante. Para purgar o homem da corrupção do mal, o torturador, seguro de seu bom direito, desumaniza sua vítima ao querer separá-la, para sempre, de sua maldade fundamental. Extraíram de Smith sua maldade e sua inocência de vivo também. Um homem totalmente esvaziado de sua verdade ruim, de seu mal mais escondido, do mal que o fazia desejar e amar: Orwell é o primeiro, e o único, a nos dizer essa verdade moderna. É também por isso que, ao fecharmos esse livro, estamos aniquilados.

O leitor de *1984*, torturado por O'Brien, como a bruxa, como Smith, não chora. Que se lembre então do café dos opositores onde Smith viu, no início do romance, inertes diante do copo, os três antigos heróis do Partido, desde então vaporizados. O rosto vazio de expressão. Uma tarde – isso tinha ficado bem lá no fundo das lembranças de Smith –, da tela da tevê, por acaso, por erro, saíra a melodia de uma velha canção. Ah, muito brevemente. Um dos velhos tinha levantado a cabeça. Em seu rosto, lágrimas escorriam. O leitor talvez tenha então a surpresa e a graça de se lembrar, o tempo de uma lágrima, de um tempo em que a maldade dos homens, a um só tempo ignorada e aceita, fundava a solidariedade, senão o amor.

Reticências

Reabilitamos Mirabeau, Adão, a mulher, os ateus, os pais, Winston Smith, os estrangeiros e, com eles, muitos outros que foram acusados de corrupção e o serão amanhã. Reabilitação difícil, jamais garantida. – Você não fala de hoje. – Ao contrário. – Poderia ter sido mais preciso. – E logo ser denunciado, caluniado, difamado, desprezado! Vilipendiado, apontado na rua, destratado e odiado! Você defende as bruxas? À fogueira! Defende os corruptos? Sobre você lançam de repente um olhar muito particular, cheio de suspeita, desprezo e choque. Já foi perigoso, como fizemos, revelar a significação imaginária da corrupção. Uma palavra a mais e você me rejeitaria. Eu o entenderia. Imagino muito bem que estejamos trocando, no tom leve da conversa, ideias agradavelmente superficiais e que brutalmente eu lhe lance: "Você é putrescível. Já quase morto." Você se assusta, indignado. Que furo! Inutilmente ferino. Não tenho coragem para tal indelicadeza. Continuemos a sonhar juntos e, por hoje, acusemos nossos corruptos de nossa própria corruptibilidade.

Acusemos nosso corrupto, não vai ser difícil, já que ele logicamente é culpado. Nós o descobrimos, o corrupto! Nós o tiramos do lugar onde ele se esconde. Nós o encontramos, na interseção do real corruptível e do imaginário de incorruptibilidade. O corrupto é a um só tempo imaginariamente incorruptível e realmente corruptível. Como nós todos, reconheçamos. Mas evitemos as constatações clínicas. Continuemos antes a perseguir nosso corrupto, acusemo-lo de objetar a nosso imaginário de incorruptibilidade. Nosso corrupto, este, não pode ser inocente, pois a inocência está do lado do delator. A corrupção de nosso acusado verificará nossa moralidade de acusador e nossa moralidade coletiva.

Acusemo-lo sem medo de erro judiciário! Nosso corrupto não será processado conforme a lei, em direito, mas em função de nosso ideal imaginário. Promulguemos leis de exceção contra ele, criemos processos excepcionais. Nosso corrupto não pode ser absolvido, já que não é acusado sobre fatos. Não pode provar a ausência de delito, já que o acusam de uma falta.

Uma falta imaginária! Tivemos a má surpresa de descobrir isso. A acusação recuará diante da razão? É apenas imaginário! Ao contrário. Ninguém poderá ser lavado de uma falta imaginária, que atenta contra o ideal de toda a coletividade. A falta é imaginária, nela se acredita ainda mais.

A corrupção é questão de crença, este é o escolho da razão. Como não acreditar? Veja a alma corrompida, que pertence a uma só tempo ao corruptível real do corpo e à eternidade suposta do espírito. Se você não crê na eternidade da alma, tampouco vai acreditar em sua corrupção. Senão... não tentarei diante de você reabilitar a alma corrompida pelos grosseiros apetites do corpo. A reabilitação de Adão teria sido inconcebível na Idade Média e é bem precária. Acreditamos na corrupção de acordo com uma convicção de salvação.

Talvez você se prenda à incorruptibilidade de Robespierre. Será difícil para você aderir à reabilitação dos termidorianos. Você está convencido da inocência do povo? Acreditará na corrupção dos reis. Dá valor à cultura nacional? Ficará persuadido da corrupção dos estrangeiros. À virtude coletiva? Acreditará na corrupção do desejo.

O advogado do corrupto tem muitos motivos para estar pessimista. Diante da crença, a razão é impotente. Como se não bastasse, o pensamento racional vai ainda encontrar outra dificuldade. A adesão ao imaginário da corrupção é ainda melhor quando ele fornece uma significação ao real. Outro grande problema! A corrupção participa do real tanto quanto do imaginário, está na interseção dos dois. Havia uma parte real na corrupção imaginária das bruxas: a mortalidade infantil do século XVI. Como não ficar cego diante do real da corrupção?

Quer-se crer numa cristandade pura de judaísmo? O conjunto lógico dos judeus será imaginado corruptor até o Juízo Final. Ele o é! Realmente: a cristandade está mais que corrompida pelo judaísmo, ela é uma construção do judaísmo! Todos os cristãos são corrompidos pelos judeus! O conjunto dos cristãos puros de judaísmo está vazio. O que se torna um problema, para os infelizes corruptores, evidentemente, se a cristandade pura se erigir em princípio político, se em nome da pureza da fé e da salvação for superposto o conjunto lógico do judaísmo e as comunidades judias que vivem em paz no território nacional ou os cidadãos de religião judia. Evidentemente, a mesma lógica dirigiria um islã que também pretendesse ser puro de todo judaísmo... ou de toda cristandade.

Queremos crer em nossa cultura nacional e eterna? Imaginaremos a corrupção do conjunto dos imigrados. Uma cultura perene só se definiria por uma imobilidade suspensa fora do tempo, num espaço fora do resto do mundo. A corrupção dos imigrados está na interseção de uma eterna, imóvel e imaginária cultura nacional e do real da renovação da vida das civilizações na mistura do mesmo e do Outro. A nação real é inteiramente constituída de Estrangeiro! Mas é preciso bem imaginar um conjunto corruptor de estrangeiros se quisermos dar consistência, pelo menos imaginária, a um conjunto definido por uma propriedade imaginária, a pura identidade nacional, a pura cultura nacional. O problema, aí ainda, para os infelizes corruptores e seus advogados, surge quando, em nome da identidade nacional, se superpõe o conjunto lógico imaginário e a população real de cidadãos estrangeiros ou de candidatos à imigração.

Se acreditarmos na inocência da infância, acreditaremos também nos adultos corruptores. Eles são corruptores. O conjunto lógico de todas as mães é corruptor. De fato: a mãe não é o primeiro objeto sexual do recém-nascido? Primeira incitação à depravação! A corrupção das mães, dos pais, dos adultos, está na interseção de um imaginário de inocência total da infância e do real da sexualidade infantil. Assim, é possível identificar a corrupção de todas as espécies de bruxas.

Se imaginarmos o povo virtuoso, imaginaremos também os corruptores do povo. É um problema crucial para as nossas democracias. Sendo o povo soberano, a virtude do povo e dos representantes do povo é um princípio da democracia. Montesquieu o enunciava à sua maneira: "Não é preciso muita probidade para que um governo monárquico ou que um governo despótico se mantenha ou se sustente. A força das leis num, o braço do príncipe sempre armado no outro regulam ou contêm tudo. Mas, num Estado popular, é preciso uma força a mais, que é a virtude." Estamos bem de acordo. Não se pode conceber em democracia mandato eletivo, ou missão de serviço público, sem supor o desinteresse dos representantes do povo e dos servidores do Estado e seu devotamento à coisa pública. O Código Penal francês, em sua sabedoria, é evidentemente de perfeita clareza. Ele caracteriza o delito de corrupção como "delito contra a Nação, atentado à autoridade do Estado, falta ao dever de probidade". Determina, portanto, em toda lógica, o delito de corrupção: um atentado aos princípios da democracia, e portanto à estrutura, à estabilidade, à coesão da Nação. Confirma-nos que a probidade é, como princípio, necessária à concepção das instituições democráticas e, como dever, necessária para que funcionem.

O Código Penal trata da "corrupção passiva" e da "corrupção ativa". Art. 432-1: "Da corrupção *passiva* e do tráfico de influência cometido *por pessoas que exerçam uma função pública*", por uma pessoa depositária da autoridade pública, encarregada de uma missão de serviço público ou investida de um mandato eletivo público. Art. 433-1: "Da corrupção *ativa* e do tráfico de influência cometido *pelos particulares*."

Mesmo sem ser jurista, compreende-se sem dificuldade o que esse delito de corrupção circunscreve: antigamente, o envelope enfiado sub-repticiamente sob o mata-borrão do funcionário, hoje as comissões ocultas, as porcentagens retiradas em transações de negócios públicos, o tráfico de influência. A determinação penal do delito de corrupção, delito contra a Nação, é clara para todo cidadão.

Como, no entanto, entender a sutileza das duas categorias de corrupção, ativa e passiva? É bem o eleito que é "passivamente" corrompido, inclusive quando é ele quem "solicita ofertas, promessas, dons, presentes ou vantagens quaisquer". O eleito é corrupto e o particular corruptor, acusado segundo a lei por delito de corrupção "ativa". É o eleito, representante do princípio do incorruptível, fiador da democracia, que supostamente é incorruptível. A incorruptibilidade dos eleitos? Notemos que de modo algum se trata aqui de uma qualidade imaginária, mas de um princípio aplicado em direito: a probidade necessária à democracia não é uma qualidade do eleito, mas um dever. A lei sanciona a falta ao dever, fatos reais, portanto, no quadro do exercício da função. A lei, evidentemente, não determina um conjunto imaginário, os eleitos, definido por uma incorruptibilidade imaginária; ela determina um delito.

A sabedoria do legislador não pode apagar a significação imaginária do significante corrupção. Vamos ouvi-la toda vez que a palavra corrupção for pronunciada. Nenhum eleito jamais será digno de pertencer ao conjunto imaginário dos incorruptíveis eleitos, definido por uma propriedade imaginária, a virtude absoluta. Ao conjunto dos puros representantes do povo, conjunto vazio de homens sem desejo singular. Ao conjunto das puras encarnações da vontade geral. Infelizes eleitos! Categoria logicamente corrupta! Sobre eles arrisca abater-se o processo do Incorruptível, com suas delações, suas calúnias. Eles necessariamente vão objetar à incorruptibilidade imaginária. Não incorruptível: podre! Em putrefação! Todos podres!

Infelizes eleitos! Por um funesto acaso, também vão objetar à igualdade imaginária e absoluta. Infelizes eleitos, que gozam da desigualdade! Privilegiados! Gozadores! Corruptos!

Assim, acabaremos sentindo saudade dos antigos termos prevaricação e subornação para designar com a mesma precisão o mesmo delito. Seguindo o mesmo raciocínio, pediríamos naturalmente ao legislador que voltasse, na seção "Da colocação em perigo dos menores", à antiga determinação do delito "incitação à depravação", recentemente trocada por delito de corrupção de menores.

Suspenderemos aqui nosso imprudente percurso.

Referências

ORWELL, A ESCOLHA INTELECTUAL DA CORRUPÇÃO

Bernard Crick, *George Orwell, une vie*, Balland, 1982
Simon Leys, *Orwell ou l'Horreur de la politique*, Plon, 2066.
George Orwell, *Nineteen Eighty-Four*, Penguin Books, 1990.
George Orwell, *1984*, traduzido do inglês por Amélie Audiberti, Gallimard, 1950.
George Orwell, *Essais, Articles, Lettres*, vol. I, II e III, Ivréa, 1995-1998.
George Orwell, *Hommage à la Catalogne*, Ivréa, 1982.
George Orwell, *Dans la dèche à Paris et à Londres*, Ivréa, 1993.
George Orwell, *Une histoire birmane*, Ivréa, 1997.
Eugène Zamiatine, *Nous autres*, Gallimard, 1929.

A CORRUPÇÃO DA MULHER BRUXA

Henry Institoris e Jacques Sprenger, *Le Marteau des sorcières* (*Malleus Maleficarum*), traduzido do latim e apresentado por Armand Danet, Éditions Jérôme Millon, 2005.
Bernard Gui, *Manuel de l'Inquisiteur*, editado e traduzido por G. Mollat, Les Belles Lettres, 2006.
Nicolau Eymerich e Francisco Peña, *Le Manuel des inquisiteurs*, introdução e tradução de Louis Sala-Molins, Albin Michel, 2001.
Henry Charles Lea, *Histoire de l'Inquisition au Moyen Âge* [1888], Robert Laffont, 2005.
Kurt Baschwitz, *Procès de sorcellerie. Histoire d'une psychose collective*, Arthaud, 1973.
Jules Michelet, *La Sorcière*, GF-Flammarion, 1966.
Norman Cohn, *Démonolâtrie et sorcellerie au Moyen Âge. Fantasmes et réalités*, Payot, 1982.

O INCORRUPTÍVEL EM AÇÃO OU A REVOLUÇÃO

Essa análise da Revolução Francesa foi possível graças a uma referência constante a:

François Furet, Mona Ozouf *et al.*, *Dictionnaire critique de la Révolution française*, vol. I : *Événements*, vol. II : *Acteurs*, vol. III : *Institutions et créations*, vol. IV : *Idées,* Flammarion, 1992.

François Furet e Denis Richet, *La Révolution française*, Hachette Littératures, 2003.

François Furet, *La Révolution I (1770-1814)*, Hachette Littératures, 1988.

François Furet, *Penser la Révolution française*, Gallimard, 1985.

François Furet e Ran Halévi, *Les Orateurs de la Révolution française*, vol. I : *Les Constituants*, Gallimard, « Bibliothèque de la Pléiade », 1989.

Mona Ozouf, *La Fête révolutionnaire, 1789-1799*, Gallimard, 1976.

Mona Ozouf, *L'Homme régénéré. Essais sur la Révolution française*, Gallimard, 1989.

OUTRAS REFERÊNCIAS CRUCIAIS

Jules Michelet, *Histoire de la Révolution française*, Robert Laffont, coll. « Bouquins », 1984.

Jean Jaurès, *Histoire socialiste de la Révolution française*, vol. I : *La Constituante*, vol. VI : *Le Gouvernement révolutionnaire*, Scandéditions/Éditions sociales, 1986.

Georges Lefebvre, *La Révolution française*, PUF, 1951.

Jean Massin, *Robespierre*, Alinéa, 1988.

Jean Massin, *Marat*, Alinéa, 1988.

Maximilien de Robespierre, *Textes choisis*, vol. I, II e III, prefácio, comentários e notas de Jean Poperen, Éditions sociales, 1974.

Emmanuel Joseph Sieyès, *Écrits politiques*, escolha e apresentação de Roberto Zapperi, Éditions des archives contemporaines, 1985.

Jean-Denis Bredin, *Sieyès, la clé de la Révolution française*, Éditions de Fallois, 1988.

Louis Barthou, *Mirabeau*, Librairie Hachette, 1913.

René de la Croix de Castries, *Mirabeau ou l'Échec du destin*, Fayard, 1986.

Mirabeau, *Œuvres*, vol. I : *Discours*, vol. II : *Écrits*, introdução e notas de Louis Lumet, Librairie Charpentier e Fasquelle, 1912.

Gérard Walter, *La Révolution française vue par ses journaux*, Éditions Tardy, 1948.

Actes du Tribunal Révolutionnaire, recolhidas e comentadas por Gérard

Walter, Mercure de France, 1968.

Serge Bianchi, *La Révolution culturelle de l'an II. Élites et peuples, 1789-1799*, Aubier-Montaigne, 1982.

Dictionnaire de philosophie politique, sob a direção de Philippe Raynaud e Stéphane Rials, PUF, 1996.

Jean-Jacques Rousseau, *Deuxième Lettre à M. de Malesherbes, Émile ou de l'éducation, Les Confessions, Le Contrat social*, Gallimard, « Bibliothèque de la Pléiade ».

Outras referências ainda

Charles Nodier, *Souvenirs de la Révolution et de l'Empire*, vol. I e II, Charpentier libraire-éditeur, 1864.

Paul Barras, *Mémoires*, apresentação e notas de Jean-Pierre Thomas, Mercure de France, 2055.

Stefan Zweig, *Fouché*, Grasset, 1969.

THOMAS MORE, A INOCÊNCIA LEIGA

Thomas More, *L'Utopie*, traduzido por Victor Souvenel, revisto e anotado por Marcelle Botigelli, Scandéditions/Éditions sociales, 1966.

Thomas More, *Histoire, Église et spiritualité : textes et correspondance*, escolha, apresentação e tradução por Michel Taillé, Bayard, 2005.

Philippe Godding, *Petite vie de Thomas More*, Desclée de Brouwner, 2002.

Élisabeth-Marie Ganne, *Thomas More. L'homme complet de la Renaissance*, Nouvelle Cité, 2002.

Pierre Aubé, *Thomas Becket*, Fayard, 1988.

L'Utopie, textos escolhidos por Frédéric Rouvillois, GF-Flammarion, 1998.

Jean Servier, *Histoire de l'utopie*, Gallimard, 1967.

Ernst Bloch, *Le Principe Espérance*, vol. II : *Les épures d'un monde meilleur*, Gallimard, 1982.

A lembrança de infância de Thomas More foi evidentemente reconstruída (segundo o método freudiano) a partir de sua biografia e do fato real e histórico da vizinhança das duas casas natais de Thomas More e Thomas Becket. Para não tornar pesada a demonstração, renunciamos a mostrar a proximidade histórica da guerra das Duas Rosas, com certeza mais familiar a um leitor inglês, e sua importância provável na infância de Thomas More. Assim, escolhemos 1485 para a construção inconsciente do menino de 7 anos, pois é também o ano da morte do rei Ricardo III, morto no campo de batalha diante da rebelião da nobreza da Inglaterra. Supõe-se que o menino ouviu alguns ecos. Deixamos igualmente de mencionar que o protetor do adolescente Thomas More, o cardeal Morton, fora em seu tempo o instigador principal da coligação armada contra o rei. Assim, entender-se-á ainda melhor o desejo de Thomas More de empreender a crônica do sombrio reinado de Ricardo III, sua inibição repentina e sua liberdade de expressão reencontrada com *A Utopia*.

Enfim, o muito instrutivo resumo dos embaixadores de Veneza na corte da Inglaterra foi tomado à biografia de Henrique VIII por Philippe Erlanger (*Henri VIII*, Perrin, 2002).

Paulo ou a incorrupção

Referências cronológicas reconstruídas.

Nascimento aproximativo em 15 da era cristã.

Tem 18 anos quando Jesus vai a Jerusalém e ali é crucificado, mas não o encontra, pois é discípulo da sinagoga e dos fariseus junto a seu mestre Gamaliel.

Tem menos de 20 anos quando assiste à lapidação de Estevão.

Tem 25 anos quando a voz lhe fala diante de Damasco.

Passa dois anos no deserto.

Tem 28 anos quando vai encontrar Pedro e Tiago em Jerusalém para que o confortem na missão que se impôs e quando volta à casa do pai em Tarso.

Tem 30 anos quando se lança definitivamente na grande aventura das missões, que vai durar mais de vinte anos.

Morre em 66 aproximadamente, sob Nero, tendo passado dos 50 anos.

A leitura e a interpretação da construção de Paulo baseiam-se nas epístolas (Romanos, Coríntios I e II, Efésios, Filipenses, Gálatas), na palavra por palavra do texto grego (*Novum testamentum Graece*, Nestlé-Atland, Deutsche Bibelgesellschaft) e no confronto de várias traduções: Jean Grosjean e Michel Léturmy (*La Bible. Nouveau Testament*, Gallimard, "Bibliothèque de la Plêiade"), André Chouraqui (*La Bible*, Desclée de Brouwer), Giorgio Agamben (*Le Temps qui reste. Un commentaire de l'Épître aux Romains*, Rivages, 2000).

A biografia funda-se nas indicações que o próprio Paulo forneceu em suas epístolas: seu mestre Gamaliel em Jerusalém, a lapidação de Estevão, a perseguição dos adeptos de Jesus, a voz ouvida diante de Damasco, a partida para a Arábia (o deserto), os episódios de êxtase e revelação mística, as provas de sua vida de mandatário de Jesus, os acordos e os conflitos com Pedro e Tiago e as infidelidades de suas comunidades.

Foram redigidos livremente a queda de Paulo diante de Damasco (inspirando-se do quadro de Caravaggio e da intuição estética da "queda", embora Paulo na realidade caminhasse a pé), sua vida de adolescente (a descrição de Jerusalém à beira da insurreição é mais ou menos fiel a Flavius Josèphe) e sua experiência mística no deserto.

Enfim, Lucas, o Evangelista (Atas dos Apóstolos), embora costume usar uma reescrita simbólica dos fatos, em que é excelente, fornece para uma biografia de Paulo referências precisas e historicamente datáveis. Logo, todas as reconstruções históricas a isso se referem, o modelo permanecendo certamente o *São Paulo* de Ernest Renan, publicado em 1869 (in *Histoire des origines du christianisme*, Robert Laffont, coll. "Bouquins", 1995).

A interpretação do Gênese (III, 22-24) utiliza a tradução e as notas de Édouard Dhorme para *La Bible. Ancien Testament*, Gallimard, "Bibliothèque de la Plêiade".

Para não alongar ainda a conversa, centrada aqui na incorruptibilidade cristã, deliberadamente deixamos de lado aquilo que a construção paulina toma ao messianismo judeu de seu tempo, o que também teria requerido um longo desenvolvimento sobre as origens do Juízo Final (do zoroastrismo aos essênios). O leitor que por isso se interessar encontrará sob a pena de Norman Cohn a obra de referência; *Cosmos, chaos et le monde qui vient*, Allia, 2000.

Reticências

Code Penal, edição 2004, Éditions du Júris-Classeur

Elogio da corrupção

Sim, faço-me advogado do diabo. Afirmo que os incorruptíveis é que são perigosos. Os íntegros inquisidores e rigorosos purificadores, os virtuosos líderes de loucuras coletivas, os apóstolos da salubridade, os organizadores de campanhas de saneamento e massacres, os erradicadores do mal, os assassinos por dever.

Estão denunciando os corruptos à sua volta? Procure antes o incorruptível. Desconfie dele. Em vez de ceder à obsessão de perseguir a corrupção oculta, procure reconhecer a ideologia totalitária do incorruptível. Nós também teríamos nossas bruxas? Nossos corruptores imaginários? Nossos corruptos designados de antemão?

Marie-Laure Susini, psicanalista, publicou em 2006 *O autor do crime perverso* pela Editora Companhia de Freud.

Este livro foi impresso nas oficinas gráficas da Editora Vozes Ltda.,
Rua Frei Luís, 100 – Petrópolis, RJ.